总主编 田高良

新时代互联网+创新型会计与财务管理专业系列教材

西安思源学院教材建设专项资助

财务报表编制与分析

主　编　光　昭
副主编　李　欣　李媛丽

西安交通大学出版社
XI'AN JIAOTONG UNIVERSITY PRESS

内容提要

本书以现代财务理论和会计学理论为依据,全面地阐述了财务报表编制和分析的基本理论和基本方法,从财务报表编制、财务报表计算分析、财务报表综合评价三个层面详细介绍了财务报表分析的理论和实际操作,主要包括财务报表的编制、偿债能力分析、盈利能力分析、营运能力分析、综合财务分析等重要内容。

本书以注重财务报表编制与分析的实际操作为导向,切合应用型本科的教学目标,内容深入浅出,理论结合实际,运用实际案例引导学生循序渐进地对企业财务状况进行报表编制和分析,提高学生对财务报表的总体分析能力。

本书适用于普通高等院校财经类、管理类专业的本科学生,尤其适用于应用型本科财务管理、会计学、金融学等相关专业的学生学习使用,同时可供企事业单位从事财务会计工作的专业财务人员阅读参考。

图书在版编目(CIP)数据

财务报表编制与分析 / 光昭主编. — 西安:
西安交通大学出版社,2022.7(2025.1重印)
ISBN 978-7-5693-2643-7

Ⅰ.①财… Ⅱ.①光… Ⅲ.①会计报表—编制
②会计报表—会计分析 Ⅳ.①F231.5

中国版本图书馆 CIP 数据核字(2022)第 102826 号

书 名	财务报表编制与分析
	CAIWU BAOBIAO BIANZHI YU FENXI
主 编	光 昭
责任编辑	祝翠华
责任校对	韦鸽鸽
封面设计	任加盟
出版发行	西安交通大学出版社
	(西安市兴庆南路1号 邮政编码 710048)
网 址	http://www.xjtupress.com
电 话	(029)82668357 82667874(市场营销中心)
	(029)82668315(总编办)
传 真	(029)82668280
印 刷	西安五星印刷有限公司
开 本	787mm×1092mm 1/16 印张 15.375 字数 368千字
版次印次	2022年7月第1版 2025年1月第2次印刷
书 号	ISBN 978-7-5693-2643-7
定 价	49.80元

如发现印装质量问题,请与本社市场营销中心联系。
订购热线:(029)82665248 (029)82667874
投稿热线:(029)82664840 QQ:37209887
读者信箱:xjdcbs_zhsyb@163.com

版权所有 侵权必究

前　言

财务报表编制与分析是一门应用范围广、实际操作要求很强的课程,也是财务管理和会计学专业的重要核心课程。为了培养学生综合运用财务会计信息解决实际问题的能力,本教材以最新的《企业会计准则》为编写依据,结合多年的教学经验,参考了众多国内外教材,以财务会计相关理论为基础,运用大量图表来帮助学生理解理论部分内容,同时选取了大量的实用案例,举例说明如何进行报表编制和分析,以满足应用型本科教学的需要。

本编写组根据应用型本科的具体要求编写了此教材,以精品课建设和教研教改为基础,紧贴会计职业岗位需求,注重会计职业能力训练和培养,同时进行了教材的立体化建设,编写思路超前,实用性强,工学结合特点明显,以期满足应用型本科学校注重实际操作的教学要求。

本教材内容由五个层次组成,第一层次包括第1章(财务报表分析概述)和第2章(财务报表分析的框架和方法),这两章主要介绍了财务报表的基本理论和基本分析方法;第二层次是财务报表的阅读与编制方法的介绍,即第3章(财务报表的基本知识及编制方法);第三层次是对三大会计报表进行分析的训练,包括第4章(资产负债表分析)、第5章(利润表分析)和第6章(现金流量表分析);第四个层次详细介绍了企业财务不同模块的效率分析,包括第7章(偿债能力分析)、第8章(营运能力和发展能力分析)和第9章(获利能力分析);第五层次是对企业财务综合分析以及财务分析报告编制的讲解,即第10章(财务报表综合分析)。

本教材主要有以下几个特点。

1. 突出实践能力的培养

本教材以培养应用型本科学生的创新精神和实践能力为主线编写,注重对学生实践应用能力的培养,致力于提高学生的学习兴趣和动手能力;精选财务会计专业必备的基础知识与技能,结合大量的案例分析进行讲解。另外,本教材借鉴了国内外大量经典教材对新知识的教学方法。本教材着重体现科学性、教学性、基础性和开放性。

2. 力求教材编写规范

本教材依据财务会计应用型本科教学改革的方向和强化学生应用能力的目标培养要求,结合国际知名教材的编写形式,图表丰富,使学生能够一目了然地看清和理解需要学习的内容和应用实践的要求。

3. 拓展国际化视野

本教材参考了大量英文原版的优秀国际教材,在编写过程中采用双语编写模式,对财务报表的概念进行了大量的英文标注,同时在每个模块之后也增加了对会计英文概念的拓展阅读。希望通过本书的学习,学生能增强对英文国际财务报表的阅读理解能力,以适应用人单位对国际化综合应用型人才的需求。

4. 丰富教辅资源

在编写新教材的同时,扩大实践课程改革的力度,开发和编写教科书以外的多样化课程资源。我们尽量遴选中外优秀教材作为样本,分析、提炼、总结,制订"立体化"教学方案并开发配套资源。在广泛调研的基础上,根据课程的特点,提供典型的"立体化"教学方案及教材,以适应用型本科课程教学的需要。我们已经开发了本教材的立体化配套资源,主要包括教学进度表、教学大纲、电子课件、课后习题集、课后习题答案、拓展阅读。

在本书的编写中,西安交通大学出版社财务总监李欣负责编写第1章至第3章;西安思源学院光昭负责编写第4章至第10章,并负责本书的审核;西安思源学院王丽华、李媛丽负责全书统稿和修改工作;张呈丞负责全书的习题及习题答案的编写工作和全书校对工作。

由于时间仓促,作者水平有限,书中可能存在不足之处或者错误和疏漏,恳请读者批评指正,以便今后加以修改完善。

编者

2022年4月

目 录

第1章 财务报表分析概述 (1)
- 1.1 财务报表分析的发展过程 (2)
- 1.2 财务报表分析的内容与主体 (4)
- 1.3 财务报表分析的目的 (7)
- 1.4 本章小结 (9)
- 1.5 课后练习题 (9)

第2章 财务报表分析的框架和方法 (12)
- 2.1 财务报表分析框架 (13)
- 2.2 财务报表分析的程序和方法 (17)
- 2.3 本章小结 (28)
- 2.4 课后练习题 (28)

第3章 财务报表的基本知识及编制方法 (32)
- 3.1 资产负债表的基本知识及编制方法 (32)
- 3.2 利润表的基本知识及编制方法 (37)
- 3.3 现金流量表的基本知识及编制方法 (41)
- 3.4 所有者权益变动表的基本知识及编制方法 (47)
- 3.5 附注的基本知识及主要内容 (52)
- 3.6 综合案例分析 (56)
- 3.7 本章小结 (65)
- 3.8 课后练习题 (66)

第4章 资产负债表分析 (69)
- 4.1 资产负债表分析的基本内容 (69)
- 4.2 资产负债表水平结构分析 (71)
- 4.3 资产负债表垂直结构分析 (77)
- 4.4 企业资产结构、负债结构和所有者权益结构的评价分析 (81)
- 4.5 资产负债表重点项目分析 (93)
- 4.6 本章小结 (109)
- 4.7 课后练习题 (109)

第5章 利润表分析 (113)
- 5.1 利润表的基本内容 (113)
- 5.2 利润表水平结构分析 (116)

  5.3 利润表垂直结构分析 ……………………………………………………… (118)
  5.4 利润表结构分析 …………………………………………………………… (119)
  5.5 利润表主要项目分析 ……………………………………………………… (121)
  5.6 本章小结 …………………………………………………………………… (126)
  5.7 课后练习题 ………………………………………………………………… (126)

第6章 现金流量表分析 ……………………………………………………………… (129)
  6.1 现金流量表分析概述 ……………………………………………………… (130)
  6.2 现金流量表水平分析 ……………………………………………………… (133)
  6.3 现金流量表垂直分析 ……………………………………………………… (135)
  6.4 现金流量表的结构分析 …………………………………………………… (137)
  6.5 现金流量表重点项目分析 ………………………………………………… (142)
  6.6 本章小结 …………………………………………………………………… (151)
  6.7 课后练习题 ………………………………………………………………… (152)

第7章 偿债能力分析 ………………………………………………………………… (155)
  7.1 偿债能力分析的目的和内容 ……………………………………………… (156)
  7.2 短期偿债能力分析 ………………………………………………………… (159)
  7.3 长期偿债能力 ……………………………………………………………… (167)
  7.4 本章小结 …………………………………………………………………… (174)
  7.5 课后练习题 ………………………………………………………………… (175)

第8章 营运能力和发展能力分析 …………………………………………………… (177)
  8.1 营运能力分析的概念、目的及内容 ……………………………………… (177)
  8.2 流动资产营运能力分析 …………………………………………………… (180)
  8.3 非流动资产营运能力分析 ………………………………………………… (185)
  8.4 全部资产营运能力分析 …………………………………………………… (188)
  8.5 发展能力分析 ……………………………………………………………… (190)
  8.6 本章小结 …………………………………………………………………… (194)
  8.7 课后练习题 ………………………………………………………………… (194)

第9章 获利能力分析 ………………………………………………………………… (197)
  9.1 获利能力分析的概念、目的及内容 ……………………………………… (198)
  9.2 企业资产获利能力分析 …………………………………………………… (200)
  9.3 企业销售获利能力分析 …………………………………………………… (204)
  9.4 企业经营获利能力分析 …………………………………………………… (206)
  9.5 本章小结 …………………………………………………………………… (209)
  9.6 课后练习题 ………………………………………………………………… (209)

第10章 财务报表综合分析 ……………………………………………………… (212)
10.1 财务报表综合分析的概念、目的及意义 ……………………………… (216)
10.2 沃尔评分法 ……………………………………………………………… (217)
10.3 杜邦分析法 ……………………………………………………………… (220)
10.4 雷达图分析法 …………………………………………………………… (222)
10.5 财务报告撰写要求及模板 ……………………………………………… (223)
10.6 企业综合绩效评价分析案例 …………………………………………… (225)
10.7 本章小结 ………………………………………………………………… (233)
10.8 课后练习题 ……………………………………………………………… (234)

参考文献 ……………………………………………………………………… (236)

第1章 财务报表分析概述

知识目标

(1) 了解财务报表分析的起源;
(2) 了解财务报表分析的内容;
(3) 了解财务报表分析的主体;
(4) 了解财务报表分析的目的。

能力目标

(1) 学会查找上市公司的财务报表数据;
(2) 掌握财务报表分析的程序。

案例导入

通过查找中财网资料,得到 WT 公司 2013—2017 年的主要财务数据,如表 1-1 所示。

表 1-1 WT 公司 2013—2017 年主要财务数据

指标	2013 年	2014 年	2015 年	2016 年	2017 年
资产总额/万元	1 309 594.99	1 765 412.90	2 045 234.20	2 155 258.13	2 809 428.32
负债总额/万元	1 002 079.34	1 398 546.32	1 617 349.43	1 684 507.68	2 186 016.18
营业收入/万元	307 954.00	472 842.67	675 983.64	744 900.24	760 840.99
净利润/万元	59 570.21	84 341.80	67 390.30	81 785.06	87 332.20
资产负债率/%	76.52	79.22	79.08	78.16	77.81
销售净利率/%	19.34	17.84	9.97	10.98	11.48
净资产收益率/%	19.37	22.99	15.75	17.37	14.01

当你看到这样一张财务数据的时候,你会对这个企业的财务情况进行什么样的评价呢?

从 WT 公司近几年的财务指标可以看出,WT 公司的资产总额稳步提升,呈快速增长趋势,公司的总规模也在迅速扩大,从 2013 年的 1 309 594.99 万元到 2017 年的 2 809 428.32 万元,增长了 114.53%。而负债总额也从 2013 年的 1 002 079.34 万元增长到 2017 年的 2 186 016.18 万元,增长了 118.15%,从而导致资产负债率过大,接近 80%。该公司的净利润在 2015 年有所下降,并且仅在 2016 年有所回升并逐渐保持稳定。自 2013 年以来,销售净利率和净资产收益率的数值有所下降,这标志着公司的盈利能力也在下降。这样的财务总体状况,企业应该如何进一步进行分析,找出存在的问题,采取措施进行改进呢?这些内容就是本教材要阐述的具体内容。

1.1 财务报表分析的发展过程

1.1.1 财务报表分析的概念

财务报表分析(financial statement analysis)是企业相关利益主体以财务报表(financial statement)为基本依据,结合一定的标准,运用科学系统的方法,对企业的财务状况、经营成果(company's financial position and performance)和现金流量(cash flows)状况进行全面分析,为相关决策提供信息支持的一种财务管理方法。

1.1.2 财务分析与财务报表分析的区别

财务分析(financial analysis)与财务报表分析是两个不同的概念。财务分析是利用财务报表来分析公司的财务状况和业绩,并据以预测未来财务绩效。财务报表分析是一系列分析模块的集合,是企业分析(business analysis)的重要组成部分。这些相互分离的模块有一个共同点,就是它们为了达到特定的分析目的,都使用财务报表信息。从时间上讲,财务分析的思想早于财务报表分析的出现,财务报表分析是产生了财务报表编制之后才出现的。从范围上看,财务报表分析所使用的数据来源是财务报表;财务分析不仅应包括财务报表数据分析还应该包括公司经营环境、经营活动和战略分析、预算分析。基于以上情况,财务报表分析应该被看作企业分析的一个重要且不可或缺的组成部分。财务分析和财务报表分析的联系具体体现在以下几个方面。

1. 主体相同

财务分析和财务报表分析的主体都是与企业经济利益有关系的相关者,这些相关者与企业的利益存在一定的现实或潜在的关系,比如企业的所有者、债权人、经营者、供应商和客户。他们为了各自特定的目的,需要对企业的财务现状、经营成果和现金流量状况,以及行业发展状况进行深入的分析和评价。

2. 依据相同

财务分析要以财务报表数据为依据,以企业经营活动和外部宏观环境为背景来开展;财务报表分析同样是以财务报表为依据,同时还要了解企业经营业务的特点、微观市场环境和企业内部经营环境,这样才能使财务报表分析建立在客观、可靠和真实的基础上,出具准确的财务分析报告。

3. 两者在很多情况下可以通用

财务报表分析包括广义的和狭义的两种。广义的财务报表分析包括财务报表数据、公司经营环境、经营活动、战略和预算分析。广义的财务报表分析是利用企业财务信息,对企业的整体与局部、历史与未来、短期与长远进行比较,以揭示企业的现实价值、预测企业的未来发展趋势为目的的分析与评价。狭义的财务分析是指借助企业财务报表数据和一系列的财务指标数据,以历史财务数据信息为基础,以企业价值为目的的分析,揭示企业现实经营状况。本书将集中讨论狭义的财务报表分析问题,凡广义的财务报表分析中不涉及财务报表分析指标计算分析的部分,本书一概不予考虑。

1.1.3 财务报表分析的发展过程

现代公司财务报表综合分析,起源于 19 世纪末 20 世纪初。1900 年,美国财务学者托马斯·乌都洛克最先撰写出版了《铁道财务诸表分析》一书。美国银行家最先使用了财务报表分析技术。因为银行家在决定是否向某企业发放贷款时,最需要知道的是该企业能否按时偿还借款和利息。在财务报表分析没有被使用之前,银行家以企业信用为依据,对贷款的审查就是对企业信用的等级评定和衡量,通过判定后才决定是否能够发放贷款。随着社会化大生产的推进,美国经济得到了快速发展,企业经营规模不断扩大,业务更加复杂,企业对投入的货币资金的需求也在迅速增长。银行家通过对企业经营者个人信誉进行评价而放款的方法越来越不准确,往往会给银行带来重大损失。美国南北战争之后,一度出现了修建铁路的高潮,这也带动了美国经济繁荣。但是不久后就发生了经济危机,许多企业濒临破产,纷纷向银行申请贷款。1919 年,又一位美国财务学者亚历山大·乌尔撰写出版了《比率分析体系》一书,该书则对财务分析方法进行了系统性的研究,是当今财务报表分析方法的标志性著作。在财务报表技术逐渐成熟的时候美国银行纷纷要求企业在借款之前必须提供财务报表,银行首先对贷款企业的财务报表等资料的真实性进行分析,然后进行全面的企业财务状况分析,以确认企业是否具有足够的偿债能力。斯铁芬·吉尔发表了《趋势分析》等一系列著作,进一步丰富和发展了财务报表分析的理论与方法。所以说财务报表分析开始于银行家对企业进行的信用分析工作,是一种保证银行发放贷款资金安全的财务分析方法。

到了 20 世纪 30 年代,全球爆发了最为严重的经济危机。商品滞销,货币贬值,市场萧条,资金匮乏,利率猛涨,金融衍生产品价格暴跌,银行倒闭。在这样恶劣的宏观经济环境下,企业经营者发现不能仅仅注重从外界筹集资金,还必须重视资金的内部管理,通过外部筹资和内部有效管理,才能进一步扩大生产规模,谋求在竞争中长久地生存和发展。企业经营者和银行家同时在市场经济发展中发现企业发展建设越快,盈利能力越强,则破产倒闭的风险越大。经济学家们在分析这种现象时,终于发现一个企业不仅要追求更高的盈利能力,同时必须有足够的偿债能力。诺维·贝尔发表了《损益分析图表》,盈利能力与偿债能力的综合分析开始在企业内部盛行起来。正是这种综合分析,极大地丰富与发展了财务报表分析的理论与方法。

随着财务报表分析技术的日趋完善和财务报表分析内容的日益丰富、经验的不断积累,财务报表分析从最初的金融机构发放贷款时作为观察借款企业偿还能力的手段,发展到投资方在股份投资时对投资标的的收益性分析,这标志着财务报表分析由信用分析阶段进入了投资分析阶段,其主要任务从稳定性分析过渡到全面、系统的筹资分析、投资分析、经营分析等财务分析的基本技术分析。现在,随着经济发展和现代公司制的出现,财务报表分析越来越广泛地应用在资本市场、企业重组、绩效评价、企业股价等领域。

1.1.4 财务报表分析的意义

1. 正确评价企业的发展质量

通过对企业财务报表的分析,财务报表使用者可以深入分析企业资本成本和资本结构是否合理,资金流动性的情况,现金流量是否充足,偿债能力、获利能力、营运能力的状况,同时可以根据企业往年数据来判断企业财务风险的大小和企业的经营情况,这些情况可以为企业今后决策提供数据支撑。

2. 全面反映企业现状

为保证企业资本的增值和保值,企业管理决策的正确和管理控制的有效性就成为企业成功的关键。全面反映企业财务结构现状是实现企业发展目标、财务目标的重要保证。财务报表分析的意义具体表现在以下几个方面。

(1)评价企业的获利能力。通过企业财务报表分析,可以从销售趋势、投资收益能力、成本控制能力等多角度对企业的获利能力进行系统的分析和评价,并据此预测企业的盈利能力和经营风险的大小。

(2)评价企业的资产营运能力。资产是企业进行生产经营活动的前提,企业资产的管理水平直接影响企业的偿债能力与获利能力。通过财务报表分析可以对企业资产配置的合理性、资产运用效率水平、资产周转使用情况等做出全面的分析评价,并分析和预测企业资产对企业未来发展的制约及推动情况。

(3)评价企业的成本费用水平。企业获利能力的强弱,一方面与销售水平相关,另一方面与成本费用水平相关。通过财务报表分析可以对企业一定时期的成本费用情况做出全面的分析评价,并对成本费用的构成进行分析,找出成本费用增减变动的原因并据此控制成本费用。

(4)评价企业偿债能力水平。企业偿债能力是关系到企业财务风险的重要内容,企业通过负债进行融资,但随之而来的是财务风险的增加。如果企业因不能及时偿还负债而陷入财务危机,企业相关利益人就都会蒙受损失,所以应当密切关注企业偿债能力的强弱。企业偿债能力分析分为短期偿债能力分析和长期偿债能力分析,企业既要关注即将到期的短期债务的偿还,还应对未来长期债务有一定的偿还规划。另外,企业偿债能力还与企业未来收益能力紧密联系,所以在分析时应结合企业的盈利能力进行综合分析。

3. 预测企业未来经营状况

依据企业多期会计报表数据,在深入分析这些财务数据的情况下,可以进行趋势分析来预测企业的未来发展状况。趋势分析是依据企业3~5年的财务报表数据,以某一年或某一期间(成为基期)的数据为基准,计算每期各项目相对基期同一项目的变动状况,观察该项目数据的变化趋势,揭示各期企业经营现状的性质和发展方向。

1.2 财务报表分析的内容与主体

1.2.1 财务报表分析的内容

随着经济全球化的推进,企业之间的竞争日趋激烈,企业财务活动变得越来越复杂,相应的,企业的财务风险日益增大。财务报表分析是以会计核算资料、财务会计报告和其他相关资料为依据,采用一系列分析方法和分析技术,对企业的经营成果、资金使用效率、总体财务管理水平,以及未来发展趋势等进行分析和评价。通过对企业的财务数据和经营管理数据进行科学系统的分析,可以为企业投资者、债权人、经营者等财务信息使用者评价企业现状、预测企业未来提供依据,也可以为企业的经营决策提供数据支持。

财务报表分析的内容因信息使用者的不同,分为外部财务分析和内部财务分析,此外还可以根据需要进行专题财务分析。

1. 外部财务分析

企业财务信息的外部使用者对企业财务状况、经营成果，以及未来发展趋势等进行的分析就是外部财务分析。我国证券法规定，凡是公开发行股票的公司都应该定期公布财务信息。外部分析者只能依据企业所提供的财务报告和其他公开披露的信息进行分析。财务信息外部使用者主要包括投资者、债权人、供应商、政府部门、证券分析师等。外部财务分析的主要内容包括权益投资人的投资分析、债权人的授信分析、供应商的信用分析、政府部门的监管分析等。

2. 内部财务分析

企业内部经营者对企业财务状况、经营成果及其形成原因进行的分析就是内部财务分析。内部财务分析主要为企业管理当局制定发展战略、改善经营管理、提高经济效益服务。内部财务分析的内容包括企业预算执行情况分析、收入完成情况分析、成本费用分析、财务危机预警分析，以及企业绩效综合分析等。

3. 专题财务分析

专题财务分析是指根据分析目的的不同，对企业生产经营活动中某方面存在的问题进行深入的分析和评价。专题财务分析的目的在于解决企业遇到的各种新情况、新问题，其特点是企业可以根据自身需要，针对特定问题，选取相关的财务资料，有针对性地进行某一方面的专题分析。专题财务分析内容包括资产结构分析、资本结构分析、收入完成情况分析、利润预测分析、宏观经济政策对企业影响的分析等。

1.2.2　财务报表分析的主体

财务报表分析的主体是指基于特定目的对企业进行财务分析的单位或个人，财务报表分析的主体可以是企业所有者、企业债权人、经营管理者、供应商、顾客、政府部门、企业内部职工、竞争对手，以及社会公众等。

1. 企业所有者

企业的所有者拥有企业净资产的所有权。他们将资金投入企业的目的是要保全其投入的资本金，同时要获得尽可能多的投资回报。现代制度的两权分离，使企业经营者接受企业所有者的委托代理，为企业所有者执行经营企业的任务。企业所有者作为委托代理关系的委托人，有权要求企业经营者提供详细的财务信息数据，以便对企业的财务状况和经营成果进行分析和评价，为投资决策提供依据，同时也为评价和选择企业经营管理者提供依据。企业所有者需要了解企业的盈利能力、投资回报率、股利政策、经营风险，以及未来发展前景等，因此，企业所有者是企业财务报表分析的主体。

2. 企业债权人

企业主要债权人包括向企业提供信贷资金的银行、财务公司，以及企业债券的持有人等。贷款提供者将资金借贷给企业使用，要求企业按期偿还贷款本金，并要求企业按期支付贷款利息。由于企业贷款者不能参与企业剩余收益的分配，这决定了他们最关心的是借贷资金的风险性和可收回性，他们需要对企业的信用风险情况及偿债能力进行分析。因此，企业债权人也是财务报表分析的主体。

3. 企业经营管理者

按照现代企业的委托代理关系,企业经营管理者受托代理企业的经营管理工作,对企业所有者投入的资本承担保值和增值的责任。他们负责企业日常的生产经营活动,既要确保股东得到相应的投资回报,又要及时偿还各种债务,并保证资产得到合理有效的利用和企业持续稳定发展。企业经营管理者必须掌握企业生产经营活动和投资筹资活动的各个方面,包括企业的盈利能力、偿债能力、资产使用效率、未来的发展能力,以及面临的经营风险和财务风险等,以便及时发现存在的问题,调整企业的经营战略,保证企业经济效益的持续稳定增长。因此,企业经营管理者也是财务报表分析的主体。

4. 供应商和顾客

供应商是企业生产资料的提供者。在现代企业契约关系中,供应商是企业重要的利益伙伴。现代企业之间的交易依赖商业信用,供应商向企业赊销商品就成了企业的债权人,供应商必然要关心授信企业的信用情况、赊销风险情况,以及企业的偿债能力,这就需要对企业进行相应的财务分析。因此,供应商也是财务报表分析的主体。

顾客是企业商品的购买者和消费者。企业将产品或劳务销售给顾客,同时承担着商品质量的担保责任和售后服务。顾客关心企业对产品担保责任的履行能力和售后服务情况,需要对企业的信用和风险情况,以及持续经营能力进行分析和评价。因此,顾客也是财务报表分析的主体。

5. 政府部门

政府部门主要是指国家宏观经济管理部门和监督部门,包括国有资产管理部门、财政部门、税务部门,以及政府审计部门等。这些部门以社会管理者的身份关注企业的财务信息,并根据各自的管理需要,对企业进行财务分析。例如,国有资产管理部门关心国有资本保值增值情况,以及国有投资的社会效益和经济效益,财政部门关心财政资金的使用情况,税务部门关心企业税金的计算和缴纳情况,政府审计部门关心企业的经营活动是否合理合法等。政府部门主要通过财务报表分析评价监察企业的经营活动,为制定宏观经济政策提供依据。因此,政府部门也是财务报表分析的主体。

6. 企业内部职工

企业内部职工的稳定与企业能否持续健康地发展息息相关,企业员工希望通过财务报表分析,了解企业的盈利能力、偿债能力和发展前景,他们为了自己的切身利益需要,判断企业未来的薪酬水平、工作岗位的稳定性和个人发展机会。因此,企业内部职工也是财务报表分析的主体。

7. 竞争对手

行业竞争对手希望通过企业的对外财务报告进行分析,尽可能全面地了解企业的财务状况、经营成果和资产使用效率,竞争对手通过对企业的分析,可以评价自身在行业的地位及优劣势,为其制定发展战略提供数据支撑。因此,行业竞争对手也是企业财务报表分析的主体。

8. 社会公众

社会公众包括潜在的投资者和债权人、潜在的消费者、企业所在社区的居民,以及环境保护组织等。潜在的投资者和债权人,出于对未来投资收益和信贷资金安全的考虑,需要关注未来投资对象的财务状况和经营成果,为投资决策提供依据。潜在的消费者在选择购买商品时,需要关注企业的经济实力和产品质量,以及售后服务能力,为消费决策提供依据。因此,社会公众也是财务报表分析的主体。

1.3 财务报表分析的目的

财务报表分析的目的是指通过对企业进行深入的财务分析所要达到的评价目标。一般来说,财务报表分析的目的是对企业过去的经营成果、企业现在的财务状况、企业未来的发展趋势进行评价和预测,为分析主体进行经济战略决策提供依据。财务信息内部使用者和外部使用者由于使用财务信息的目的不同,其分析的重点也有所不同,以下是对财务报表分析的一般目的和特定目的的分别说明。

1.3.1 财务报表分析的一般目的

1. 评估企业过去的经营成果

评估企业过去的经营成果是财务报表分析的基础目的,主要包括了解企业详细的营业收入来源和营业支出明细,分析净利润的构成和趋势,评价投资报酬率的高低和企业产品市场占有率的变化等。通过分析企业过去一定时期的经营成果,与同行业平均水平、同行业领先企业进行比较,可以了解企业过去经营活动的业绩,合理设定企业未来经营的目标。

2. 衡量企业现在的财务状况

企业目前的经营状况分析主要包括了解企业资产、负债、所有者权益的构成比例,反映企业资产、资本存量,以及企业的产权关系,分析企业资产结构和资本结构的合理性,评价企业财务实力等。财务现状分析数据与历史数据和同行业平均指标数据相互比较,可以了解企业在同行业内实力的真实情况,并据此预测企业未来发展的方向和目标。

3. 预测企业未来发展的趋势

根据企业过去和现在的经营业绩,可以预测企业未来的收入和获利能力。根据企业现在的财务状况和未来创造利润的能力,可以预测企业的成长潜力,为以后制定经济决策提供参考依据。

1.3.2 财务报表分析的特定目的

财务报表分析的特定目的因财务分析主体的不同而有所不同。从财务信息使用者和分析主体需求的角度看,财务报表分析的特定目的主要包括以下几个方面。

1. 为投资决策进行财务报表分析

企业投资者在进行初始投资、追加投资、转让投资时最关注投资风险和资本利得,因此会对企业的盈利能力、发展能力、资本结构、股利政策等进行专项分析,以此来评价投资收益和投资风险,预测未来的盈利及可能存在的风险情况。

2. 为债权人决策进行财务报表分析

企业债权人可以分为长期债权人和短期债权人。对于短期债权人,财务报表分析的目标在于对短期偿债能力进行分析,主要了解借款企业短期财务状况、存货周转情况等短期可变现资产的情况,以便决定是否能放贷或者能否及时收回贷款。短期债权人关心短期偿债能力是否超过企业的盈利能力。

对于长期债权人而言,财务报表分析更加重视借款企业未来较长时间的偿债能力,所以需要详细的财务信息,财务报表分析的范围也更广泛。长期债权人财务分析的目标在于根据借款企业现在的经营情况和财务状况,预测其未来较长时间的偿债能力、经营前景,以及在竞争中的应变能力,以便对借款企业做出是否长期贷款的决策。长期债权人财务分析的重点是预测企业未来的盈利能力和发展前景。

3. 为赊销决策进行财务报表分析

企业在销售过程中会存在选择赊销企业、决定赊销规模、确定赊销条件和赊销期限等问题,其需要对销售企业的偿债能力、财务稳健性、信用等级和风险情况进行深入分析,以此作为制定赊销决策的依据。

4. 为业绩评价进行财务报表分析

企业评价经营业绩主要有三个目的:一是评价经营者的经营能力,企业所有者在选聘和考核企业经营者时,需要对企业的经营业绩进行分析,作为任免的依据;二是作为企业诊断的数据支撑,企业经营管理者可以通过财务分析做自我评价,包括检查内部财务结构是否稳健,检查企业的偿债能力是否充分,衡量企业在同行业的地位,预测企业未来的发展趋势等;三是作为企业效益考核的依据,企业经营管理者可以通过财务分析,考核企业各部门的工作效率,评价企业内部的经营管理政策和内部控制制度,为企业管理决策和人力资源部门的绩效考核提供依据。

5. 政府机构分析财务报表的目的

政府机构需要关注企业财务报表的部门包括财政部门、税务部门、企业主管部门、国有资产管理部门、司法部门和社会保障部门等。具体来说,财政部门通过了解企业的财务状况,掌握企业资金的流向和企业宏观发展数据,以此来制定相应的宏观财政政策和税务政策。

税务部门关注企业财务报表是需要了解企业报税是否及时,是否及时足额上缴税款,计税方法是否正确,同时企业的财务报表分析也是国家宏观税收分析的组成部分。

企业主管部门可以通过对企业财务进行分析,掌握所辖企业的各项计划完成情况,宏观掌握国家经济预算指标的执行情况,以便做出宏观财政调控建议。

国有资产管理部门主要通过企业财务报表的分析,掌握国有资产的保有情况、运用效率与投资报酬率,保证国有资产的安全和完整。它从投资者的角度研究分析企业的财务状况与经营成果,分析国有资产的盈利能力。

6. 业务关联单位分析财务报表的目的

企业的关联单位主要包括供应商和客户。客户方面要求企业能够按时、按质、按量地完成双方签订的项目,供应商方面关心的是企业能否及时清算购入材料的款项。因此,他们需要分析企业的存货周转情况、支付能力和偿债能力等,了解企业短期的财务状况,并根据企业利润表中反映的企业交易完成情况来判断企业的信用等级,从而确定是否与其继续进行交易。

7. 注册会计师和审计人员分析财务报表的目的

注册会计师和审计人员进行财务报表分析的主要目的是确定被查企业的会计处理是否符

合一般公认会计原则,确定企业提供的财务报告数据的真实性、完整性、及时性。会计师和审计人员对企业的财务报表进行审查后,必须出具查账报告。

注册会计师和审计人员进行财务报表分析的方法主要是通过计算分析不同财务数据以及财务数据与非财务数据之间的内在关系,对财务信息的真实性和效益性做出评价,通过分析来了解被审核企业的财务状况,发现线索并找出企业存在问题的成因,提出改进建议。注册会计师对会计报表分析的目的主要是判断企业的财务状况和经营成果的真实性与发展趋势,并将分析的结果作为全面分析企业财务状况的正式评价提交给委托方。

1.4 本章小结

财务报表分析成为一门独立的学科始于20世纪50年代。经济环境的变化推动了财务报表分析的发展。目前,财务报表分析已经成为企业相关利益主体获取企业经营现状信息的主要方法,能够为企业投资者和债权人提供决策支持。财务报表分析不完全等同于财务分析,两者既有联系又有区别。

财务报表分析的目的受分析主体和分析对象的制约,不同的报表使用者进行财务报表分析的目的是不同的。财务报表的使用者主要包括投资者、债权人、经营者、政府有关部门、业务关联单位,以及企业内部职工,不同的财务报表使用者对财务报表关注的内容是不同的。

1.5 课后练习题

一、单项选择题

1. 财务报表分析的最终目的是(　　)。
   A. 编制月度财务报表　B. 判断企业基本情况　C. 提供决策支持　D. 分析报表数据
2. 财务报表分析的对象是企业的(　　)。
   A. 筹资活动　　　　　B. 投资活动　　　　　C. 全部活动　　　　D. 经营活动
3. 在正常情况下企业收益的主要来源是(　　)。
   A. 经营活动　　　　　B. 投资活动　　　　　C. 筹资活动　　　　D. 投资收益
4. 下列关于财务报表分析一般目的的概括中,不正确的是(　　)。
   A. 评价过去的经营业绩　　　　　　　　B. 衡量现在的财务状况
   C. 预测未来的发展趋势　　　　　　　　D. 改善企业的财务状况
5. 下列项目中,不属于企业需要提交财务报告的政府机构有(　　)。
   A. 企业主管部门　　　B. 财政部门　　　　　C. 政策研究部门　　D. 税务部门
6. 下列项目中属于长期债权的是(　　)。
   A. 短期贷款　　　　　B. 融资租赁　　　　　C. 商业信用　　　　D. 短期债券
7. 在财务报表分析中,投资人是指(　　)。
   A. 社会公众　　　　　B. 商业银行　　　　　C. 投资机构　　　　D. 普通股东
8. 下列选项中,不属于狭义的财务报表分析的是(　　)。
   A. 现金流量数据　　　B. 利润表数据　　　　C. 资产负债表数据　D. 经营环境
9. 应归属于资产负债表附表的是(　　)。

A.利润分配表　　　　B.分部报表　　　　C.财务报表附注　　D.应交增值税明细表
10.利润表能够反映企业的（　　）。
A.财务状况　　　　B.经营成果　　　　C.财务状况变动　　D.现金流动
11.在我国会计规范体系中,属于最高层次的是（　　）。
A.企业会计制度　　B.企业会计准则　　C.会计法　　　　　D.会计基础工作规范
12.（　　）不属于上市公司信息披露的主要公告。
A.收购公告　　　　B.重大事项公告　　C.利润预测　　　　D.中期报告
13.注册会计师应当对财务报表的（　　）负责。
A.公允性　　　　　B.真实性　　　　　C.正确性　　　　　D.完整性
14.下列项目中,属于利润表附表的是（　　）。
A.资产减值明细表　　　　　　　　　　B.所有者权益增减变动表
C.应交增值税明细表　　　　　　　　　D.利润分配表
15.广义的财务报表分析不包括的内容是（　　）。
A.会计制度审核　　B.经营成果　　　　C.现金流量　　　　D.财务状况

二、多项选择题

1.财务报表分析具有广泛的用途,一般包括（　　）。
A.吸引投资对象和兼并对象　　　　　B.预测企业未来的财务状况
C.预测企业未来的经营成果　　　　　D.评价公司管理业绩和企业决策
E.判断投资、筹资和经营活动的成效
2.企业的基本活动分成（　　）。
A.经营活动　　B.投资活动　　C.筹资活动　　D.销售活动　　E.经济活动
3.财务报表分析的结果是（　　）。
A.对企业偿债能力的评价　　　　　　B.对企业盈利能力的评价
C.对企业抵抗风险能力的评价　　　　D.找出企业存在的问题
E.提出改进的措施和建议
4.下列各项中,能够称为财务报表分析主体的有（　　）。
A.债权人　　　B.投资人　　　C.经理人员　　D.审计师　　E.职工和工会
5.能够作为财务报表分析主体的政府机构包括（　　）。
A.税务部门　　　　B.国有企业的管理部门
C.证券管理机构　　D.会计监管机构　　E.社会保障部门
6.根据分析的具体目的,财务报表分析包括（　　）。
A.流动性分析　　　B.盈利性分析
C.财务风险分析　　D.专题分析　　　　E.资金周转能力分析
7.财务报表分析的原则可以概括为（　　）。
A.目的明确原则　　B.动态分析原则
C.系统分析原则　　D.成本效益原则　　E.实事求是原则
8.财务报表分析是以财务报表为基本依据,对企业的（　　）进行全面分析。
A.财务状况　　　　B.经营成果　　　　C.现金流量
D.公司政策　　　　E.前景预期

9.广义的财务报表分析包括(　　)。
A.财务报表数据分析　　　B.公司经营环境
C.经营活动　　　　　　　D.战略分析　　　　　E.预算分析
10.财务报表分析使用的主要资料包括(　　)。
A.资产负债表　　　　　　B.利润表　　　　　　C.现金流量表
D.财务报表的附表　　　　E.财务报表的附注

三、简答题

1.请简述财务报表分析的目的。
2.请简述财务分析与财务报表分析的区别。
3.请简述财务报表分析的内容。

第 2 章　财务报表分析的框架和方法

 知识目标

(1) 了解企业经营活动与财务报表分析的关系；
(2) 熟悉财务报表分析的基本框架；
(3) 了解财务报表分析的一般程序。

 能力目标

(1) 掌握财务报表分析的比较分析、比率分析、结构分析方法；
(2) 熟练掌握共同比财务报表的编制；
(3) 熟练掌握财务报表分析的因素分析、差额分析方法。

 案例导入

现有 XWYD 公司 2016—2018 年利润表年度报表（见表 2-1），看了报表以后你是如何评价这家公司的整体利润状况的？应该使用什么量化方法对其进行评价？

表 2-1　XWYD 公司 2016—2018 年利润表年度报表　　　　　　　单位：万元

项目	2018 年	2017 年	2016 年
营业总收入	32 432.00	40 088.00	130 123.00
营业收入	32 432.00	40 088.00	130 123.00
营业总成本	47 800.00	52 996.00	166 667.00
营业成本	31 456.00	38 610.00	120 499.00
研发费用	2 024.00	—	—
税金及附加	467.00	507.00	536.00
销售费用	1 358.00	1 533.00	4 509.00
管理费用	4 862.00	7 567.00	15 377.00
财务费用	1 257.00	2 863.00	7 762.00
资产减值损失	6 374.00	1 917.00	17 985.00
投资收益	20.00	−1 534.00	−6 092.00
营业利润	−15 209.00	−13 742.00	−42 636.00
营业外收入	171.00	1 025.00	44 797.00
营业外支出	368.00	572.00	450.00
非流动资产处置损失	—	—	7.00

续表

项目	2018年	2017年	2016年
利润总额	−15 406.00	−13 289.00	1 711.00
所得税费用	26.00	−217.00	−993.00
净利润	−15 432.00	−13 072.00	2 703.00
归属于母公司所有者的净利润	−15 432.00	−12 745.00	2 985.00
少数股东损益	—	−326.00	−282.00
基本每股收益	−0.55	−0.45	0.16
稀释每股收益	−0.55	−0.45	0.16

2.1 财务报表分析框架

2.1.1 企业经营活动与财务报表的关系

企业经营活动是根据企业经营战略与行业市场环境情况进行的资金、物资、人力等的配置活动。在市场经济环境下，企业经营活动的过程和结果受企业经营环境的直接影响。企业经营战略也是根据宏观环境和企业所处的市场环境的变化而进行调整的。企业财务分析应该考虑到企业的经营环境和经营战略的因素。经营环境包括国家宏观产业政策和宏观财政金融政策、企业所处的行业环境、宏观经济周期、区域经济发展水平、对外经济贸易发达程度、产品市场环境、资本市场环境、劳动力市场等；经营战略包括企业的经营范围、企业战略发展方向和行业竞争策略。

企业的经营活动都是在特定经营环境和经营战略下进行的，并受经营环境和经营战略的制约。企业经营活动的会计核算，主要经过会计确认、会计计量和会计记录这三个过程来完成，并以财务报表的形式对外报告。在企业经营活动转化为财务报表数据的过程中，许多因素会导致财务报表不能真实完整地反映企业的经营活动，会计信息使用者应着重关注这些方面。具体的影响因素有以下几点。

(1)我国现行的会计准则为了增强财务报表的可靠性和可比性，已经对会计的确认、计量和报告提出了统一的要求，但是由于企业面临的经营环境和经济业务的多样性，同时会计准则中的会计政策和会计估计的方法具有多样性，企业财务管理者具有一定的选择权，而这种选择权在客观上为企业经理人员操纵财务报表数据提供了机会，因此会计信息完全真实可靠就无法保证。

(2)权责发生制原则是企业会计核算的基础，设立该原则的本意是希望会计信息能够真实客观地反映企业的财务状况和经营成果。但是由于按照权责发生制确认的收入和费用与现金流量不一致，企业经理人员受利益的驱动，有可能利用权责发生制操纵财务报表数据，导致会计信息失真。

(3)会计准则中的某些规定比较笼统，在执行的时候就有可能导致会计信息失真。例如，货币计量假设就没有考虑币值变动对财务指标的影响，当物价变动较大时，会导致企业低估成本高估利润。又如稳健性原则，其要求将研究费和广告费直接计入当期损益，直接降低了企业当期的利润,实际上大量研究经费的投入,有助于提升企业价值,其所带来的经济效益具有延滞性,往往在以后才能显现出来。

综上所述,由于会计规范系统并非尽善尽美,因此必然导致企业财务报表存在一定的缺陷和不足,难以真实客观地反映企业的经济活动。企业在进行财务分析时应充分认识到这一点,并对不合理的地方进行适当调整,且在会计报告中着重进行说明,以保证企业财务分析报告的真实、准确和及时。

2.1.2 财务报表分析的基本框架

企业的商务分析框架包括经营环境与战略分析(business environment and strategy analysis)、财务报表的会计分析(accounting analysis)、财务效率分析,以及财务分析(financial analysis)、预算分析(prospective analysis)、估值分析(valuation analysis)。

经营环境与经营战略分析由两部分组成,即行业分析(industry analysis)和战略分析(strategy analysis)。行业分析通常为第一步,因为所处行业的前景和结构在很大程度上决定了一个公司的盈利能力。行业分析通常用波特提出的分析框架或价值链分析来完成。在该框架下,一个行业被看作一个由竞争者组成的集合,这些竞争者追求与消费者和供应商讨价还价的能力,彼此间激烈竞争,并须面对新的进入者和替代产品的威胁。行业分析必须同时评估一个行业的前景和一个公司面对的实际及潜在竞争。战略分析是对公司在建立其竞争优势方面所作商务决策及所获成功的评价,包括估计公司对环境变化的预期战略反应,以及这些反应对公司未来成长与成功的影响。战略分析要求详细考察有关公司产品组合和成本构成的竞争战略。

会计分析包括评价公司的盈余质量(earnings quality)。评价盈余质量需要对多种因素进行分析,比如公司经营的状况,其会计政策、所披露信息的数量和质量、管理绩效与声誉,以及盈余管理的机会与动因。会计分析中还需要评价公司收益的可持续性,有时称为持续收益能力(sustainable earning power)。

财务分析由三大部分构成,即盈利能力分析(profitability analysis)、风险分析(risk analysis)及现金流量分析(analysis of cash flows)。盈利能力分析评价公司的投资回报,关注的焦点是公司利润的来源和水平,需要具体确定并计量各种利润驱动因素的影响。风险分析要求估计公司的偿债能力、资金的流动性,以及收益的易变性。由于风险与债权人的关系最为密切,因此,风险分析通常在信用分析的基础上展开。此外,风险分析对权益分析也具有重要意义,其既涉及对公司业绩可靠性和可持续性的评价,也涉及对公司资本成本的估计。现金流量分析评价公司的资金来源和配置。这项分析可以为了解公司未来财务状况提供一些启示。

前景分析(prospective analysis)主要是预测未来报酬,包括收益、现金流量,或者二者兼而有之。这项分析以会计分析、财务分析,以及经营环境和战略分析为基础,其分析结果表现为用以估算公司价值的一系列预计未来报酬。

估值(valuation)是多种商务分析的主要目标。估值涉及将有关未来报酬的预测数转换为预估公司价值的过程。为了确定公司价值,分析者必须选择一定估值模型,并对公司资本成本做出估计。

了解企业的会计环境和会计政策,选择合适的会计方法,才能更准确地反映企业经济活动的本质,对企业的财务状况和经营成果做出合理解释。

综上所述,进行财务报表分析时首先要了解企业所处的经营环境和企业的经营战略,分析企业的竞争优势和劣势,识别企业的机会和风险,对企业的盈利能力和发展能力的可持续性做出判断。其次是进行会计分析,评价企业的资产结构、资本结构、盈利结构和现金流动情况,判断企业的盈利基础和盈利质量。再次是进行财务效率分析,揭示企业的偿债能力、盈利能力、营运能力和发展潜力,评价企业目前的经营业绩以及业绩的可持续增长性。最后对企业的经营业绩进行综合分析,判断其未来的发展前景。财务报表分析基本框架如图 2-1 所示。

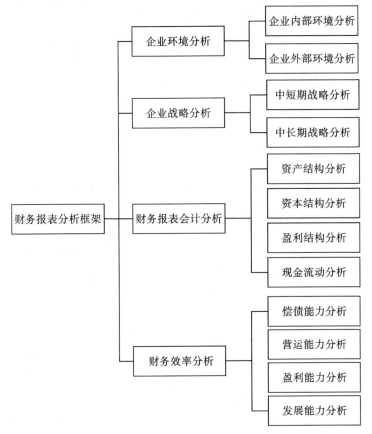

图 2-1 财务报表分析基本框架

1. 经营环境与经营战略分析

企业价值取决于企业获取利润的能力,而企业获取利润的能力受国家产业政策和行业特点以及自身发展战略和策略的影响。只有充分了解行业的发展态势、企业的竞争优势和劣势,以及企业战略的合理性,把企业的财务状况和经营成果与企业战略结合起来,从更深层次解析企业经营的成果,才能对企业经营业绩的现状和持续性做出合理的判断。

企业的经营活动(operating activities)是在一定的经营环境下进行的,并受客观环境的影响,因此财务分析的起点是对企业的经营环境和企业的发展战略进行分析。通过对企业经营环境和发展战略的分析,可以了解企业经营所面临的内外部环境,确定影响企业盈利的主要因素、机会和风险,使财务分析者从一个较高的层次来评价企业的经营活动。

2. 财务报表的会计分析

由于会计政策的可选择性,财务报表中的数据难免受企业管理者主观意愿的影响,甚至有可能包括管理者有意操纵的信息。进行财务分析时需要了解企业所选择的会计政策、会计估值的恰当性,评估财务报表对企业经济活动反映的真实程度,揭示企业的资产结构、资本结构和财务弹性。一般来说,财务报表的会计分析内容包括以下几个方面。

(1)了解企业的会计政策。进行会计分析时,首先应了解企业所选用的会计政策,评价其是否与企业的行业特征和经营战略相适应。因为选用不同的会计政策,会导致会计核算结果有很大的区别。会计政策的可选择性越大,其对企业财务报表业绩的影响也越大,也越容易造成企业管理者操控财务报表数据,财务分析者应对此保持足够的谨慎。

(2)评价企业的会计政策是否稳健。在现行的会计准则中,对某一经济事项的会计处理往往有多种备选的方法,从而为企业借助于会计方法的选择来实现预期的经济效果提供了客观条件。当经营情况较好时,企业可能会选择更为稳健的会计政策;当经营情况欠佳时,企业可能会改变会计政策,使账面上的经营业绩变得好看一些。当企业管理者拥有较大的会计政策选择权时,他们可以根据自己的需要加以运用,而在不同的会计政策下,核算出的企业财务状况和经营成果往往大相径庭。因此,在进行会计分析时应当充分关注企业对会计政策选择的偏好,判断管理者选择会计政策的意图,了解会计政策选择对企业财务状况和经营成果的影响。

(3)评价企业资源的配置是否合理。资产是企业的经济资源,其配置和使用是否合理直接影响企业的经营业绩。通过分析企业的资产管理制度、资产计价方法、资产结构,以及资产结构与资本结构之间的关系等,可以了解企业资产配置是否合理,管理是否科学,判断企业资产的质量,了解企业的财务弹性。

(4)评价企业的经营活动是否正常。根据财务报表各项目内在的钩稽关系,可以对企业的经营活动进行细致的考察和分析,判断企业经营活动有无异常以及是否存在财务舞弊行为。例如,存货或应收账款项目异常增加、提收或冲销大额资产减值准备、净利润与经营活动现金净流量差异加大以及随意改变会计政策等,都应引起财务分析人员的充分关注。

(5)评价会计信息披露的质量。企业会计信息披露的载体除了财务报表外,还有报表附注、董事会报告、监事会报告及各种临时公告等。企业会计准则中规定的披露内容,属于强制性信息披露,是对会计信息披露的最低要求。在此基础上,企业管理层可以选择是否自愿披露信息以及自愿披露的内容。一般而言,从自愿披露信息的深度和广度可以了解企业会计信息披露的质量,进而判断财务报表的可信度。

3. 财务效率分析

财务效率分析是财务分析的核心环节,这一环节主要根据报表数据计算大量的财务比率指标,以揭示企业的偿债能力、营运能力、盈利能力、投资回报能力和未来发展能力,并对企业的整体情况进行综合评价,判断企业的经营业绩和业绩的可持续性。

财务效率分析常用的方法有比率分析法(ratio analysis)、比较分析法(comparative analysis)、结构分析法(structure analysis)、因素分析法(factor analysis)等。通过计算比率指标可以反映企业的经营状况;通过比较分析可以对企业的经营业绩进行评价和说明;通过因素分析法的运用可以确定某一比率指标变动的主要影响因素,并分析每个因素变动对该指标的影响程度,据此找出企业管理中存在的问题,以便采取措施加以改进。

4. 综合财务分析

综合财务分析是在财务效率分析的基础上,对企业未来的财务风险、企业价值,以及企业综合绩效等所作的判断。其主要包括财务预警分析和企业绩效综合评价两部分内容。

财务预警分析主要是根据企业的历史数据和财务指标,采用一定的方法建立财务预警模型,对企业是否面临财务危机进行预测,以便企业及时采取措施,规避财务风险。企业绩效综合评价主要介绍如何采用平衡计分卡和经济增加值对企业绩效进行全面评价,以便更加准确、全面、客观地揭示和说明企业的经营业绩。

2.2 财务报表分析的程序和方法

2.2.1 财务报表分析的一般程序

财务报表分析程序是进行财务分析的行为路径。建立合理规范的财务报表分析程序,对于保证财务报表分析工作的顺利进行、提高财务报表分析质量具有重要意义。财务报表分析工作一般应按照以下程序进行,如图2-2所示。

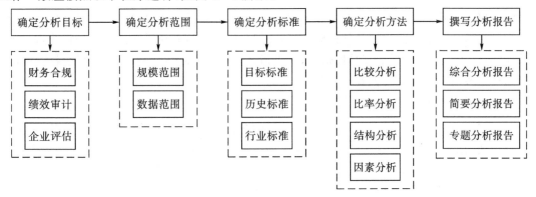

图 2-2 财务报表分析的基本流程

1. 确定分析目标

如前所述,财务分析主体不同,财务分析目标也不同。在进行财务分析时,首先要明确界定分析目标,然后才能确定收集哪些财务资料,并依次完成财务分析的所有步骤。例如,股权投资人的财务分析目标是进行投资决策,因此其分析的重点是企业的盈利能力、成长能力和股利政策;债权人的财务分析目标是进行授信决策,因此其分析的重点是企业的偿债能力和资本结构等。

2. 明确分析范围

明确了分析目标之后,财务报表分析者还要根据分析工作量和分析难易程度,制定分析方案,明确分析范围,确定是进行全面分析还是有重点地分析。基于成本效益的考虑,并不是每个财务分析者都要对企业的财务状况和经营成果进行全面分析,更多情况下是对企业的某一个方面进行分析,或者在全面分析的同时有重点地对某一方面进行分析。因此,分析者在确定分析目标之后,应明确分析范围,制定分析方案,节约收集资料和分析计算等环节的成本,在满足财务分析主体需要的前提下,提高工作效率。

3. 收集整理资料

分析范围确定之后,分析者要根据分析目标和分析范围,收集整理相关的信息资料。通常情况下,企业的财务报表和报表附注是任何财务分析都需要的,除此以外,还需要收集相关的非财务资料,如重大事项公告、公司董事会决议、企业生产经营战略、供产销情况,以及国家宏观经济政策和行业内其他企业经营状况等。资料收集的渠道包括直接向企业索取、向证券交易所索取、查阅各类报纸杂志、上网搜寻等。

在资料收集过程中,还需要对所收集的资料进行整理核实,以确保其真实性和可靠性。具体方法是:首先,要对财务报表进行全面审阅,如果发现有不正确之处,应予以剔除或修正,甚至舍弃不用。其次,还应关注会计政策和会计估计变更对企业财务状况和经营成果的影响,考虑会计信息的可比性。如果财务报告已经经过注册会计师的审计,应认真阅读注册会计师出具的审计报告,特别要关注保留意见、否定意见和拒绝意见的审计报告。最后,有时反映企业整体情况的财务报表并不适合特定目的的财务分析,分析者要根据自己的需要做进一步的分析工作来契合专项财务分析的要求,如编制比较财务报表或共同比财务报表等。

4. 确定分析标准

财务报表分析的对象是某一个特定企业,为了得出明确的分析结论,必须将反映该企业财务状况和经营成果的实际指标与分析标准进行对比,因此分析者还需要选择与确定分析标准。如前所述,财务报表分析标准有目标指标、历史指标、行业指标等,分析者可以根据自己的分析目的选择一种或多种指标作为分析标准。

5. 确定分析方法

财务报表分析的目的和内容不同,其所采用的分析方法也有所不同。常用的分析方法有比较分析法、比率分析法、结构分析法、因素分析法等,这些方法各有特点,在进行财务报表分析时可以结合使用。例如,首先,计算反映企业财务状况和经营成果的比率指标;其次,将实际比率与分析标准进行比较,找出差异;最后,采用结构分析法或因素分析法分析差异产生的原因,找出影响企业财务状况和经营成果的主要因素。

6. 撰写分析报告

分析报告是对财务报表分析过程和结果的解释与说明,撰写分析报告是财务报表分析的最后一步。财务报表分析报告的内容包括分析目的、分析内容、分析标准、分析方法、分析结论,以及分析人员针对分析中发现的问题所提出的改进措施或建议。在财务报表分析报告中,应将分析比较后所得到的结果进行解释,并评价数字背后隐含的意义。解释分析结果是一项既困难又重要的工作,分析者必须具备足够的专业知识和职业判断能力,才能对分析比较的结果做出正确的解读。如果分析报告能够对企业今后的发展趋势和发展方向提出预测性意见,那么其对使用者进行决策的作用更大。

2.2.2 财务报表分析的基本方法

财务报表分析是一项技术性很强的工作,应该根据分析目标采用不同的分析方法,用的方法有比较分析法、比率分析法、结构分析法、因素分析法,有时还会使用回归分析法、层次分析法等数理统计方法。本节主要介绍前四种方法。

1. 比较分析法

比较分析法是指将实际数据与分析标准相比较,确定其数量差异,作为分析和判断财务现状和经营成果的一种方法。通过比较分析,可以揭示财务活动中的数量关系,发现差异并寻找差异产生的原因。比较分析法在财务分析中运用得最为广泛,而其他分析方法是建立在比较分析法基础之上的。根据比较对象的不同,比较分析法可以分为绝对数比较分析和相对数比较分析。

(1)绝对数比较分析。绝对数比较分析是指将财务报表某个项目的金额与评价标准进行对比,以揭示其数值差异。例如,企业上年净利润为1 000万元,今年净利润为1 200万元,则今年比上年增加了200万元。绝对数比较是通过编制比较财务报表进行的,其包括比较资产负债表、比较利润表、比较现金流量表等。

比较资产负债表是将两期或两期以上的资产负债表项目排列在一张表上,以直接观察资产、负债、所有者权益各项目增减变化的数额。比较利润表是将两期或两期以上的利润表的项目排列在一张表上,直接观察收入、费用各项目增减变化的数额。比较现金流量表是将两期或两期以上的现金流量表项目并行排列,直接观察现金流入、流出各项目增减变化的数额。比较财务报表的信息对会计信息使用者十分有用,通过各年度会计报表的相互比较,使用者不仅可以看出企业财务状况与经营成果的消长和发展趋势,而且可以了解影响其变动的主要因素。我国2006年颁布的企业会计准则规定,企业的资产负债表、利润表、现金流量表、所有者权益变动表均采用两期对照的方式编制,同时列示本期数和上年同期数,从中也可以看出比较财务报表的重要性。具体计算公式如下:

绝对数变动值＝分析期某项指标实际数－基期同项指标实际数

表2-1就是某公司将2016—2018年利润指标的绝对数统一在一个表里进行的对比分析。

(2)相对数比较分析。相对数比较分析是指利用财务报表中有相关关系的数据的相对数进行对比,比如,将绝对数转换成百分比、结构比重、比率等进行比较,以揭示相对数之间的差异。一般而言,进行绝对数比较只能说明差异金额,不能说明差异变动的程度,而相对数比较则可以说明差异变动的程度。例如,有两家企业,本年营业利润均比上年增加120万元,其中一家企业上年营业利润为300万元,另一家上年营业利润为1 000万元。如果仅从净利润增长数额看,两家企业没有差别,但实际上前者比上年增长40%,后者只增长12%。而通过计算销售额等指标并进行比较,可以揭示这两家企业的盈利能力和经营效率。如果第一家企业销售总额上涨了18%,第二家企业的销售总额上涨了7%,两者相比,前者比后者的销售总额高出11个百分点,从这个结果我们可以非常直观地看出前一家企业的经营能力更强。

在实际工作中,绝对数比较分析和相对数比较分析经常同时使用,以便通过比较做出更客观的判断和评价。

另外,企业经常会用特定的评价标准对经营状况进行分析和评价,经常使用的比较标准有与预算比较、与上年同期比较、与若干期历史数据平均值比较、与本企业历史最高水平比较、与国内外同行业平均水平或先进水平比较等,表2-2是相对数比较分析的举例,表中采用了行业标准作为参照数,对企业的相对数指标进行对标分析。

表2-2 WT公司2013—2017年流动比率、速动比率与行业比较表　　　　　单位:%

项目	2013年	2014年	2015年	2016年	2017年
流动比率	1.34	1.45	1.65	2.02	1.99
流动比率行业平均值	1.42	1.51	1.75	2.18	2.25
速动比率	0.47	0.30	0.31	0.29	0.50
速动比率行业平均值	0.52	0.55	0.64	0.51	0.78

根据表2-2可以看出,WT公司这5年的流动比率都比行业平均值低,并呈现出不规律的波动变化,但是行业平均值呈现上升的变动趋势,速动比率也存在波动且均低于行业平均值,综合这两项指标可知WT公司的短期偿债能力低于行业水平,存在着一定的财务风险。

相对数比较分析的计算公式通常有两个:一个是占比百分比指标,另一个是增减百分比指标,其具体指标公式如下:

$$占比百分比 = \frac{指标的实际值}{指标的标的值} \times 100\%$$

$$增减百分比 = \frac{指标的实际值 - 指标的标的值}{指标的标的值} \times 100\%$$

(3)比较基准的分类。

①与目标基准比较:目标基准是综合历史财务数据和行业经济现状提出的理想标准,并以此作为一段时间内的财务状况的评价尺度。目标基准一般也是企业内部财务分析人员用于评价考核企业经营业绩的标准。通常企业会使用财务预算作为目标基准,因为与其他标准相比,预算标准更符合企业战略及目标管理的要求。通过这种比较,可以了解预算的完成情况,为进一步分析和寻找企业潜力指明方向。目标基准比较通常有两种方法:一是定基分析法;二是环比分析法。

A.定基分析法:选定某一会计期间作为基期,然后将其余各期与基期进行比较,从而通过计算得到趋势百分比,通过观察计算出的百分比,确定所分析项目的变动趋势和发展规律。其计算公式如下:

$$定基比率 = \frac{分析期数额}{固定基期数额} \times 100\%$$

表2-3是ZHB公司2015—2019年的企业收益状况表,现要求以2015年为基期编制企业收益状况定基分析表,见表2-4。

表2-3　ZHB公司2015—2019年的收益状况表　　　　　单位:千元

项目	2015年	2016年	2017年	2018年	2019年
营业收入	930.00	1 121.00	1 224.00	1 213.00	936.00
营业成本	726.00	859.00	872.00	913.00	732.00
营业税费	26.00	27.00	22.00	25.00	31.00
营业利润	178.00	235.00	330.00	275.00	173.00

表 2-4　ZHB 公司 2015—2019 年的收益状况定基分析表　　　　　　　　单位:%

项目	2015 年	2016 年	2017 年	2018 年	2019 年
营业收入	100	121.00	132.00	130.00	101.00
营业成本	100	118.00	120.00	126.00	101.00
营业税费	100	104.00	85.00	96.00	119.00
营业利润	100	132.00	185.00	154.00	97.00

从表 2-4 可以看出,企业 2017 年营业收入比 2015 年增长了 132%,但是 2019 年又回落到 2015 年的水平,由于营业税费和成本的增加,导致 2019 年的营业利润仅是 2015 年的 97%。

B. 环比分析法:将各项目的本期数与上期数相比而得到的趋势百分比。其计算公式为

$$环比比率 = \frac{分析期数额}{前期数额} \times 100\%$$

以表 2-3 为基础,计算该企业的收益环比数据,见表 2-5。

表 2-5　ZHB 公司 2015—2019 年的收益状况环比分析表　　　　　　　　单位:%

项目	2015 年	2016 年	2017 年	2018 年	2019 年
营业收入	100	121.00	109.00	99.00	77.00
营业成本	100	118.00	102.00	105.00	80.00
营业税费	100	104.00	81.00	114.00	124.00
营业利润	100	132.00	140.00	83.00	63.00

从表 2-5 可以看出,该企业营业利润在减少,营业税费在增加,营业收入和营业成本在减少,因此造成企业营业利润下滑的情况发生。鉴于企业经营情况的每况愈下,建议企业一方面要查找营业收入下降的原因,争取尽快拓展市场,增加营业收入;另一方面应该进行综合税务筹划以节约税费支出。

②与历史基准比较:历史基准是指本企业在过去某一时期内该指标的实际值。这个实际值可以选择本企业历史最好水平,也可以选择企业正常经营条件下的业绩水平,或者选取以往连续多年的平均水平。另外,在财务报表分析中,还经常与上年实际业绩做比较。

通常使用的历史基准是本企业历史最好水平,所以比较可靠、客观,可比性很强。通过这种比较,可以观察出企业自身的变动情况,了解本企业在最近时期的经营得失。但是,使用历史基准比较也有一定的不足:第一,历史基准目标性较低,只是比较自己企业的情况,没有考虑行业内的其他企业取得的平均行业水平或者行业优秀企业的发展指标。第二,当企业发生经营业务上的重组和变更时,历史基准的可比性就会严重下降,原有的财务数据已经不能作为基准使用。第三,新成立的企业没有历史基准可用。

③与行业基准比较:行业基准是行业内所有企业的平均财务指标或者是较优水平的财务指标。通过这种比较,可以说明一个企业在本行业竞争中所处的层次地位。使用行业基准比较需注意以下问题:第一,尽量选取同自己企业经营业务匹配度较高的企业进行对标分析,如果企业经营业务相差较大,就没有可比性了;第二,尽量选取采用相同会计处理方法的同行业企业作为对标企业进行分析,因为即使行业内企业的经营业务相同,也可能存在会计处理方法

上的不同,这种差异的存在对于企业间的比较也没有太大的可比性,容易出现结论误差,并导致决策失误。

④与经验基准比较:经验基准是依据长期的日常经验数据形成的基准,该基准的形成一般没有理论支撑,只是简单地根据事实现象归纳的结果。例如,通常我们认为企业的流动比率的经验基准为2∶1,速动比率的经验基准为1∶1。再比如根据经验数据,当企业的负债率超过60%时,企业就会出现较大的财务风险和经营困难,资产负债率通常应控制在30%～60%的范围内。

综上所述,运用比较分析法时应注意指标是否具有可比性,具体来说应注意以下四个方面:一是指标内容和计算方法要一致;二是会计政策应基本一致,如果不一致应进行调整,使之具备可比性;三是指标的时间长度和时间单位要一致,特别是进行企业不同时期比较或不同企业之间的比较时,所选择的时间长度和年份必须具有可比性;四是企业经营范围和经营规模应大体一致,这样,在进行不同企业之间的比较时,数据才有可比性,比较的结果才有实际意义。

2. 比率分析法

比率分析法是利用指标之间的相互关系,通过计算财务比率来考察和评价企业财务状况和经营成果的一种方法。比率分析法是财务分析中最重要的方法,也是应用最为普遍的方法之一。比率是一种相对数,以百分比或比例分数表示,能反映各会计要素之间的相互关系和内在联系,揭示企业在某一方面的状态或能力。例如,流动资产与流动负债的比值被称为流动比率,能反映流动资产和流动负债的数量关系,代表企业短期偿债能力;销售收入与资产总额的比值被称为资产周转率,表示企业每占用一元资产可以带来多少收入,代表企业对资产的营运能力。

在比率分析法中应用的财务比率很多,为了有效应用,应该对财务比率进行科学分类,但是目前尚无公认的分类标准。各国和各地区对财务比率的分类虽然各不相同,实际上却是大同小异。英国ACCA培训教材中,将财务比率分为获利能力比率、清偿能力比率、财务杠杆比率和投资比率四类。我国财政部在国有企业指标考核体系中,将财务比率分为盈利能力比率、偿债能力比率、营运能力比率、发展能力比率四类。本书基本上采用我国的分类标准。表2-6就是以WT公司为例计算的总资产周转率,借以说明企业的营运风险情况。

表2-6 WT公司2013—2017年总资产周转率分析表

指标	2013年	2014年	2015年	2016年	2017年
营业收入/万元	307 954.00	472 842.67	675 983.64	744 900.24	760 840.99
资产总额/万元	1 309 594.99	1 765 412.90	2 045 234.20	2 155 258.13	2 809 428.32
总资产周转率/次	0.24	0.27	0.33	0.35	0.27

根据表2-6得知,2013—2017年间WT公司的总资产周转率起伏不是很大,并且同行业平均水平值为0.3,这表明总资产周转率与同行业平均水平值整体持平,数据有波动,整体水平较平稳。

比率分析法的优点是计算简便,计算结果便于理解和判断,而且排除了生产经营规模的影响,将不可比指标变为可比指标,扩大了分析对象的可比性。但是比率分析法也存在局限性,一是使用比率指标分析财务报表时,容易将观察重点放在两个项目之间的关系上,而忽略了整体各项目的相互关系。二是比率分析结果只是一个抽象的数字,并非财务报表上的实际金额,有时候较难解释比率与实际金额的关系。

使用比率分析时,必须符合两个条件:一是比率必须具有财务上的含义,如流动资产与流动负债的比率,可以代表企业短期偿债能力;二是比率的分子、分母在逻辑上必须相互配合,如存货周转率等于销售成本除以平均存货,由于分子是企业某年度的销售成本,分母则应采用该年度内存货的平均占用额。

3. 结构分析法

结构分析法,也称结构百分比法,是指通过计算某项经济指标的组成部分占总体的比重,分析其构成内容的变化,揭示出部分与总体的关系,说明经济活动变化的特点和趋势。

$$结构分率 = \frac{某项目数值}{总体数值} \times 100\%$$

结构分析法常用于对财务报表数额变动原因的分析和企业经营趋势的分析。表2-7是某企业的融资结构分析表,说明该企业每年度的融资结构,并可以看出其趋势变化。

表2-7　融资结构分析表　　　　　　　　　　单位:%

项目		2016年	2017年	2018年
内源融资		18.30	17.50	19.50
外源融资	商业信用	3.20	4.50	5.50
	债务融资	64.00	63.20	62.10
	股权融资	14.50	14.80	12.90
合计		100.00	100.00	100.00

从表2-7可以看出,该企业外源融资要比内源融资高出很多。外源融资占有较高比例。在融资结构中,外源融资占有主导地位,相对来说,内源融资就比较低了,从表中数据趋势变化可以看出,企业已经开始调整融资结构,逐渐在降低外源融资中的债务融资,但是从2018年数据看企业债务融资比率下降得较慢,企业的债务融资仍占企业负债的第一位,因此,企业应该继续减少债务融资,适当提升股权融资和商业信用融资的占比,进一步降低企业的财务风险。

对企业财务报表结构进行分析时可以使用共同比财务报表(common-size financial statement)进行分析,即进行资产负债表的结构分析,可以编制共同比资产负债表。在共同比资产负债表中以资产总额、负债加所有者权益总额作为共同基数,分别计算资产、负债、所有权益类别中的每一个项目占资产总额的百分比。共同比资产负债表分析的重点是企业的资产结构和资本结构,包括流动资产、长期资产占总资产的比重和流动负债、长期负债及负债总额占总资产的比重,以及所有者权益占总资产的比重等,从而了解资产结构和资本结构是否合理,将资产结构与资本结构结合起来考察,还可以分析企业资金用途与资金来源的期间配置是否适当,评价企业的财务风险。

进行利润表的结构分析,可以编制共同比利润表。共同比利润表以营业收入作为共同基数,分别计算利润表中各项目占营业收入的百分比。共同比利润表分析的重点是企业的盈利结构,包括营业毛利、营业利润、利润总额、净利润占营业收入的比重等,从而了解企业成本与利润的结构,影响利润变动的主要因素。表2-8是本项目引导案例的解析答案,通过共同比利润表的编制能够了解企业利润的变动因素和各项成本费用占营业收入的比重。

表 2-8　XWYD 公司 2016—2018 年利润表年度报表

项目	金额/万元			与营业总收入的比值/%		
	2018 年	2017 年	2016 年	2018 年	2017 年	2016 年
营业总收入	32 432.00	40 088.00	130 123.00	100.00	100.00	100.00
营业收入	32 432.00	40 088.00	130 123.00	100.00	100.00	100.00
营业总成本	47 800.00	52 996.00	166 667.00	147.39	132.20	128.08
营业成本	31 456.00	38 610.00	120 499.00	96.99	96.31	92.60
研发费用	2 024.00	—	—	6.24		
税金及附加	467.00	507.00	536.00	1.44	1.26	0.41
销售费用	1 358.00	1 533.00	4 509.00	4.19	3.82	3.47
管理费用	4 862.00	7 567.00	15 377.00	14.99	18.88	11.82
财务费用	1 257.00	2 863.00	7 762.00	3.88	7.14	5.97
资产减值损失	6 374.00	1 917.00	17 985.00	19.65	4.78	13.82
投资收益	20.00	−1 534.00	−6 092.00	0.06	−3.83	−4.68
营业利润	−15 209.00	−13 742.00	−42 636.00	−46.90	−34.28	−32.77
营业外收入	171.00	1 025.00	44 797.00	0.53	2.56	34.43
营业外支出	368.00	572.00	450.00	1.13	1.43	0.35
非流动资产处置损失	—	—	7.00			0.01
利润总额	−15 406.00	−13 289.00	1 711.00	−47.50	−33.15	1.31
所得税费用	26.00	−217.00	−993.00	0.08	−0.54	−0.76
净利润	−15 432.00	−13 072.00	2703.00	−47.58	−32.61	2.08
归属于母公司所有者的净利润	−15 432.00	−12 745.00	2985.00	−47.58	−31.79	2.29
少数股东损益	—	−326.00	−282.00		−0.81	−0.22
基本每股收益	−0.55	−0.45	0.16	0.00	0.00	0.00
稀释每股收益	−0.55	−0.45	0.16	0.00	0.00	0.00

共同比财务报表既可用于同一企业同一期间的结构分析，以揭示企业资产结构、资本结构、成本费用结构和利润结构的情况，也可用于同一企业不同时期的比较，而且若干年度的共同比财务报表比单一年度的共同比财务报表更有价值。此外，共同比财务报表还可用于同行业内的比较或与竞争对手的比较分析。

使用共同比财务报表分析应注意，该方法不能反映企业的实际规模情况，在解释共同比变动趋势时，必须同时关注计算百分比所依据的实际报表数据，以免产生误解。

表 2-9 是综合绝对数比较、相对数比较、结构分析在一起的分析，表 2-9 是某企业负债占总资产的比率分析表。

表 2-9 负债占总资产比率分析

项目	2016 年	2017 年	2018 年
流动负债/百元	51 084.00	61 258.50	64 088.00
非流动负债/百元	42 325.50	41 830.00	41 258.50
资产总额/百元	135 083.50	147 769.00	153 701.00
流动负债占总资产比率/%	37.82	41.46	41.70
非流动负债占总资产比率/%	31.33	28.31	26.84

从表 2-9 可以看出，企业近三年来资产负债率是基本保持不变的，在资产负债率不变的情况下流动负债却处于不断上升的状态。企业的非流动负债处于不断下降的状态，但是每一年的差距都比较小。从近三年的数据可以看出，企业流动负债占总负债的比率一直都大于非流动负债占总资产的比率，而且近三年企业流动负债占总资产的比值一直都处于不断上升的状态，非流动负债占总资产的比值在慢慢下降。由此可以了解，企业这三年都以流动负债为主。再分析企业流动负债占总资产的结构比率，近三年来，流动负债占总资产比率处于慢慢上升的状态，企业的非流动负债占总资产比率处于慢慢下降的状态，从整体来看，企业的流动负债占总资产的比值越来越大，企业的长期负债比率不断下降。因此需要进一步分析企业流动负债的构成，根据企业资金使用的具体情况进行进一步调整。

4. 因素分析法

因素分析法是依据分析指标与其影响因素的关系，按照一定的程序和方法，从数量上确定各因素对分析指标的影响和影响程度的一种方法。因素分析法主要用来测定几个相互联系的因素对某一综合经济指标或报表项目的影响程度，寻找指标差异产生的原因，以期发现企业管理中存在的问题，为解决企业财务管理问题提供影响因素信息，或为企业内部考核提供依据。因素分析法主要适用于由多种因素构成的综合性指标分析。因素分析法是经济活动分析中最重要的方法之一，也是财务报表分析的方法之一。因素分析法根据其分析特点可分为连环替代法和差额计算法。

（1）连环替代法。

连环替代法是因素分析法的基本形式，连环替代法是将分析指标分解为各个可以计量的因素，并根据各个因素之间的依存关系，按顺序把其中一个因素当作可变因素，把其他因素当作不变因素，而后逐个进行替换计算，确定各个因素变动对该指标变动的影响程度。在许多因素对某一指标综合发生作用的情况下，运用连环替代法，能够测定各个因素对综合经济指标的影响程度。

应用连环替代法的前提条件是经济指标与它的构成因素之间有着因果关系，能够构成一种代数式。注意这个代数式不一定是乘积关系，加减乘除都可以。

连环替代法通常分为五个步骤。

第一步，确定分析对象，将指标实际数与分析标准进行比较，求出实际与标准的差异，即为分析的数据对象。

第二步，根据财务指标的形成过程，确定该指标受哪些因素的影响。

第三步，确定各影响因素与财务指标的数量关系，即建立因素关系式，分清主要因素和次要因素,并按照重要程度确定因素顺序。

第四步,以标准指标为基础,按照因素的排列顺序,依次用实际数替换标准指标中的因素变量,并计算每个因素变动后对总指标的影响。在计算各个因素对总指标的影响程度时,假设其他因素不变,并且通过每次替换后的计算结果与前次替换后的结果进行比较,即通过环比来确定各个因素变动的影响程度。最后,将各因素变动对总指标的影响程度相加,即为实际指标与标准指标的总差异。

第五步,检验分析结果。检验分析结果是将各因素对分析指标的影响额相加,其代数和应等于总的差异额。如果二者相等,则说明分析结果可能是正确的;如果二者不相等,则说明分析结果一定是错误的。

上述方法的分析步骤可以用公式表述如下。假设指标 N 受 A、B、C 三个因素的影响。

第一步,确定分析对象的关系。

标准指标为: $A_0 \times B_0 \times C_0 = N_0$

实际指标为: $A_1 \times B_1 \times C_1 = N_1$

分析对象为实际指标减去标准指标后的差异,即为: $N_1 - N_0 = n$

第二步,按照因素的排列顺序,依次用实际数替换标准指标中的因素变量,并计算每个因素变动后对总指标的影响。第一次以标准指标为基础,替换第一个因素 A 的实际值,并计算 A 因素变动对分析对象的影响。第二次在前次替换的基础上,替换第二个因素 B 的实际值,确定 B 因素变动对分析对象的影响。第三次是在第二次替换的基础上,替换第三个因素 C 的实际值,确定 C 因素变动对分析对象的影响。

标准指标为: $A_0 \times B_0 \times C_0 = N_0$

第一次替换后: $A_1 \times B_0 \times C_0 = N_2$

$N_2 - N_0$ 的差异,是因素 A 变动对差异的影响。

第二次替换后: $A_1 \times B_1 \times C_0 = N_3$

$N_3 - N_2$ 的差异,是因素 B 变动对差异的影响。

第三次替换后: $A_1 \times B_1 \times C_1 = N_1$

$N_1 - N_3$ 的差异,是因素 C 变动对差异的影响。

第三步,将各个因素变动对总差异的影响结果相加,如果等于总差异,则说明分析结果正确,即 $(N_2 - N_0) + (N_3 - N_2) + (N_1 - N_3) = N_1 - N_0$。

运用因素分析法时应注意,第一,要按照因果关系来确定影响综合性经济指标变动的因素,并根据各个影响因素的依存关系确定计算公式,只有将相关因素与分析对象建立关系时才有意义,否则就失去了其存在的价值,不仅无法进行分析,即使有分析结果,也不能对生产经营活动起到指导作用;第二,在分步计算各因素的影响时,要假设前面因素已经变动而后面因素尚未发生变动;第三,确定合理的替代顺序,一般来说,基本因素和主要因素排在前面,从属因素和次要因素排在后面,并且每次分析时都要按照相同的替代顺序进行测算,以保证分析结果的可比性。

新河公司本年度 A 产品的原材料消耗情况见表 2-10。

第一步,确定分析对象:实际数－预算数＝1 008 000－864 000＝144 000(元)

表 2-10　A 产品原材料费用资料

项目	预算数	实际数	差异数
产品产量/件	1 500	1 600	100
单位产品消耗量/千克	32	30	−2
材料单价/元	18.00	21.00	3.00
材料费用总额/元	864 000.00	1 008 000.00	144 000.00

第二步,建立分析对象与影响因素之间的函数关系式:
材料费用总额＝产品产量×单位产品消耗量×材料单价
第三步,计算各个因素对分析对象的影响程度:
预算数:1 500×32×18＝864 000(元)　　①
替换一:1 600×32×18＝921 600(元)　　②
替换二:1 600×30×18＝864 000(元)　　③
替换三:1 600×30×21＝1 008 000(元)　　④
②−①＝921 600−864 000＝57 600(元),表示产品产量增加的影响;
③−②＝864 000−921 600＝−57 600(元),表示单位产品消耗量下降的影响;
④−③＝1 008 000−864 000＝144 000(元),表示材料单价上升的影响。
三个因素共同的影响值＝＋57 600−57 600＋144 000＝144 000(元)

上述分析表明,原材料费用的变动主要受三个因素的影响,其中产品产量增加使原材料费用增加 57 600 元,单位产品消耗量下降使原材料费用下降 57 600 元,材料单价上升使原材料费用增加 144 000 元。产品产量增加导致原材料费用增加属正常情况;单位产品消耗量下降使原材料费用下降是利好消息,说明企业要么进行了技术革新,要么在节约支出方面颇有成效;材料单价上升是不利因素,但企业应进一步加以分析,找出影响原材料单价上升的主客观因素,以便更好地控制原材料费用。

(2)差额计算法。

差额计算法是连环替代法的一种简化形式,当然也是因素分析法的一种形式。差额计算法作为连环替代法的简化形式,其因素分析的原理与连环替代法是相同的。区别只在分析程序上,差额计算法是连环替代法的简化,即它可直接利用各影响因素的实际数与基期数的差额,在其他因素不变的假定条件下,计算各因素对分析指标的影响程度。

这个方法的基本特点是:确定各因素实际数与基期数之间的差额,并在此基础上乘以排列在该因素前面各因素的实际数和排列在该因素后面各因素的基期数,所得出的结果就是该因素变动对分析指标的影响数。

A 因素的影响:$(A_1-A_0)\times B_0\times C_0$
B 因素的影响:$A_1\times(B_1-B_0)\times C_0$
C 因素的影响:$A_1\times B_1\times(C_1-C_0)$

延用表 2-10 的数据,差额计算法的计算过程如下:
产品产量增加的影响＝(1 600−1 500)×32×18＝57 600(元)
单位产品消耗量下降的影响＝1 600×(30−32)×18＝−57 600(元)
材料单价上升的影响＝1 600×30×(21−18)＝144 000(元)
最后检验分析结果＝＋57 600−57 600＋144 000＝144 000(元)

2.3　本章小结

财务报表分析是指以会计核算资料、财务会计报告和其他相关资料为依据,采用一系列的分析技术和方法,对经济组织的财务状况、经营成果、资金使用效率、总体财务管理水平,以及未来发展趋势的分析和评价。本章主要阐述了财务报表分析的基本理论和基本方法,包括财务分析主体和目的、财务分析框架、财务分析的信息来源与评价标准、财务分析程序和财务分析方法。

企业财务报表分析的主体包括企业所有者、企业债权人、企业经营管理者、供应商和顾客、政府部门、企业内部职工、竞争对手,以及社会公众等。财务报表分析的一般目的是评价企业过去的经营成果,衡量企业现在的财务状况,预测企业未来的发展趋势,为分析主体进行经济决策提供依据。财务报表分析的特定目的会因财务分析主体的不同而有所不同。从财务信息使用者和分析主体需求的角度看,财务报表分析的特定目的包括为投资决策进行财务分析、为信贷决策进行财务分析、为赊销决策进行财务分析、为购买和消费进行财务分析、为业绩评价进行财务分析、为行政监督进行财务分析等。

企业的商务分析框架包括经营环境与经营战略分析、财务报表的会计分析、财务效率分析,以及财务分析、预算分析、估值分析。

财务报表分析的信息来源,是指进行财务分析所依据的资料及取得途径,分为公开信息资料和企业内部信息资料两大类。公开信息资料是指企业对外公开发布的信息资料,包括财务报告、审计报告、董事会报告和股东大会公告、临时公告等。内部信息资料是指企业不对外公开的经营活动资料,包括企业日常会计核算资料、生产和销售统计资料、预算资料等。财务分析标准,是指对财务分析对象进行评价的基准,常用的分析标准主要有目标指标、历史指标、行业指标。

财务报表分析程序是进行财务分析的行为路径。财务报表分析程序一般包括六个方面:确定分析目标、明确分析范围、收集整理资料、确定分析标准、选择分析方法、撰写分析报告。财务报表分析常用的方法有比较分析法、比率分析法、结构分析法、因素分析法。

2.4　课后练习题

一、单项选择题

1. 资产负债率属于(　　)。
   A. 构成比率　　　B. 效率比率　　　C. 结构比率　　　D. 相关比率

2. A公司需要对销售收入进行分析,通过分析可以得到2020年、2021年、2022年销售收入的环比动态比率分别为110%、115%和95%。如果该公司以2020年作为基期,2022年作为分析期,则其定基动态比率是(　　)。
   A. 126.5%　　　B. 109.25%　　　C. 104.5%　　　D. 120.18%

3. 根据各因素的关系顺序测算各因素对某一财务指标影响程度的方法是(　　)。
   A. 比较分析法　　　B. 比率分析法　　　C. 趋势分析法　　　D. 连环替代分析法

4. 对于连环替代法中各因素的替代顺序,传统的排列方法是(　　)。

A. 主要因素在前,次要因素在后

B. 影响大的因素在前,影响小的因素在后

C. 不能明确责任的在前,可以明确责任的在后

D. 数量指标在前,质量指标在后

5. 可以预测企业未来财务状况的分析方法是( )。

A. 比较分析法　　B. 比率分析法　　C. 趋势分析法　　D. 因素分析法

二、多项选择题

1. 财务报表分析的基本方法包括( )。

A. 结构分析法　　B. 比率分析法　　C. 因素分析法

D. 比较分析法　　E. 定性与定量相结合法

2. 比率分析法是通过计算各种比率指标来确定财务活动变动程序的方法,比率指标的类型主要有( )。

A. 构成比率　　B. 效率比率　　C. 相关比率　　D. 动态比率　　E. 分布比率

3. 关于比率分析法中比率指标类型的有关说法,不正确的有( )。

A. 构成比率反映投入与产出的关系

B. 效率比率反映部分与总体的关系

C. 相关比率反映有关经济活动的相互关系

D. 可以利用构成比率指标,考察企业相互关联业务安排的合理性,以保障经营活动的顺畅进行

E. 以上都对

4. 因素分析法是依据分析指标与其影响因素的关系,从数量上确定各因素对分析指标影响方向和影响程度的一种方法。采用因素分析法时,必须注意( )。

A. 因素分解的关联性　　B. 因素替代的顺序性

C. 顺序替代的假定性　　D. 计算结果的假定性　　E. 以上都对

5. 我国财政部在国有企业指标考核体系中,将财务比率分为( )。

A. 盈利能力比率　　B. 偿债能力比率

C. 营运能力比率　　D. 发展能力比率　　E. 预测比率

三、判断题

1. 比率分析法中的比率指标包括构成比率、效率比率、相关比率和定基动态比率。( )

2. 在财务分析中,将通过对比两期或连续数期财务报告中的相同指标,以说明企业经营状况或经营成果变动趋势的方法称为比较分析法。( )

3. 差额计算法只是连环替代法的一种简化形式,二者实质上是相同的。( )

4. 财务报表分析的第一个步骤是收集与整理财务分析信息。( )

5. 定基动态比率,是以每一分析期的数据与上期数据相比较计算出来的动态比率。( )

四、简答题

1. 简述财务报表分析的一般程序。

2. 简述财务报表分析的基本框架以及财务效率分析常用的方法。

3. 简述比较分析法、比较的方式,以及分析时应注意的问题。

4. 简述比率分析法、比率分析法的优缺点,以及分析时应注意的问题。

5. 简述因素分析法分析企业财务管理时应注意的问题。

五、案例分析题

案例 1：

（一）目的：练习比较分析法和结构分析法。

（二）资料：AC 企业开业仅两年，最近两年的比较利润表见表 2-11。

（三）要求：

1. 根据表 2-11，评价该企业第二年盈利低于第一年的原因。
2. 编制 AC 企业共同比利润表。
3. 根据共同比利润表，评价第二年盈利低于第一年的原因。
4. 说明共同比利润表的比较结果与比较利润表的比较结果之间的差异。

表 2-11　　AC 企业近两年的比较利润表　　单位：万元

项目	2019 年	2018 年
一、营业收入	49 080.00	57 840.00
减：营业成本	32 160.00	38 400.00
税金及附加	196.80	312.00
营业费用	1 620.00	1 800.00
管理费用	3 420.00	5 640.00
财务费用	1 920.00	2 220.00
资产减值损失	24.00	60.00
加：公允价值变动收益	−240.00	18.00
加：投资收益	1 080.00	1 260.00
二、营业利润	10 579.20	10 686.00
加：营业外收入	384.00	408.00
减：营业外支出	67.20	38.40
三、利润总额	10 896.00	11 055.60
减：所得税	2 556.00	2 496.00
四、净利润	8 340.00	8 559.60

案例 2：

VD 公司 2019 年丙产品有关销售收入的资料见表 2-12。

表 2-12　　VD 公司 2019 年丙产品销售收入资料

项目	计划数	实际数	差异数
产品销售收入/万元	1 440.00	1 520.64	80.64
销售数量/台	240.00	264.00	24.00
销售单价/万元	6.00	5.76	−0.24

要求:采用差额计算法计算各因素变动对产品销售收入计划完成情况的影响程度。

案例 3:SX 企业 2016—2019 年的产品销售额分别为 720 万元、744 万元、762 万元和 770.4 万元。

要求:计算定基比率和环比比率的发展速度与增长速度指标,并对销售业绩的发展趋势做出简要评价。

案例 4:KD 公司材料消耗统计资料见表 2-13。

表 2-13 KD 公司材料消耗统计资料

项目	计划数	实际数	差异数
产品产量/件	336.00	360.00	24.00
单位产品材料消耗/千克	60.00	54.00	−6.00
材料单价/元	9.60	12.00	2.40
材料消耗总额/元	193 536.00	233 280.00	39 744.00

要求:分别用连环替代法和差额计算法计算各因素变动对材料消耗总额的影响,并做出分析评价。

第 3 章　财务报表的基本知识及编制方法

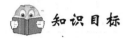知识目标

(1) 了解财务报告的体系；
(2) 了解资产负债表的含义；
(3) 了解利润表结构的含义；
(4) 了解现金流量结构的含义。

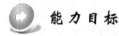能力目标

(1) 根据账簿资料能编制资产负债表；
(2) 根据账簿资料能编制利润表；
(3) 根据账簿资料能编制现金流量表。

任务导入

HY 公司是一家新成立的生产白色家电的企业，现在要招聘一个会计人员，面试时间是 20 分钟，给出的面试题目是：该企业 20××年 12 月份发生了 120 项经济业务，要求你处理当月的会计业务并编制当月的财务报表。你现在去应聘此岗位，你认为你前期应该具备什么样的能力才能顺利入职？

3.1　资产负债表的基本知识及编制方法

3.1.1　资产负债表的概念、理论根据和作用

1. 资产负债表的概念

资产负债表(balance sheet)是反映企业某一特定日期（如月末、季末、半年末、年末）财务状况的财务报表。

2. 编制资产负债表的理论根据

资产负债表是反映企业在某一特定时点财务状况的报表。

资产负债表是以"资产－负债＝所有者权益(assets＝liabilities＋equity)"为理论根据的。

3. 分析资产负债表的作用

(1) 资产负债表反映了企业拥有或控制的能够以货币计量的经济资源以及这些资源的来源，可以揭示企业当前所掌握的经济资源及分布结构。

(2) 可以反映企业资产、负债、所有者权益的总体规模和结构，为报表使用者提供了企业在

某一特定日期的资产、负债和所有者权益总额及其构成情况,据此可以判断资本保值、增值情况,以及对债务的保障程度。

(3)资产负债表能够提供财务分析的基本资料,包括帮助财务分析人员评估企业目前的财务状况、偿债能力和财务风险。

(4)可据以评价企业的财务弹性。企业的财务弹性是指企业应对各种挑战、适应各种变化的能力,主要包括资产的流动性或变现能力、筹措资金的能力。资产负债表所展示的资源分布情况和对资源的控制情况,是其评价企业财务弹性的主要依据。

3.1.2 资产负债表的结构

资产负债表一般有表首、正表两部分。其中,表首包括报表名称、编制单位、编制日期、报表编号、货币名称、计量单位等。正表是资产负债表的主体,列示了用以说明企业财务状况的各个项目。

资产负债表正表的格式,国际上流行的主要有账户式资产负债表和报告式资产负债表。我国采用的是账户式资产负债表。

账户式资产负债表是左右结构,是将资产项目列示在报表的左方,按照流动性强弱排列,负债和所有者权益项目列示在报表的右方;负债类项目在上,按照到期日先后排列;所有者权益类项目在下,按永久性强弱排列。具体格式见表3-1。

表 3-1 资产负债表

会企01

编制单位: 年 月 日 单位:元

资产	期末余额	上年年末余额	负债和所有者权益（或股东权益）	期末余额	上年年末余额
流动资产：			流动负债：		
货币资金			短期借款		
交易性金融资产			交易性金融负债		
衍生金融资产			衍生金融负债		
应收票据			应付票据		
应收账款			应付账款		
应收款项融资			预收账款		
预付款项			合同负债		
其他应收款			应付职工薪酬		
存货			应缴税费		
合同资产			其他应付款		
持有待售资产			持有待售负债		
一年内到期的非流动资产			一年内到期的非流动负债		
其他流动资产			其他流动负债		
流动资产合计			流动负债合计		

续表

资产	期末余额	上年年末余额	负债和所有者权益（或股东权益）	期末余额	上年年末余额
非流动资产：			非流动负债：		
债权投资			长期借款		
其他债权投资			应付债券		
长期应收款			其中：优先股		
长期股权投资			永续债		
其他权益工具投资			租赁负债		
其他非流动金融资产			长期应付款		
投资性房地产			预计负债		
固定资产			递延收益		
在建工程			递延所得税负债		
工程物资			其他非流动负债		
生产性生物资产			非流动负债合计		
油气资产			负债合计		
使用权资产			所有者权益（或股东权益）		
无形资产			实收资本（或股本）		
开发支出			其他权益工具		
商誉			其中：优先股		
长期待摊费用			永续债		
递延所得税资产			资本公积		
其他非流动资产			减：库存股		
非流动资产合计			其他综合收益		
			专项储备		
			盈余公积		
			未分配利润		
			所有者权益（或股东权益）合计		
资产总计			负债和所有者权益（或股东权益）总计		

单位负责人：　　　　财务主管：　　　　复核：　　　　制表：

3.1.3 资产负债表的编制方法

1. 资产负债表的数据来源

通常资产负债表的各项目均须填列"期末余额"和"年初余额(上年年末余额)"两栏,其中:"年初余额"栏内各数字应根据上年末资产负债表各项目的"期末余额"栏内所列数字填列,如果本年度资产负债表所规定的项目名称和内容与上年度不一致,则应对上年末资产负债表这些项目名称和内容按本年度的规定进行调整,填入本表"年初余额"栏内。"期末余额"则可分月末、季末和年末数字来填列,期末资产负债表数据资料来源有以下几个方面。

(1)直接根据总账余额填列;
(2)根据几个总账账户的余额计算填列;
(3)根据有关明细账户余额计算填列;
(4)根据总账账户和明细账户余额分析计算填列;
(5)根据有关资产账户与其备抵账户抵消后的净额填列。

2. 资产负债表"期末余额"各项目的内容和填列方法

(1)"货币资金"(cash and cash equivalents)项目:反映企业库存现金、银行基本存款户存款、银行一般存款户存款、外埠存款、银行汇票存款等的合计数,本项目应根据"现金""银行存款""其他货币资金"账户的期末余额合计数填列。

(2)"交易性金融资产""应收票据""应收利息""应收股利""可供出售金融资产""工程物资""固定资产清理""开发支出""递延所得税资产""长期待摊费用"和"其他非流动负债"等项目反映企业持有相应资产的期末价值,应根据相应科目的期末余额填列。其中固定资产清理发生的净损失,以"—"号填列。

(3)"应收账款"(receivables)项目反映企业因销售商品、提供劳务等应向购买单位收取的各种款项,减去已计提的坏账准备后的净额。本项目应根据"应收账款"账户所属各明细账户的期末借方余额合计,减去"坏账准备"账户中有关应收账款计提的坏账准备期末余额后的金额填列。"预付账款"项目,反映企业预付的款项,本项目根据"预付账款"账户所属各明细账户的期末借方余额合计金额填列。

(4)"其他应收款"、"存货"(inventories)、"持有至到期投资"、"长期应收款"、"长期股权投资"、"固定资产"、"在建工程"、"无形资产"、"开发支出"和"商誉"等项目反映企业期末持有的相关资产的实际价值,应当扣减提取的相应资产的减值准备后的净额填列。其中:"固定资产"(fixed assets)和"无形资产"项目,还应减去相应的"累计折旧"和"累计摊销"期末余额后的金额填列;"长期应收款"项目,应减去相应的"未实现融资收益"期末余额后的金额填列。

其中"存货"项目反映企业期末在库、在途和在加工中的各项存货的可变现净值,包括各种"原材料""库存商品""在产品""半成品""发出商品""包装物""低值易耗品"和"委托代销商品"等。本项目应根据"在途物资(材料采购)""原材料""库存商品""周转材料""委托加工物资""生产成本"和"劳务成本"等账户的期末余额合计,减去"存货跌价准备"账户期末余额后的金额填列;材料采用计划成本核算以及库存商品采用计划成本或售价核算的小企业,应按加或减"材料成本差异"和"商品进销差价"后的金额填列。企业期末持有的"公益性生物资产"应在"其他非流动资产"项目反映。

（5）"短期借款"、"交易性金融负债"、"应付票据"(notes and loans payable)、"应付职工薪酬"、"应付股利"、"应缴税费"、"其他应付款"、"预计负债"、"一年内到期的非流动负债"、"其他流动负债"、"长期借款"、"应付债券"、"长期应付款"、"专项应付款"、"递延所得税负债"和"其他非流动负债"等项目反映企业期末尚未偿还的短期借款、应付未付的各种款项、应缴未缴的税费等。应根据相应科目的期末余额填列，其中"应付职工薪酬"和"应缴税费"(accrued income taxes)等期末余额在借方的，以"—"号填列，"递延收益"在其他非流动负债项目反映。

（6）"应付账款"(accounts payable)项目：反映企业购买原材料、商品和接受劳务供应等应付给供应单位的款项，本项目应根据"应付账款"账户所属各明细账户的期末贷方余额合计填列。

"预收账款"项目：反映企业按合同规定预收的款项，本项目根据"预收账款"账户所属各明细账户的期末贷方余额合计填列。

（7）"股本（实收资本）"项目：反映企业各投资者实际投入的资本总额，本项目应根据"股本（实收资本）"账户的期末余额填列。

"资本公积"项目：反映企业资本公积的期末余额，本项目应根据"资本公积"账户的期末余额填列，其中"库存股"按"库存股"账户余额填列。

"盈余公积"项目：反映企业盈余公积的期末余额，本项目应根据"盈余公积"账户的期末余额填列。

"未分配利润"项目：反映企业尚未分配的利润，本项目应根据"本年利润"账户和"利润分配"账户的期末余额计算填列。如为未弥补的亏损，在本项目内以"—"号填列。

（8）"长期应收款"和"长期借款"(long-term debt)中将于一年内到期的部分在一年内到期的"非流动资产"项目反映；"长期应付款"项目反映企业除"长期借款"和"应付债券"外的其他各种"长期应付款"。

企业期末持有的衍生工具、套期工具和被套期项目：应在"其他流动资产"或"其他流动负债"项目中反映。

关键资产负债表项目编制方法一览表如表3-2所示。

表3-2 关键资产负债表项目编制方法一览表

项目	编制方法
货币资金	"库存现金"+"银行存款"+"其他货币资金"
应收账款	"应收账款"的明细账借方余额减去"坏账准备"
预收账款	"预收账款"的明细账贷方余额
应付账款	"应付账款"明细账贷方余额
预付账款	"预付账款"明细账借方余额
存货	"原材料"+"委托加工物资"+"周转材料"+"材料采购"+"在途物资"+"发出商品"+"材料成本差异"（借方）+"生产成本"—"存货跌价准备" 注意：不包括工程物资

续表

项目	编制方法
固定资产	"固定资产"—"累计折旧"—"固定资产减值准备"
无形资产	"无形资产"—"累计摊销"—"无形资产减值准备"
投资性房地产	1. 成本模式:"投资性房地产"—"投资性房地产累计折旧"—"投资性房地产减值准备" 2. 公允模式:明细相加
长期应收款	下一年不到期的"长期应收款"—"未实现融资收益"
长期借款	下一年不到期的"长期借款"
长期应付款	下一年不到期的"长期应付款"—"未确认融资费用"
应付债券	下一年不到期的"应付债券"
未分配利润	"本年利润"和"利润分配"分析填列

3.2 利润表的基本知识及编制方法

3.2.1 利润表的概念、理论依据和作用

1. 利润表的概念

利润表(income statement)是反映企业价值增值的主要报表,它告诉我们该企业在一段时期内的营业收入和利润(或亏损),如果收入大于费用,余额就是净利润,企业就会盈利。如果收入小于费用,余额就是净亏损,企业就会亏损。

营业收入(net sales)是企业在所从事的经常性经营活动中所产生的经济利益流入,如销售产品和提供劳务收入,在利润表中,体现为"营业收入",而企业接受政府补助和债务重组中产生的收益,因为不是企业为完成其经营目标所从事的经常性活动,由此产生的经济利益流入就不构成收入,只能作为"营业外收入"。

费用是企业在生产经营过程中发生的各项耗费,是企业为创造收入而发生的经济利益流出,费用包括两大类:一是直接费用,包括原材料、生产工人薪酬、生产用水电、生产设施的折旧等,在利润表中体现为"营业成本"(cost of sales)与"税金及附加";二是期间费用(selling, general, and administrative expenses),包括管理费用、销售费用和财务费用,而处理固定资产、无形资产过程中产生的净损失,不是为了经济利益而产生的利益流出,不能视为费用,只能作为"营业外支出"。

2. 利润表的理论依据

利润表是反映企业在一定会计期间生产经营成果的财务报表,利润表是依据"收入—费用=利润"的会计等式编制而成的,通常按照重要性程度排序。

第一部分是营业收入:包括主营业务收入和其他业务收入。

第二部分是营业利润:由营业收入减去营业成本、税金及附加、期间费用等,加上投资收益和公允价值变动损益构成。

第三部分是利润总额：由营业利润加上营业外收入,减去营业外支出构成。

第四部分是净利润：由利润总额减去所得税费用构成。

企业利润的计算用公式表示如下：

营业收入＝主营业务收入＋其他业务收入

营业利润＝营业收入－营业成本－税金及附加－期间费用＋公允价值变动损益＋投资收益

利润总额＝营业利润＋营业外收入－营业外支出

净利润＝利润总额－所得税费用

利润表的填报必须充分反映企业经营业绩的主要来源和构成,有助于报表信息使用者判断净利润的质量及风险,有助于使用者预测净利润的持续性,从而做出正确的经营决策。

利润表根据损益类账户的发生额编制而成,是一种动态报表,运用利润表可以分析、预测企业的经营成果和获利能力、偿债能力；分析、预测未来的现金流动状况；分析、考核经营管理人员的业绩,为利润分配提供重要依据。

3. 利润表的作用

（1）反映企业在一定时期内的经营成果。

利润表（见表3-3）可以反映企业在一定时期内的经营成果,或者说它可以告诉大家,一定时期内企业的盈利状况,以及盈利的来源构成等。这就为外部投资者和债权人提供了有价值的决策信息。

表 3-3 利 润 表

会企02表

编制单位： 年 月 日 单位：元

项目	本期金额	上期金额
一、营业收入		
减：营业成本		
税金及附加		
销售费用		
管理费用		
研发费用		
财务费用		
其中：利息费用		
利息收入		
加：其他收益		
投资收益（损失以"－"号填列）		
其中：对联营企业和合营企业的投资收益		
以摊余成本计量的金融资产终止确认收益（损失以"－"号填列）		
净敞口套期收益（损失以"－"号填列）		

续表

项目	本期金额	上期金额
公允价值变动收益（损失以"－"号填列）		
信用减值损失		
资产减值损失		
资产处置收益（损失以"－"号填列）		
二、营业利润（亏损以"－"号填列）		
加：营业外收入		
减：营业外支出		
三、利润总额（亏损总额以"－"号填列）		
减：所得税费用		
四、净利润（净亏损以"－"号填列）		
（一）持续经营净利润（净亏损以"－"号填列）		
（二）终止经营净利润（净亏损以"－"号填列）		
五、其他综合收益的税后净额		
（一）不能重分类进损益的其他综合收益		
1.重新计量设定受益计划变动额		
2.权益法下不能转损益的其他综合收益		
3.其他权益工具投资公允价值变动		
4.企业自身信用风险公允价值变动		
……		
（二）将重分类进损益的其他综合收益		
1.权益法下可转损益的其他综合收益		
2.其他债权投资公允价值变动		
3.金融资产重分类计入其他综合收益的金额		
4.其他债权投资信用减值准备		
5.现金流量套期储备		
6.外币财务报表折算差额		
六、综合收益总额		
七、每股收益：		
（一）基本每股收益		
（二）稀释每股收益		

(2)有助于评价企业的获利数量和质量。

评价一个企业是否具有持久的盈利能力，主要看主营业务利润或营业利润，如果一个企业主营业务利润多,或营业利润多,则企业获利质量高,如果企业的营业外收入很多,可以判断企业创造利润数量多,但不能认定企业利润质量高。

(3) 有助于判断企业的价值。

对一个企业的价值进行衡量时,企业的盈利能力通常是评价其价值的一个重要因素。比如,某企业是一家上市企业,那么该企业本身的价值与其获利质量是有联系的,财务报告使用者可以借助于盈利质量来评价企业的价值。

(4) 预测企业未来盈利变化的趋势。

借助利润表可以预测企业未来盈利变化的趋势和前景,比如将第1年、第2年、第3年、第4年的利润表排列在一起做比较,如主营业务收入第1年为105万元,第2年为110万元,第3年为125万元,第4年为190万元。从企业主营业务收入的变化就可以看出该企业的销售收入呈上升趋势,市场越做越大。再如某企业的销售费用率第1年为20%,第2年为19.2%,第3年为18.3%,第4年为18.1%,企业销售费用的变化说明该企业在取得同等收入的情况下销售管理开支压缩了。此外,将利润表信息与资产负债表等其他报表信息相结合,还可以提供很多有用的财务分析指标,如各种资产周转率、资产收益率、市盈率等基本分析指标,为决策提供丰富的数据支撑信息。

3.2.2 利润表的结构

常见的利润表结构主要有单步式和多步式两种。我国企业利润表采用的基本上是多步式结构,即通过对当期的收入、费用、支出项目按功能加以归类,分步计算当期净损益,如表3-3所示。

3.2.3 利润表的编制方法

1. 利润表有关栏目的填制方法

利润表的各项目均须填列本期金额和上期金额两栏。利润表中上期金额栏,在编制月度报表时,应将上期金额栏改为本年累计栏,并填列当年累计实际发生数;在编制季度、半年度财务报告和年度财务报告时,应根据上年同期利润表本期金额栏所列数字填列上年同期实际发生数,如果上期利润表的各个项目的名称和内容与本期不一致,应对上期利润表各项目的名称和数字按本期的规定进行调整,填入上年金额栏。利润表中的本期金额栏反映各项目的本期实际发生数。

2. 利润表的各项目的内容及填列方法

(1) "营业收入"项目:反映企业经营主要业务和其他业务所确认的收入总额。本项目应根据"主营业务收入"和"其他业务收入"账户的发生额分别填列。

(2) "营业成本"项目:反映企业经营主要业务和其他业务所发生的成本总额。本项目应根据"主营业务成本"和"其他业务成本"账户的发生额分别填列。

(3) "营业税金及附加"项目:反映企业经营业务应负担的消费税、增值税、城市建设维护税、资源税、土地增值税和教育费附加等。本项目应根据"税金及附加"账户的发生额进行填列。

(4) "销售费用"项目:反映企业在销售商品过程中发生的包装费、广告费等费用和为销售本企业商品而专设的销售机构的职工薪酬、业务费等经营费用。本项目应根据"销售费用"账户的发生额进行填列。

(5)"管理费用"项目：反映企业为组织和管理生产经营发生的管理费用。本项目应根据"管理费用"账户的发生额进行填列。

(6)"财务费用"项目：反映企业筹集生产经营所需资金等发生的筹资费用。本项目应根据"财务费用"账户的发生额进行填列。

(7)"资产减值损失"项目：反映企业各项资产发生的减值损失。本项目应根据"资产减值损失"账户的发生额进行填列。

(8)"公允价值变动收益"项目：反映企业应当计入当期损益的资产或负债公允价值变动收益。本项目应根据"公允价值变动损益"账户的发生额进行填列，如为净损失，本项目以"－"号填列。

(9)"投资收益"项目：反映企业以各种方式对外投资所取得的收益。本项目应根据"投资收益"账户的发生额进行填列，如为投资损失，本项目以"－"号填列。

(10)"营业利润"项目：反映企业实现的营业利润，这个数额是根据前述公式计算得出的，如为亏损，本项目以"－"号填列。

(11)"营业外收入"项目：反映企业发生的与经营业务无直接关系的各项收入。本项目应根据"营业外收入"账户的发生额进行填列。

(12)"利润总额"项目：反映企业实现的利润，这个数额是根据前述公式计算得出的，如为亏损，本项目以"－"号填列。

(13)"所得税费用"项目：反映企业应从当期利润总额中扣除的所得税费用，本项目应根据"所得税费用"账户的发生额进行填列。

(14)"净利润"项目：反映企业实现的净利润，这个数额是根据前述公式计算得出的，如为亏损，本项目以"－"号填列。

3.3 现金流量表的基本知识及编制方法

3.3.1 现金流量表的概念、理论依据和作用

1. 现金流量表中的现金和现金流量的概念

(1)现金：现金流量表中的现金包括库存现金、银行存款、其他货币资金和现金等价物。

其他货币资金是指企业存在金融企业有特定用途的资金，也就是其他货币资金账户核算的银行存款，如外埠存款、银行汇票存款、银行本票存款、信用证保证金存款、在途货币资金等。

(2)现金等价物：现金等价物是指企业持有的期限短、流动性高、易于转换为已知金额的现金、价值变动风险很小的短期投资，特指3个月内可以变现的有价证券。

(3)现金流量：现金流量是指现金和现金等价物的流入和流出，需要注意的是，企业现金形式的转换不会产生现金的流入和流出，如从银行提取现金，现金形式的转换不构成现金流量。同理，现金等价物与现金之间的转换也不属于现金流量。

(4)现金净流量：现金净流量＝现金流入－现金流出，当流出大于流入时，现金净流量为负数。

2. 现金流量表的内容

《企业会计准则》将现金流量分为三类：经营活动（operating activities）产生的现金流量、投资活动（investing activities）产生的现金流量、筹资活动（financing activities）产生的现金流量。

经营活动产生的现金流量是指能影响利润表变化的增值活动，如销售产品、购买原材料、支付薪酬等。

投资活动产生的现金流量是指企业长期资产（一年以上或一个营业周期以上）的购入和处置活动，如购建厂房设备、出售不用的机器等。

筹资活动产生的现金流量是指导致企业资本、债务规模发生变化的活动，如发行股票债券、取得银行借款、分派现金股利和偿还银行借款和债券本息等。

3. 现金流量表的理论依据

现金流量表的理论依据是收付实现制。

4. 现金流量表分析的作用

(1)现金流量表能够反映一定时期现金变动的原因和企业获取现金的能力。

现金流量表反映了企业获取现金的原因，原因可以透视过程的合理性，判断获取现金的能力。如经营活动产生的现金流量，代表企业运用其经济资源创造的现金，如果这一部分所占比重大，企业获取现金流量的能力就强，筹资和投资活动创造的现金流量都应该是辅助手段，应以经营创造的现金流量充裕为基础。

(2)可以分析企业盈利的质量。

利润表反映企业一定期间的经营成果，有利润没有钱的企业有很多，有现金支持的利润才是高质量的利润。因此，现金流量表反映的是企业利润与现金流情况，进一步反映的是企业盈利的质量。

(3)可以全面分析企业偿付能力的质量。

通过现金流量表并结合资产负债表可以了解企业产生的现金能否偿还到期债务、支付股利，进行必要的固定资产投资，分析企业现金流转的效率效果，有助于投资者、债权人做出信贷决策。

3.3.2 现金流量表的结构

现金流量表的基本结构分三部分：表首、基本部分和补充资料。现金流量表结构，如表3-4所示。

(1)表首：该部分标明企业名称、现金流量的会计期间、货币单位和报表编号。

(2)基本部分：主要列报经营活动产生的现金流量、投资活动产生的现金流量、筹资活动产生的现金流量，最后汇总反映企业现金及现金等价物净增加额。

(3)补充资料：包括不涉及现金收支的投资和筹资活动，将净利润调节为经营活动现金净流量，现金和现金等价物的净增减情况（见表3-5）。

表 3-4 现 金 流 量 表

会企 03 表

编制单位：　　　　　　　　　　　　　　年　　月　　　　　　　　　　　　　　单位：元

项目	本期金额	上期金额
一、经营活动产生的现金流量：		
销售商品、提供劳务收到的现金		
收到的税费返还		
收到其他与经营活动有关的现金		
经营活动现金流入小计		
购买商品、接受劳务支付的现金		
支付给职工以及为职工支付的现金		
支付的各项税费		
支付其他与经营活动有关的现金		
经营活动现金流出小计		
经营活动产生的现金流量净额		
二、投资活动产生的现金流量：		
收回投资收到的现金		
取得投资收益收到的现金		
处置固定资产、无形资产和其他长期资产收回的现金净额		
处置子公司及其他营业单位收到的现金净额		
收到其他与投资活动有关的现金		
投资活动现金流入小计		
购建固定资产、无形资产和其他长期资产支付的现金		
投资支付的现金		
取得子公司及其他营业单位支付的现金净额		
支付其他与投资活动有关的现金		
投资活动现金流出小计		
投资活动产生的现金流量净额		
三、筹资活动产生的现金流量：		
吸收投资收到的现金		
取得借款收到的现金		
收到其他与筹资活动有关的现金		
筹资活动现金流入小计		
偿还债务支付的现金		
分配股利、利润或偿付利息支付的现金		

续表

项目	本期金额	上期金额
支付其他与筹资活动有关的现金		
筹资活动现金流出小计		
筹资活动产生的现金流量净额		
四、汇率变动对现金及现金等价物的影响		
五、现金及现金等价物净增加额		
加：期初现金及现金等价物余额		
六、期末现金及现金等价物余额		

表 3-5　现金流量表补充资料(简表)

补充资料	本期金额	上期金额
1.将净利润调节为经营活动现金流量：		
净利润		
加：资产减值准备		
信用损失准备		
固定资产折旧、油气资产折耗、生产性生物资产折旧		
无形资产摊销		
长期待摊费用摊销		
处置固定资产、无形资产和其他长期资产的损失(收益以"－"号填列)		
固定资产报废损失(收益以"－"号填列)		
净敞口套期损失(收益以"－"号填列)		
公允价值变动损失(收益以"－"号填列)		
财务费用(收益以"－"号填列)		
投资损失(收益以"－"号填列)		
递延所得税资产减少(增加以"－"号填列)		
递延所得税负债增加(减少以"－"号填列)		
存货的减少(增加以"－"号填列)		
经营性应收项目的减少(增加以"－"号填列)		
经营性应付项目的增加(减少以"－"号填列)		
其他		
经营活动产生的现金流量净额		
2.不涉及现金收支的重大投资和筹资活动：		
债务转为资本		

续表

补充资料	本期金额	上期金额
一年内到期的可转换公司债券		
融资租入固定资产		
3.现金及现金等价物净变动情况:		
现金的期末余额		
减:现金的期初余额		
加:现金等价物的期末余额		
减:现金等价物的期初余额		
现金及现金等价物净增加额		

3.3.3 现金流量表的编制方法

1. 主表的填列方法

(1)确定主表的"经营活动产生的现金流量净额"。

①销售商品、提供劳务收到的现金=(利润表中主营业务收入+利润表中其他业务收入)×(1+17%)+(应收票据期初余额-应收票据期末余额)+(应收账款期初余额-应收账款期末余额)+(预收账款期末余额-预收账款期初余额)+当期销售退回而支付的现金-计提的应收账款坏账准备期末余额

②收到的税费返还=(应收补贴款期初余额-应收补贴款期末余额)+补贴收入+所得税费用本期贷方发生额累计数

③收到的其他与经营活动有关的现金=营业外收入相关明细本期贷方发生额+其他业务收入相关明细本期贷方发生额+其他应收款相关明细本期贷方发生额+其他应付款相关明细本期贷方发生额+银行存款利息收入

④购买商品、接受劳务支付的现金=[利润表中主营业务成本+(存货期末余额-存货期初余额)]×(1+17%)+其他业务支出(剔除税金)+(应付票据期初余额-应付票据期末余额)+(应付账款期初余额-应付账款期末余额)+(预付账款期末余额-预付账款期初余额)

⑤支付给职工以及为职工支付的现金="应付工资"科目本期借方发生额累计数+"应付福利费"科目本期借方发生额累计数+管理费用中"养老保险金""待业保险金""住房公积金""医疗保险金"+成本及制造费用明细表中的"劳动保护费"

⑥支付的各项税费="应交税金"各明细账户本期借方发生额累计数+"其他应交款"各明细账户借方数+"管理费用"中"税金"本期借方发生额累计数+"其他业务支出"中有关税金项目,即:实际缴纳的各种税金和附加税,不包括进项税。

⑦支付的其他与经营活动有关的现金=营业外支出(剔除固定资产处置损失)+管理费用(剔除工资、福利费、劳动保险金、待业保险金、住房公积金、养老保险、医疗保险、折旧、坏账准备或坏账损失、列入的各项税金等)+营业费用、成本及制造费用(剔除工资、福利费、劳动保险金、待业保险金、住房公积金、养老保险、医疗保险等)+其他应收款本期借方发生额+其他应付本期借方发生额

(2)确定主表的"投资活动产生的现金流量净额"。

①收回投资所收到的现金＝(短期投资期初数－短期投资期末数)＋(长期股权投资期初数－长期股权投资期末数)＋(长期债权投资期初数－长期债权投资期末数)

该公式中,如期初数小于期末数,则在投资所支付的现金项目中核算。

②取得投资收益所收到的现金＝利润表投资收益－(应收利息期末数－应收利息期初数)－(应收股利期末数－应收股利期初数)

③处置固定资产、无形资产和其他长期资产所收回的现金净额＝"固定资产清理"的贷方余额＋(无形资产期末数－无形资产期初数)＋(其他长期资产期末数－其他长期资产期初数)

④收到的其他与投资活动有关的现金,如收回融资租赁设备本金等。

⑤购建固定资产、无形资产和其他长期资产所支付的现金＝(在建工程期末数－在建工程期初数)(剔除利息)＋(固定资产期末数－固定资产期初数)＋(无形资产期末数－无形资产期初数)＋(其他长期资产期末数－其他长期资产期初数)

上述公式中,如期末数小于期初数,则在处置固定资产、无形资产和其他长期资产所收回的现金净额项目中核算。

⑥投资所支付的现金＝(短期投资期末数－短期投资期初数)＋(长期股权投资期末数－长期股权投资期初数)(剔除投资收益或损失)＋(长期债权投资期末数－长期债权投资期初数)(剔除投资收益或损失)

上述公式中,如期末数小于期初数,则在收回投资所收到的现金项目中核算。

(3)确定主表的"筹资活动产生的现金流量净额"。

①吸收投资所收到的现金＝(实收资本或股本期末数－实收资本或股本期初数)＋(应付债券期末数－应付债券期初数)

②借款收到的现金＝(短期借款期末数－短期借款期初数)＋(长期借款期末数－长期借款期初数)

③收到的其他与筹资活动有关的现金:如投资人未按期缴纳股权的罚款现金收入等。

④偿还债务所支付的现金＝(短期借款期初数－短期借款期末数)＋(长期借款期初数－长期借款期末数)(剔除利息)＋(应付债券期初数－应付债券期末数)(剔除利息)

⑤分配股利、利润或偿付利息所支付的现金＝应付股利借方发生额＋利息支出＋长期借款利息＋在建工程利息＋应付债券利息－预提费用中"计提利息"贷方余额－票据贴现利息支出

⑥支付的其他与筹资活动有关的现金:如发生筹资费用所支付的现金、融资租赁所支付的现金、减少注册资本所支付的现金(收购本公司股票、退还联营单位的联营投资等)、企业以分期付款方式购建固定资产,除首期付款支付的现金以外的其他各期所支付的现金等。

(4)确定补充资料。

"现金及现金等价物的净增加额"

现金的期末余额＝资产负债表"货币资金"期末余额

现金的期初余额＝资产负债表"货币资金"期初余额

现金及现金等价物的净增加额＝现金的期末余额－现金的期初余额

一般企业很少有现金等价物,故该公式未考虑此因素,如有则应相应填列。

2. 附表的填列（间接法）

填制思路：将净利润调节为经营活动的现金流量。

(1)调整项目归类。

①没有实际支付现金的费用、没有实际收到现金的收益：资产减值准备、固定资产、折旧等。

②不属于经营活动的损益。

③经营性应收应付项目的增减变动。

(2)具体填列方法。

①净利润：该项目根据利润表的净利润数填列。

②计提的资产减值准备：计提的资产减值准备＝本期计提的各项资产减值准备发生额累计数。

注：直接核销的坏账损失不能计入。

③固定资产折旧：固定资产折旧＝制造费用中折旧＋管理费用中折旧

＝累计折旧期末数－累计折旧期初数。

注：未考虑因固定资产对外投资而减少的折旧。

④无形资产摊销＝无形资产(期初数－期末数)＝无形资产贷方发生额累计数

注：未考虑因无形资产对外投资减少。

⑤长期待摊费用摊销＝长期待摊费用(期初数－期末数)＝长期待摊费用贷方发生额累计数

⑥处置固定资产、无形资产和其他长期资产的损失(减：收益)根据固定资产清理及营业外支出(或收入)明细账分析填列。

⑦固定资产报废损失：根据固定资产清理及营业外支出明细账分析填列。

⑧财务费用＝利息支出－应收票据的贴现利息

⑨投资损失(减：收益)＝投资收益(借方余额正号填列，贷方余额负号填列)。

⑩递延税款贷项(减：借项)＝递延税款(期末数－期初数)。

⑪存货的减少(减：增加)＝存货(期初数－期末数)注：未考虑存货对外投资的减少。

⑫经营性应收项目的减少(减：增加)＝应收账款(期初数－期末数)＋应收票据(期初数－期末数)＋预付账款(期初数－期末数)＋其他应收款(期初数－期末数)＋待摊费用(期初数－期末数)－坏账准备期末余额。

⑬经营性应付项目的增加(减：减少)＝应付账款(期末数－期初数)＋预收账款(期末数－期初数)＋应付票据(期末数－期初数)＋应付工资(期末数－期初数)＋应付福利费(期末数－期初数)＋应交税金(期末数－期初数)＋其他应交款(期末数－期初数)。

3.4 所有者权益变动表的基本知识及编制方法

3.4.1 所有者权益变动表的概念、理论依据和作用

1. 所有者权益变动表的概念

所有者权益变动表是指反映构成所有者权益各组成部分当期增减变动情况的报表，所有

者权益变动表应当全面反映一定时期所有者权益变动的情况,其不仅包括所有者权益总量的增减变动,还包括所有者权益增减变动的重要结构信息,特别是要反映直接计入所有者权益的利得和损失,让报表使用者准确地理解所有者权益增减变动的根源。

2. 所有者权益变动表的理论依据

所有者权益合计＝实收资本＋资本公积＋盈余公积＋未分配利润

3. 所有者权益变动表的作用

通过对所有者权益变动表的分析,既可以为报表使用者提供所有者权益总量增减变动的信息,也能为其提供所有者权益增减变动的结构性信息,特别是能够让报表使用者理解所有者权益增减变动的根源。

3.4.2 所有者权益变动表的内容及结构

1. 所有者权益变动表的内容

在所有者权益变动表中,企业至少应当单独列示反映下列信息的项目。

(1)净利润;

(2)直接计入所有者权益的利得和损失项目总额;

(3)会计政策变更和差错更正的累计金额;

(4)所有者投入资本和向所有者分配利润等;

(5)提取的盈余公积;

(6)实收资本或资本公积、盈余公积、未分配利润的期初和期末余额及其调节情况。其中,反映"直接计入所有者权益的利得和损失"的项目即为其他综合收益项目。

2. 所有者权益变动表的结构

为了清楚地展示构成所有者权益的当期各组成部分的增减变动情况。所有者权益变动表以矩阵的形式列示:一方面,列示导致所有者权益变动的交易或事项,对一定时期所有者权益的变动情况进行全面反映。另一方面,按照所有者权益各组成部分(即实收资本、资本公积、盈余公积、未分配利润和库存股)的总额列示交易或事项对所有者权益各部分的影响。所有者权益变动表各项目分别填列了"本年金额"和"上年金额"两栏,我国企业所有者权益变动表的格式见表3-6。此外,对所有者权益变动表进行分析时应提供近3~5年的比较所有者权益变动表,这样能够更清楚地看到近年来企业所有者权益变动的趋势。

3.4.3 所有者权益变动表的编制方法

1. 所有者权益变动表主要项目说明

(1)"上年年末余额"＝企业上年资产负债表中实收资本(或股本)年末余额＋资本公积年末余额＋库存股年末余额＋盈余公积年末余额＋未分配利润年末余额

(2)"会计政策变更""前期差错更正"项目,分别反映企业调整或处理的会计政策变更的累计影响金额和会计差错更正的累计影响金额。

(3)"本年增减变动金额"项目:

①"净利润"＝企业当年实现的净利润(或净亏损)

②"直接计入所有者权益的利得和损失"＝企业当年直接计入所有者权益的利得和损失金额

"权益法下被投资单位其他所有者权益变动的影响"＝企业的长期股权投资＋在被投资单位除当年实现的净损益以外其他所有者权益变动中应享有的份额

"与计入所有者权益项目相关的所得税影响"＝企业应计入所有者权益项目的当年所得税影响金额

③"所有者投入和减少资本"＝企业当年所有者投入的资本－减少的资本

"所有者投入资本"＝企业接受投资者投入形成的实收资本(或股本)＋资本溢价或股本溢价

"股份支付计入所有者权益的金额"＝企业处于等待期中的权益结算的股份支付当年计入资本公积的金额

④"利润分配"＝企业当年的利润分配金额

⑤"所有者权益内部结转"＝企业构成所有者权益的组成部分之间的增减变动情况

"资本公积转增资本(或股本)"＝企业以资本公积转增资本或股本的金额

"盈余公积转增资本(或股本)"＝企业以盈余公积转增资本或股本的金额

"盈余公积弥补亏损"＝企业以盈余公积弥补亏损的金额

2. 所有者权益变动表的编制方法

(1)上年金额栏的编制方法。

所有者权益变动表"上年金额"栏内各项数字,应根据上年度所有者权益变动表"本年金额"栏内所列数字填列,如果上年度所有者权益变动表规定的各个项目的名称和内容同本年度不一致,应对上年度所有者权益变动表各项目的名称和数字按本年度的规定进行调整,填入所有者权益变动表"上年金额"栏内。

(2)本年金额栏的编制方法。

所有者权益变动表"本年金额"栏内各项数字一般应根据"实收资本(或股本)""资本公积""盈余公积""利润分配""库存股""以前年度损益调整"科目的发生额分析填列。

表 3-6 所有者权益变动表

年度

编制单位   会企04表
                                                                                                                         单位:元

项目	本年金额						上年金额					
	实收资本（或股本）	资本公积	减:库存股	盈余公积	未分配利润	所有者权益合计	实收资本（或股本）	资本公积	减:库存股	盈余公积	未分配利润	所有者权益合计
一、上半年末余额												
加:会计政策变更												
前期差错更正												
二、本年年初余额												
三、本年增减变动金额（减少以"-"号填列）												
（一）净利润												
（二）直接计入所有者权益的利得和损失												
1. 可供出售金融资产公允价值变动净额												
2. 权益法下被投资单位其他所有者权益变动的影响												
3. 与计入所有者权益项目相关的所得税影响												
4. 其他												
上述（一）和（二）小计												
（三）所有者投入和减少资本												
1. 所有者投入资本												
2. 股份支付计入所有者权益的金额												
3. 其他												

续表

项目	本年金额						上年金额					
	实收资本（或股本）	资本公积	减：库存股	盈余公积	未分配利润	所有者权益合计	实收资本（或股本）	资本公积	减：库存股	盈余公积	未分配利润	所有者权益合计
（四）利润分配												
1. 提取盈余公积												
2. 对所有者（或股东）的分配												
3. 其他												
（五）所有者权益内部结转												
1. 资本公积转增资本（或股本）												
2. 盈余公积转增资本（或股本）												
3. 盈余公积弥补亏损												
4. 其他												
四、本年年末余额												

3.5 附注的基本知识及主要内容

3.5.1 附注的基本知识

附注是对资产负债表、利润表、现金流量表和所有者权益变动表等报表中列示项目的文字描述或明细资料,以及对未能在这些报表中列示项目的说明等。附注是财务报表的重要组成部分,附注应当按照如下顺序披露有关内容:企业的基本情况、财务报表的编制基础、遵循企业会计准则的声明、重要会计政策和会计估计等。

3.5.2 财务报表的编制基础

财务报表的编制基础是指财务报表是在持续经营基础上还是非持续经营基础上编制的,企业一般是在持续经营基础上编制财务报表,清算、破产属于非持续经营基础。

3.5.3 遵循企业会计准则的声明

企业应当声明编制的财务报表符合企业会计准则的要求,真实、完整地反映企业的财务状况、经营成果和现金流量等有关信息。

3.5.4 附注的主要内容

1. 重要会计政策的说明

(1)会计政策指会计确认、计量和报告中所采用的原则、基础和会计处理方法。

(2)会计政策变更的处理方法。

①企业根据法律、行政法规或者国家统一的会计制度等要求变更会计政策的,应当按国家相关会计规定执行。需要特别指出的是,说明会计政策时还需要披露下列两项内容:财务报表项目的计量基础和会计政策的确定依据。

②为了保证会计政策变更能够提供更可靠、更相关的会计信息的,应当采用追溯调整法处理。

③无法确定会计政策变更对以前各期累计影响数值的,应当采用未来适用法处理。

2. 会计估计变更

企业难以区分会计政策变更或会计估计变更的,应当将其作为会计估计变更处理,采用未来适用法。

3. 前期差错更正

采用追溯调整法更正重要的前期差错,但无法确定前期差错累计影响数的除外(采用未来适用法),企业在发现重要的前期差错时,应当在发现当期的财务报表中进行调整。

4. 其他需要说明的重要事项

这主要包括或有和承诺事项、资产负债表日后非调整事项、关联方关系及其交易。

3.5.5 重要会计政策和会计估计

企业应当披露采用的重要会计政策和会计估计,不重要的会计政策和会计估计可以不披露。在披露重要会计政策和会计估计时,企业应当披露重要会计政策的确定依据和财务报表项目的计量基础,以及会计估计中所采用的关键假设和不确定因素。

会计政策的确定依据,主要是指企业在运用会计政策过程中所做的对报表中确认的项目金额最具影响的判断。

财务报表项目的计量基础,是指企业计量该项目采用的是历史成本、重置成本、可变现净值、现值还是公允价值。在确定报表中确认的资产和负债的账面金额过程中,企业有时需要对不确定的未来事项在资产负债表中对这些资产和负债的影响加以估计。如企业预计固定资产未来现金流量采用的折现率和假设,这类假设的变动对这些资产和负债项目金额的确定影响很大,有可能会在下一个会计年度内做出重大调整。因此,强调这一披露要求,有助于提高财务报表的可理解性。

3.5.6 报表重要项目的说明

企业对报表重要项目的说明,应当按照资产负债表、利润表、现金流量表、所有者权益变动表及其项目列示的顺序,采用文字和数字描述相结合的方式进行披露。报表重要项目的明细金额合计,应当与报表项目金额相衔接,主要包括以下重要项目。

(1)交易性金融资产,企业应当披露交易性金融资产的构成及期初、期末公允价值等信息。

(2)应收款项,企业应当披露应收款项的账龄结构和客户类别以及期初、期末账面余额等信息。

(3)投资性房地产,企业应当披露房地产转换情况、理由,以及对损益或所有者权益的影响,当期处置的投资性房地产及其对损益的影响。

(4)固定资产,企业应当披露下列信息。

①固定资产的确认条件、分类、计量基础和折旧方法;

②各类固定资产的使用寿命、预计净残值和折旧率;

③各类固定资产的期初和期末原价、累计折旧额及固定资产减值准备累计金额;

④当期确认的折旧费用;

⑤对固定资产所有权的限制及金额、用于担保的固定资产账面价值;

⑥准备处置的固定资产名称、账面价值、公允价值、预计处置费用和预计处置时间等。

(5)无形资产,企业应当披露下列信息。

①无形资产的期初和期末账面余额、累计摊销额及减值准备累计金额;

②使用寿命有限的无形资产,其使用寿命的估计情况,使用寿命不确定的无形资产,其使用寿命不确定的判断依据;

③无形资产的摊销方法;

④用于担保的无形资产账面价值、当期摊销额等情况;

⑤计入当期损益和确认为无形资产的研究开发支出金额。

(6)职工薪酬,企业应当披露下列信息。

①应当支付给职工的工资、奖金、津贴和补贴、期末应付未付金额;

②应当为职工缴纳的医疗保险费、养老保险费、失业保险费、工伤保险费和生育保险费等社会保险费、期末应付未付金额;

③应当为职工缴存的住房公积金、期末应付未付金额;

④为职工提供的非货币性福利、计算依据;

⑤应当支付的因解除劳务关系给予的补偿、期末应付未付金额;

⑥其他职工薪酬。

(7)应缴税费,企业应当披露应缴税费的构成及期初、期末账面余额等信息。

(8)短期借款和长期借款,企业应当披露短期借款、长期借款的构成及期初、期末账面余额等信息。对于期末逾期借款,应分为贷款单位、借款金额、逾期时间、年利率、逾期未偿还的原因和预期还款期等进行披露。

(9)应付债券,企业应当披露应付债券的构成及期初、期末账面余额等信息。

(10)长期应付款,企业应当披露长期应付款的构成及期初、期末账面余额等信息。

(11)营业收入,企业应当披露营业收入的构成及本期、上期发生额等信息。

(12)公允价值变动收益,企业应当披露公允价值变动收益的来源及本期、上期发生额等信息。

(13)投资收益,企业应当披露投资收益的来源和本期、上期发生额等信息。

(14)减值损失,企业应当披露各项资产的减值损失和本期、上期发生额等信息。

(15)营业外收入,企业应当披露营业外收入的构成和本期、上期发生额等信息。

(16)营业外支出,企业应当披露营业外支出的构成和本期、上期发生额等信息。

(17)所得税,企业应当披露下列信息。

①所得税费用(收益)的主要组成部分;

②所得税费用(收益)与会计利润关系的说明。

(18)政府补助,企业应当披露下列信息。

①政府补助的种类及金额;

②计入当期损益的政府补助金额。

③本期返还的政府补助金额及原因。

(19)借款费用,企业应当披露下列信息。

①当期资本化的借款费用金额;

②当期用于计算确定借款费用资本化金额的资本化率。

3.5.7 关联方披露

1. 关联方关系的认定

关联方关系的存在是以控制、共同控制或重大影响为前提条件的,在判断是否存在关联方关系时,应当遵循实质重于形式原则。如果没有其他条件,仅依据持股比例这个数据来看,持股比例没有达到20%时,属于没有达到重大影响;持股比例在20%~50%之间时,属于重大影响(联营企业);持股比例超过50％的,属于控制(子公司),从一个企业的角度出发,其存在关联方关系的各方如下所示。

(1)该公司的母公司,不仅包括直接或间接地控制该企业的其他企业,也包括能够对该企业实施直接或间接控制的部门、单位等。母公司的控制方式有:①某一个企业直接控制一个或多个企业;②某一个企业通过一个或若干中间企业间接控制一个或多个企业。

(2)该企业的子公司,包括直接或间接地被该企业控制的其他企业,也包括直接或间接地被该企业控制的单位、信托基金等。

假设A公司持有B公司40％的股份,B公司持有C公司60％的股份,除此外不存在其他关系,这种情况下A不能控制B,即使B控制了C,A公司和C公司也不具有控制关系。

(3)对该企业实施共同控制的投资方,这里的共同控制包括直接的共同控制和间接的共同控制。对企业实施直接或间接共同控制的投资方与该企业之间是关联方关系,但这些投资方之间并不能仅仅因为共同控制了同一家企业而视为存在关联方关系。

(4)该企业的合营企业,合营企业是以共同控制为前提的,两方或多方共同控制某一企业时,该企业则为投资者的合营企业。

(5)该企业的联营企业,联营企业和重大影响是相联系的,如果投资者能对被投资企业施加重大影响,则该被投资企业视为投资者的联营企业。

(6)该企业的主要投资者个人及与其关系密切的家庭成员,主要投资者个人,是指能够控制或共同控制一个企业或者对一个企业施加重大影响的个人投资者。

(7)该企业或其母公司的关键管理人员及与其关系密切的家庭成员。

(8)该企业主要投资者个人、关键管理人员或与其关系密切的家庭成员控制、共同控制或施加重大影响的其他企业。

2. 不构成关联方关系的情况

(1)与该企业发生日常往来的资金提供者、公用事业部门、政府部门和机构,以及与该企业发生大量交易而存在经济依存关系的单个客户、供应商、特许商、经销商和代理商之间,不构成关联方关系。

(2)与该企业共同控制合营企业的合营者之间,通常不构成关联方关系。

(3)仅仅同受国家控制而不存在控制、共同控制或重大影响关系的企业,不构成关联方关系。

3. 关联方交易的类型

存在关联方关系的情况下,关联方之间发生的交易为关联方交易,关联方的交易类型主要有:购买或销售商品、购买或销售除商品以外的其他资产、提供或接受劳务、担保、提供资金(贷款或股权投资)、租赁、代理、研究与开发项目的转移、许可协议、代表企业或由企业代表另一方进行债务结算、关键管理人员薪酬。

4. 关联方的披露

(1)企业无论是否发生关联方交易,均应当在附注中披露与该企业之间存在直接控制关系的母公司和子公司有关的信息,母公司不是该企业最终控制方的,还应当披露企业集团内对该企业享有最终控制权的企业(或主体)的名称,母公司和最终控制方均不对外提供财务报表的,还应当披露母公司之上与其最相近的对外提供财务报表的母公司名称。

(2)企业与关联方发生关联方交易的,应当在附注中披露该关联方关系的性质、交易类型及交易要素。关联方关系的性质,是指关联方与该企业的关系,即关联方是该企业的子公司、合营企业、联营企业等。关联交易要素至少应当包括:交易的金额、未结算项目的金额、条款和条件,以及有关提供或取得担保的信息,未结算应收项目坏账准备金额,定价政策。

(3)对外提供合并财务报表的,对于已经包括在合并范围内各企业之间的交易不予披露,合并财务报表是将集团作为一个整体来反映与其有关的财务信息,在合并财务报表中,企业集团作为一个整体看待,企业集团内的交易已不属于交易,并且已经在编制合并财务报表时予以抵消。因此,对外提供合并财务报表的,对于已经包括在合并范围内并已抵消的各企业之间的交易不予披露。

3.6　综合案例分析

BYS股份有限公司为增值税一般纳税人,企业为工业生产企业,主要生产甲产品,适用增值税税率为17%,案例中对于城市维护建设税、教育费附加和所得税费用省略计算。

(1)2019年度资产负债表年初数见表3-8。

(2)2019年BYS公司发生如下经济业务。

①1月8日,购入一批材料,材料价款2 000 000元,增值税340 000元,材料已经入库,货款尚未支付,该公司材料采用实际成本核算。

②1月9日,向银行借入为期6个月的短期借款3 000 000元。

③2月10日,用银行存款支付短期借款利息100 000元(不进行预提做账)。

④3月20日,通过银行转账支付1月8日购买材料的货款及增值税234 0000元。

⑤4月11日,销售甲产品一批,该批产品的成本800 000元,销售货款1 000 000元,增值税额为170 000元,产品已经发出,购货方已用银行存款支付了增值税170 000元,货款则开具了一张面值1 000 000元,不带息的为期3个月的商业承兑汇票。

⑥4月12日,销售甲产品一批,货款200 000元,增值税34 000元。产品已经发出,货款及增值税已经收到,并存入银行。该批商品的成本为120 000元。

⑦5月3日收到2月11日的票据款1 000 000元。

⑧10月2日,销售材料一批,原材料实际成本80 000元,销售价款100 000元,材料已发货,已收到货款及增值税款,并存入银行。

⑨本年总计发放职工工资660 000元,其中:生产工人工资400 000元,车间管理人员工资80 000元,企业管理人员工资80 000元,在建工程工人工资100 000元。

⑩10月15日,用银行存款购买一批建筑材料,价款为1 000 000元,增值税款170 000元,运杂费10 000元。

⑪BYS股份有限公司对乙企业投资,投资占乙企业有表决权资本的比例为10%,本年度乙企业实现净利润5 000 000元,实际分配现金股利345 000元。

⑫11月15日,转让专利的所有权,取得转让价款100 000元,存入银行,该专利权的入账

面价值为 90 000 元,累计摊销 40 000 元(不考虑所涉及的税金)。

⑬12 月 19 日,偿还银行长期借款 500 000 元(本金 400 000 元,利息 100 000 元),一次还本付息。

⑭11 月 15 日,转让设备一台,原价 400 000 元,已提折旧 100 000 元,取得转让收入 200 000 元,支付清理费用 50 000 元。现设备已清理完毕,款项已通过银行结算(转让该设备不需交纳增值税)。

⑮本年产品生产领用原材料 1 000 000 元,生产车间领用机物料 90 000 元,企业管理部门耗用材料 20 000 元(材料成本均为实际成本)。

⑯本年度计提坏账准备 50 000 元。

⑰本年度计提固定资产折旧 1 000 000 元,其中计入生产用固定资产折旧 750 000 元,管理用固定资产折旧为 250 000 元。

⑱本年无形资产摊销 50 000 元。

⑲本年用银行存款支付销售费用 200 000 元。

要求:

(1)编制上述业务的会计分录,指出每个会计分录所涉及的报表,以及属于该报表中的具体哪个项目。(见表 3-7)

(2)根据上述已知信息和经济业务编制科目余额表、资产负债表、利润表、现金流量表。(见表 3-8、表 3-9、表 3-10、表 3-11、表 3-12)

表 3-7 会计分录 单位:元

序号	会计分录	金额	资产负债表项目	利润表项目	现金流量表项目
1	借:原材料	2 000 000.00	存货		
	应交税费—应交增值税(进项税)	340 000.00	应交税费		
	贷:应付账款	2 340 000.00	应付账款		
2	借:银行存款	3 000 000.00	货币资金		筹资活动:取得借款收到的现金
	贷:短期借款	3 000 000.00	短期借款		
3	借:财务费用	100 000.00		财务费用	
	贷:银行存款	100 000.00	货币资金		筹资活动:分配股利、利润和偿付利息支付的现金
4	借:应付账款	2 340 000.00	应付账款		
	贷:银行存款	2 340 000.00	货币资金		经营活动:购买商品、接受劳务支付的现金

续表

序号	会计分录	金额	资产负债表项目	利润表项目	现金流量表项目
5	借：应收票据	1 000 000.00	应收票据		
	银行存款	170 000.00	货币资金		经营活动：销售商品、提供劳务收到的现金
	贷：主营业务收入	1 000 000.00		主营业务收入	
	应缴税费－应交增值税（销项税）	170 000.00	应交税费		
	借：主营业务成本	800 000.00		主营业务成本	
	贷：库存商品	800 000.00	存货		
6	借：银行存款	234 000.00	货币资金		经营活动：销售商品、提供劳务收到的现金
	贷：主营业务收入	200 000.00		主营业务收入	
	应缴税费－应交增值税（销项税）	34 000.00	应交税费		
	借：主营业务成本	120 000.00		主营业务成本	
	贷：库存商品	120 000.00	存货		
7	借：银行存款	1 000 000.00	货币资金		经营活动：销售商品、提供劳务收到的现金
	贷：应收票据	1 000 000.00	应收票据		
8	借：银行存款	117 000.00	货币资金		经营活动：销售商品、提供劳务收到的现金
	贷：其他业务收入	100 000.00		其他业务收入	
	应缴税费－应交增值税（销项税）	17 000.00	应交税费		
	借：其他业务成本	80 000.00		其他业务成本	
	贷：原材料	80 000.00	存货		

续表

序号	会计分录	金额	资产负债表项目	利润表项目	现金流量表项目
9	借:生产成本	400 000.00	存货		经营活动:支付给职工以及为职工支付的现金
	制造费用	80 000.00	存货		经营活动:支付给职工以及为职工支付的现金
	管理费用	80 000.00		管理费用	经营活动:支付给职工以及为职工支付的现金
	在建工程	100 000.00	在建工程		投资活动:购置固定资产、无形资产和其他长期资产支付的现金
	贷:银行存款	660 000.00	货币资金		
10	借:工程物资	1 010 000.00	工程物资		
	应缴税费－应缴增值税（进项税）	170 000.00			
	贷:银行存款	1 180 000.00	货币资金		投资活动:购置固定资产、无形资产和其他长期资产支付的现金
11	借:银行存款	345 000.00	货币资金		投资活动:取得投资收益收到的现金
	贷:投资收益	345 000.00		投资收益	
12	借:银行存款	100 000.00	货币资金		投资活动:处置固定资产、无形资产和其他长期资产收回的现金净额
	累计摊销	40 000.00	无形资产备抵科目		
	贷:无形资产	90 000.00	无形资产		
	营业外收入	50 000.00		营业外收入	

续表

序号	会计分录	金额	资产负债表项目	利润表项目	现金流量表项目
13	借:长期借款—本金	400 000.00	长期借款		筹资活动:偿还债务支付的现金
	—应计利息	100 000.00			筹资活动:分配股利、利润和偿付利息支付的现金
	贷:银行存款	500 000.00	货币资金		
14	借:固定资产清理	300 000.00			
	累计折旧	100 000.00	固定资产备抵科目		
	贷:固定资产	400 000.00	固定资产		
	借:固定资产清理	50 000.00			
	贷:银行存款	50 000.00	货币资金		投资活动:处置固定资产、无形资产和其他长期资产收回的现金净额
	借:银行存款	200 000.00	货币资金		投资活动:处置固定资产、无形资产和其他长期资产收回的现金净额
	营业外支出	150 000.00		营业外支出	
	贷:固定资产清理	350 000.00			
15	借:生产成本	1 000 000.00	存货		
	制造费用	90 000.00	存货		
	管理费用	20 000.00		管理费用	
	贷:原材料	1 110 000.00	存货		
16	借:信用减值损失	50 000.00		信用减值损失	
	贷:坏账准备	50 000.00	应收账款备抵科目		
17	借:制造费用	750 000.00	存货		
	管理费用	250 000.00		管理费用	
	贷:累计折旧	1 000 000.00	固定资产备抵科目		

续表

序号	会计分录	金额	资产负债表项目	利润表项目	现金流量表项目
18	借:管理费用	50 000.00		管理费用	
	贷:累计摊销	50 000.00	无形资产备抵科目		
19	借:销售费用	200 000.00		销售费用	
	贷:银行存款	200 000.00	货币资金		经营活动:支付的其他与经营活动有关的现金

表3-8 科目余额表   单位:元

科目名称	期初余额		本期发生额		期末余额	
	借方	贷方	借方	贷方	借方	贷方
库存现金	100 000.00				100 000.00	
银行存款	500 000.00		5 166 000.00	5 030 000.00	636 000.00	
应收票据	200 000.00		1 000 000.00	1 000 000.00	200 000.00	
应收账款	1 000 000.00				1 000 000.00	
坏账准备				50 000.00		50 000.00
预付账款	400 000.00				400 000.00	
其他应收款	500 000.00				500 000.00	
原材料	800 000.00		2 000 000.00	1 190 000.00	1 610 000.00	
库存商品	1 400 000.00			920 000.00	480 000.00	
生产成本			1 400 000.00		1 400 000.00	
制造费用			920 000.00		920 000.00	
长期股权投资	200 0000.00				2 000 000.00	
固定资产	11 000 000.00			400 000.00	10 600 000.00	
累计折旧			100 000.00	1 000 000.00		900 000.00
在建工程			100 000.00		100 000.00	
工程物资			1 010 000.00		1 010 000.00	
无形资产	2 100 000.00			90 000.00	2 010 000.00	
累计摊销			40 000.00	50 000.00		10 000.00
短期借款				3 000 000.00		3 000 000.00
应付票据						
应付账款		1 000 000.00	2 340 000.00	2 340 000.00		1 000 000.00
预收账款		300 000.00				300 000.00
应付职工薪酬		200 000.00				200 000.00

续表

科目名称	期初余额		本期发生额		期末余额	
	借方	贷方	借方	贷方	借方	贷方
应缴税费		600 000.00	510 000.00	221 000.00		311 000.00
其他应付款		500 000.00				500 000.00
长期借款		1 000 000.00	500 000.00			500 000.00
股本		12 000 000.00				12 000 000.00
资本公积		1 000 000.00				1 000 000.00
利润分配（未分配利润）		2 400 000.00				2 195 000.00
盈余公积		1 000 000.00				1 000 000.00
主营业务收入				1 200 000.00		
主营业务成本			920 000.00			
其他业务收入				100 000.00		
其他业务成本			80 000.00			
税金及附加						
销售费用			200 000.00			
管理费用			400 000.00			
财务费用			100 000.00			
信用减值损失			50 000.00			
投资收益				345 000.00		
营业外收入				50 000.00		
营业外支出			150 000.00			
所得税费用						
合计	20 000 000.00	20 000 000.00	16 986 000.00	16 986 000.00	22 966 000.00	22 966 000.00

表 3-9　BYS 股份有限公司 2019 年资产负债表　　　　单位：元

资产	2018 年	2019 年	负债和所有者权益	2018 年	2019 年
流动资产：			流动负债：		
货币资金	600 000.00	736 000.00	短期借款		3 000 000.00
交易性金融资产			应付票据		
应收票据	200 000.00	200 000.00	应付账款	1 000 000.00	1 000 000.00
应收账款	1 000 000.00	950 000.00	预收账款	300 000.00	300 000.00
预付账款	400 000.00	400 000.00	应付职工薪酬	200 000.00	200 000.00
其他应收款	500 000.00	500 000.00	应缴税费	600 000.00	311 000.00

续表

资产	2018年	2019年	负债和所有者权益	2018年	2019年
存货	2 200 000.00	4 410 000.00	其他应付款	500 000.00	500 000.00
			应付利息		
流动资产合计	4 900 000.00	7 196 000.00	流动负债合计	2 600 000.00	5 481 000.00
非流动资产:			非流动负债:		
长期股权投资	2 000 000.00	2 000 000.00	长期借款	1 000 000.00	500 000.00
固定资产	11 000 000.00	9 700 000.00	应付债券		
工程物资		1 010 000.00	递延所得税负债		
在建工程		100 000.00	非流动负债合计	1 000 000.00	500 000.00
无形资产	2 100 000.00	2 000 000.00	负债合计	3 600 000.00	5 981 000.00
长期待摊费用			股东权益:		
递延所得税资产			股本	12 000 000.00	12 000 000.00
非流动资产合计	15 100 000.00	14 980 000.00	资本公积	1 000 000.00	1 000 000.00
			盈余公积	1 000 000.00	1 000 000.00
			未分配利润	2 400 000.00	2 195 000.00
			股东权益合计	16 400 000.00	16 195 000.00
资产总计	20 000 000.00	22 006 000.00	负债和股东权益总计	20 000 000.00	22 006 000.00

表3-10 BYS股份有限公司2019年利润表   单位:元

项　　目	2019年金额
一、营业收入	1 300 000.00
减:营业成本	1 000 000.00
税金及附加	
销售费用	200 000.00
管理费用	400 000.00
财务费用(收益以"－"号填列)	100 000.00
信用减值损失	50 000.00
加:公允价值变动损益(损失以"－"号填列)	
投资收益(损失以"－"号填列)	345 000.00
二、营业利润(亏损以"－"号填列)	－105 000.00
加:营业外收入	50 000.00
减:营业外支出	150 000.00
其中:非流动资产处置净损失(净收益以"－"号填列)	
三、利润总额(亏损总额以"－"号填列)	－205 000.00
减:所得税费用	
四、净利润(净亏损以"－"号填列)	－205 000.00

表 3-11　BYS 股份有限公司 2019 年现金流量表　　　　　　　　单位:元

项　　　目	2019 年金额
一、经营活动产生的现金流量:	
销售商品、提供劳务收到的现金	1 521 000.00
收到的税费返还	
收到其他与经营活动有关的现金	
经营活动现金流入小计	1 521 000.00
购买商品、接受劳务支付的现金	2 340 000.00
支付给职工以及为职工支付的现金	560 000.00
支付的各项税费	
支付其他与经营活动有关的现金	200 000.00
经营活动现金流出小计	3 100 000.00
经营活动产生的现金流量净额	-1 579 000.00
二、投资活动产生的现金流量	
收回投资收到的现金	
取得投资收益收到的现金	345 000.00
处置固定资产、无形资产和其他长期资产收回的现金净额	250 000.00
处置子公司及其他营业单位收到的现金净额	
收到其他与投资活动有关的现金	
投资活动现金流入小计	595 000.00
购建固定资产、无形资产和其他长期资产支付的现金	1 280 000.00
投资支付的现金	
取得子公司及其他营业单位支付的现金净额	
支付其他与投资活动有关的现金	
投资活动现金流出小计	1 280 000.00
投资活动产生的现金流量净额	-685 000.00
三、筹资活动产生的现金流量	
吸收投资收到的现金	
取得借款收到的现金	3 000 000.00
收到其他与筹资活动有关的现金	
筹资活动现金流入小计	3 000 000.00
偿还债务支付的现金	400 000.00
分配股利、利润或偿付利息支出的现金	200 000.00

续表

项目	2019年金额
支付其他与筹资活动有关的现金	
筹资活动现金流出小计	600 000.00
筹资活动产生的现金流量净额	2 400 000.00
四、汇率变动对现金及现金等价物的影响	
五、现金及现金等价物净增加额	136 000.00
加:期初现金及现金等价物余额	600 000.00
六、期末现金及现金等价物余额	736 000.00

表 3－12　BYS 股份有限公司 2019 年现金流量表附表　　　　　　　　单位:元

项目	2019年金额
净利润	－205 000.00
加:少数股东损益	
计提的资产减值准备	50 000.00
固定资产折旧	1 000 000.00
无形资产摊销	50 000.00
公允价值变动损失(减收益)	
长期待摊费用摊销	
非货币性资产交换损失(减收益)	
处置固定资产和其他长期资产的损失(减收益)	100 000.00
固定资产报废损失	
财务费用	100 000.00
投资损失(减收益)	－345 000.00
递延税款贷项(减收益)	
存货的减少(减增加)	－2 210 000.00
经营性应收项目的减少(减增加)	
经营性应付项目的增加(减减少)	－119 000.00
经营活动产生的现金流量净额	－1 579 000.00

3.7　本章小结

资产负债表是反映企业某一特定日期财务状况的报表,因此,准确编制资产负债表就成为分析企业资产状况的前期基础,本章详细介绍了资产负债表的概念、理论依据和编制的方法,以及资产负债表中各个项目所反映的具体经济业务内容和计算方法,会计人员只有十分熟悉资产负债表的结构、内容和编制方法,才能够深度分析资产负债表。

利润表反映了企业在一段时期内的经营成果,对管理者和投资者而言,深度分析企业一定时期的盈利能力和盈利状况对企业管理和投资决策都具有至关重要的作用。利润表把一定时期的营业收入与其同一期间相关的营业费用进行配比,计算出企业一定时期的净利润。不同企业对获取利润的能力和利润分配的原则都有不同的决策,通过对利润表的深度分析能够理解企业的管理能力和企业未来的获利能力,为相关信息需求者提供有力的数据支持。本章对利润表的概念、理论依据和编制结构进行了详细介绍,也对利润表的项目计算方法进行了详细阐述。

现金流量表是反映企业在一定会计期内的现金及现金等价物流入和流出的报表。现金是指企业库存现金,也就是可以随时用于支付的存款。现金等价物是指企业持有的期限短、流动性强、易于快速转换为现金、价值变动风险很小的投资。我国的现金流量表分为现金流量表(主表)和补充资料(附注)两个部分,要求主表采用直接法编制,补充资料采用间接法编制。现金流量表中各项目的计算是基于收付实现制的原理编制的,与利润表中利润的计算有很大的不同。因此,本章在介绍了现金流量表的概念、理论依据和结构后,详细阐述了现金流量表的编制方法。

所有者权益变动表是反映企业构成所有者权益各组成部分当期增减变动情况的报表,本章全面介绍了所有者权益变动表的概念、理论依据、结构和编制方法。

最后本章还加入了会计综合案例,通过案例一步一步地说明企业资产负债表、利润表、现金流量表是如何编制出来的。

3.8 课后练习题

一、单项选择题

1. 下列各项中,不属于利润表项目的是(　　)。
A. 投资收益　　B. 每股收益　　C. 资产减值损失　　D. 长期待摊费用

2. 20××年度乙公司的营业收入为2850万元,营业成本为2445万元,投资损失为25万元,营业外支出为45万元,所得税费用为35万元,乙公司营业利润为(　　)。
A. 300万元　　B. 355万元　　C. 380万元　　D. 405万元

3. 如果企业本年销售收入增长快于销售成本的增长,那么企业本年营业利润(　　)。
A. 一定大于零　　　　　　B. 一定大于上年营业利润
C. 一定大于上年利润总额　D. 不一定大于上年营业利润

4. 下列各项,属于企业收入的是(　　)。
A. 公允价值变动净收益　　B. 营业收入
C. 投资收益　　　　　　　D. 营业外收入

5. 某企业20××年12月出售原材料取得价款800万元,出售固定资产取得价款1000万元,转让无形资产使用权取得价款2000万元,假定没有其他项目并且不考虑相关税费,应计入本月利润表"营业收入"项目的金额是(　　)。
A. 1800万元　　B. 2800万元　　C. 3000万元　　D. 3800万元

二、多项选择题

1. 下列各项,属于影响企业利润因素的有(　　)。
A. 股东权益　　B. 收入　　C. 费用　　D. 利得

2. 对利润总额进行分析,主要侧重于对组成利润总额的(　　)项目进行比较分析。
A. 营业外收入　　　B. 营业利润　　　C. 营业外支出　　　D. 所得税费用
3. 对净利润分析的内容,包括对形成净利润的(　　)等方面的分析。
A. 各项目的增减变动　　　　B. 各项目的结构变动
C. 营业外支出　　　　　　　D. 变动差异较大的重点项目
4. 财务费用项目分析的内容包括(　　)
A. 借款总额　　　B. 利息支出　　　C. 利息收入　　　D. 汇兑收益
5. 下列各项中,属于利润表中"营业利润"构成内容的有(　　)
A. 营业成本　　　B. 所得税费用　　　C. 财务费用　　　D. 投资收益

三、判断题

1. 营业利润是企业营业收入与营业成本费用及税金之间的差额,它既包括主营业务利润,又包括其他业务利润,并在二者之和的基础上减去管理费用与财务费用。(　　)
2. 息税前利润是指没有扣除利息和所得税前的利润,即等于营业利润与利息支出之和。(　　)
3. 如果企业的营业利润主要来源于投资收益,则应肯定企业以前的投资决策的正确性,但要分析企业内部管理存在的问题,以提高企业经营活动内在的创新力。(　　)
4. "营业税金及附加"项目:反映企业经营业务应负担的消费税、增值税、城市建设维护税、资源税、土地增值税和教育费附加等。本项目应根据"营业税金及附加"账户的发生额分析填列。(　　)
5. "应收账款"项目:应根据"应收账款"和"预收账款"账户所属各明细账户的期末贷方余额合计,减去"坏账准备"账户中有关应收账款计提的坏账准备期末余额后的金额填列。(　　)

四、简答题

1. 简述资产负债表的作用。
2. 简述利润表的作用。
3. 简述现金流量表与利润表的理论依据。
4. 简述现金流量表的作用。
5. 简述所有者权益变动表的作用。

五、案例分析

案例:DC股份有限公司为一般纳税人,适用的增值税税率为17%,所得税税率为25%,根据下列资料(见表3-13)编制2018年资产负债表、利润表。

表3-13　DC股份有限公司2018年期初科目余额表　　　　　　　　单位:元

账户名称	借方余额	账户名称	贷方余额
现金	672.00	短期借款	61 800.00
银行存款	163 200.00	应付账款	90 000.00
应收账款	168 000.00	应交税金	25 200.00
其他应收款	1 368.00	其他应付款	3 840.00
材料	216 000.00	预提费用	3 120.00
库存商品	219 600.00	坏账准备	240.00
待摊费用	3 960.00	累计折旧	240 000.00

续表

账户名称	借方余额	账户名称	贷方余额
固定资产	960 000.00	实收资本	1 200 000.00
无形资产	4 800.00	盈余公积	74 400.00
		利润分配	4 800.00
		应付工资	34 200.00
合计	1 737 600.00	合计	1 737 600.00

该公司发生如下经济业务：

1. 采购员李林暂借差旅费360元，以现金付讫。
2. 向光明厂购入甲材料1 000千克，价款75 600元，乙材料500千克，价款49 200元，货款未付。已取得发票。材料已入库。
3. 以银行存款归还上月所欠天山厂货款60 000元。
4. 以银行存款支付上月应交所得税7 200元，应交增值税18 000元。
5. 以银行存款支付产品的广告费4 200元。
6. 以银行存款预付今年全年财产保险费8 640元。
7. 向立达公司出售A产品700件，每件售价360元；B产品100件，每件售价1 680元，货款尚未收到。发票已开。产品已出库。
8. 仓库发出甲材料135 600元，其中A产品耗用48 000元，B产品耗用75 600元，车间修理耗用6 600元，厂部修理耗用5 400元。
9. 从银行提取现金34 200元，备发工资。
10. 以现金发放工资34 200元，其中A产品生产工人工资19 200元，B产品生产工人工资9 600元，车间管理人员工资1 800元，厂部管理人员工资3 600元。
11. 立达公司还来货款存入银行。
12. 采购员李林报销差旅费324元，归还现金36元，结清暂借款。
13. 计提本月固定资产折旧，其中车间9 600元，厂部2 400元。
14. 摊销应由本月负担的厂部办公室租金2 880元。
15. 分配本月制造费用，按A、B产品生产工人工资比例分配。
16. A产品全部完工，验收入库，结转实际生产成本。
17. 结转销售A产品700件的生产成本，每件平均生产成本为204元；销售B产品100件的生产成本，每件平均生产成本为960元。
18. 摊销本月无形资产180元。
19. 计算本月应交城建税、教育费附加。
20. 结转损益。
21. 计算所得税，并结转。
22. 结转本年利润。

要求：

1. 编制该公司发生经济业务的会计分录；
2. 编制资产负债表；
3. 编制利润表。

第4章 资产负债表分析

知识目标

(1)了解资产负债表的目的和内容;
(2)掌握资产负债表的项目分析内容;
(3)掌握资产负债表的水平分析和垂直分析方法;
(4)掌握资产负债表的结构分析内容。

能力目标

(1)能够对企业资产负债表进行结构分析;
(2)能够对企业资产负债表进行项目分析;
(3)能够对企业资产负债表进行水平分析;
(4)能够对企业资产负债表进行垂直分析。

任务导入

以下是JHKJ股份有限公司2018年和2019年的企业资产负债表简表(见表4-1),你从这张资产负债表简表中能看出企业生产经营的情况吗?企业在经营中还存在什么问题?通过本章的学习,你就能够对JHKJ股份有限公司2018年和2019年的企业整体情况进行相应分析,找出企业存在的问题,给出合理的建议。

表4-1 JHKJ股份有限公司资产负债表简表　　　　　　　　　　单位:元

项　　目	2018年	2019年
流动资产合计	245 534 781.96	155 291 170.29
非流动资产合计	652 871 998.85	528 676 229.99
资产总计	898 406 780.81	683 967 400.28
流动负债合计	209 354 551.70	162 457 294.24
非流动负债合计	84 000 000.00	0.00
负债合计	293 354 551.70	162 457 294.24
股东权益合计	605 052 229.11	521 510 106.05
负债和股东权益合计	898 406 780.81	683 967 400.29

4.1 资产负债表分析的基本内容

在对企业的行业背景进行初步了解后,就需要仔细阅读企业的财务报表。财务报表的阅读过程是结构分析(structure analysis)、项目分析(project analysis)、水平分析(horizontal analysis)、垂直分析(vertical analysis)的综合应用过程,也是主表阅读与附注阅读相结合的分析过程。通过对财务报表进行一系列的计算和分析才能对企业的各项财务指标有一个深入透彻的了解。

4.1.1 资产负债表分析的目的

资产负债表(balance sheet)分析的目的是了解企业某一时间点的财务状况,据此对企业财务现状,以及企业资产和权益的变动情况做出评价,具体目的主要包括以下几个方面。

1. 分析企业资产的分布及利用现状

通过对企业资产负债表的分析能够了解企业所拥有资产的分布情况,表明企业在特定时间点所拥有的资产总量,以及这些资产具体分布在哪些资产上。例如,企业资产在流动资产中有多少,固定资产有多少,长期投资有多少,无形资产有多少等。

2. 分析企业所承担的债务类型及偿债能力

资产负债表能够清楚列示企业在特定时间点所承担的债务、偿还时间和偿还对象。从资产负债表可以清楚地知道,流动负债和长期负债的比例,以及企业偿还负债的资金压力等具体数据。

资产负债表中流动资产与流动负债的相关信息能够反映资产的流动性,这些信息有助于评价企业的短期偿债能力。资产负债表中的负债总额占总资产的比重、负债总额与所有者权益总额的比率等相关信息能够反映企业的长期偿债能力。

3. 分析企业净资产及其形成原因

资产负债表能够反映在特定时间点投资人所拥有的净资产及其形成的原因。净资产就是资产减负债。企业的资产首先要用来偿还债务,剩下的全部归投资人所有。

4. 企业的财务发展状况及趋势

通过资产负债表的计算和分析能够清楚地看到企业的发展状况和趋势。具体做法是把企业几年的财务数据排列在一起,能明显地看出企业经营发展的趋势。例如,企业的应收账款,第1年是15万元,第2年是20万元,第3年是25万元,第4年是30万元。如果把这4年的时间点数字排在一起,就很容易发现,该企业的应收账款呈现逐年上升的趋势。应收账款逐年上升的趋势表明,销售环节没有对企业应收账款进行有效管理,或者说明企业销售增加了,市场扩大了,相应的应收账款也增加了。如果不能实时监控企业的财务数据,将会给企业带来较大的财务风险,给企业管理造成较大的安全隐患。

4.1.2 资产负债表的基本结构与内容

资产负债表是反映企业在某一时间点财务状况的会计报表。它的编制依据是会计等式"资产=负债+所有者权益",资产负债表的结构是左右平衡式,左方反映企业的各类资产,即企业的资产总额及各项资产的分布;右方反映企业的负债和所有者权益,即企业的资产拥有权的归属和盈利积累情况,左右双方总额相等。简单来说,资产负债表左方反映资产的存放形式,右方反映资产的来源渠道。左右两方按照不同分类反映同一事物,因此,资产负债表应该一直处于平衡的状态。

资产负债表的基本结构分析主要包括水平分析、垂直分析、资产结构分析、负债结构分析、资本结构分析。

4.2 资产负债表水平结构分析

资产负债表水平结构分析是通过对企业各项资产(assets)、负债(liabilities)和所有者权益(shareholders' equity)的对比分析,揭示企业某种趋势的方向、速度及范围。

资产负债表水平分析就是将资产负债表的实际数与选定的标准进行比较,编制出资产负债表水平分析表,并在此基础上进行评价。资产负债表水平分析的目的就是从总体上概括了解资产、权益的变动情况,揭示资产、负债和所有者权益变动的差异,分析差异产生的原因。

资产负债表水平分析要根据分析的目的来选择比较的标准(基期)。当分析的目的在于揭示资产负债表实际变动情况时,分析产生实际差异的原因,通常比较的标准应选择资产负债表的上年实际数;当分析的目的在于揭示资产负债表预算或计划情况,分析影响资产负债表预算或计划执行情况的原因,其比较的标准应选择资产负债表的预算数或计划数。

资产负债表水平分析除了要计算某项目的变动额和变动率,还应计算出该项目变动对总资产或负债和所有者权益总额的影响程度,以便确定影响总资产或负债和所有者权益总额的重点项目,为进一步分析指明方向。

$$项目变动对总资产的影响 = \frac{项目的变动额}{基期总资产} \times 100\%$$

以 JXKJ 股份有限公司为例,根据该公司 2019 年财务报表资料对该企业进行资产负债表水平结构分析。表 4-2 为 JXKJ 股份有限公司 2019 年 12 月 31 日的资产负债表。

表 4-2 资产负债表

单位:万元

资产	2019 年	2018 年	负债和股东权益	2019 年	2018 年
流动资产:			流动负债:		
货币资金	1 750.00	700.00	短期借款	1 400.00	1 050.00
交易性金融资产	140.00	280.00	交易性金融负债	0.00	0.00
应收票据	210.00	280.00	应付票据	140.00	105.00
应收账款	10 500.00	5 600.00	应付账款	2 800.00	2 940.00
预付款项	560.00	140.00	预收款项	280.00	140.00
应收利息	0.00	0.00	应付职工薪酬	70.00	35.00
应收股利	0.00	0.00	应缴税费	140.00	112.00
其他应收款	280.00	560.00	应付股利	0.00	0.00
存货	2 800.00	8 400.00	其他应付款	630.00	490.00
一年内到期的非流动资产	0.00	0.00	一年内到期的非流动负债	0.00	0.00
其他流动资产	0.00	0.00	其他流动负债	0.00	0.00

续表

资产	2019 年	2018 年	负债和股东权益	2019 年	2018 年
流动资产合计	16 240.00	15 960.00	流动负债合计	5 460.00	4 872.00
非流动资产:			非流动负债:		
其他权益工具投资	0.00	0.00	长期借款	14 000.00	8 400.00
债权投资	0.00	0.00	应付债券	0.00	0.00
长期应收款	0.00	0.00	长期应付款	1 400.00	1 680.00
长期股权投资	700.00	0.00	专项应付款	0.00	0.00
投资性房地产	0.00	0.00	预计负债	0.00	0.00
固定资产	35 000.00	28 000.00	递延所得税负债	0.00	0.00
在建工程	560.00	1 050.00	其他非流动负债	0.00	0.00
工程物资	0.00	0.00	非流动负债合计	15 400.00	10 080.00
固定资产清理	0.00	0.00	负债合计	20 860.00	14 952.00
无形资产	210.00	280.00	股东权益:		
开发支出	0.00	0.00	股本	14 000.00	14 000.00
商誉	0.00	0.00	资本公积	4 200.00	2 800.00
长期待摊费用	0.00	0.00	减:库存股		
递延所得税资产	0.00	0.00	盈余公积	7 700.00	5 600.00
其他非流动资产	0.00	0.00	未分配利润	5 950.00	7 938.00
非流动资产合计	36 470.00	29 330.00	股东权益合计	31 850.00	30 338.00
资产总计	52 710.00	45 290.00	负债和股东权益总计	52 710.00	45 290.00

4.2.1 资产负债表水平结构分析方法

企业的总资产表明企业资产的存量规模,随着企业经营规模的变动,资产存量规模也处在经常变动之中。资产存量规模过小,将难以满足企业经营的需要,影响企业经营活动的正常进行;资产存量规模过大,将造成资产的闲置,使资金周转缓慢,影响资产的利用效率。企业通过举债或吸收投资人投资来满足对企业资产的资金融资,从而产生了债权人、投资人对企业资产的两种不同要求权。资产、负债和权益分别列示在资产负债表的左右两方,反映企业的基本财务状况,对资产负债表增减变动情况的分析评价也应从这两大方面进行。

4.2.2 资产负债表水平结构分析表的编制

根据表 4-2 所给出的 JXKJ 股份有限公司 2019 年 12 月 31 日的资产负债表数据编制出企业水平结构分析表,见表 4-3。

表 4-3 资产负债表水平分析表　　　　　　　　　　单位:万元

资产	2019 年	2018 年	变动情况		对总资产的影响
			变动额	变动	
流动资产:					
货币资金	1 750.00	700.00	1 050.00	150.00%	2.32%
交易性金融资产	140.00	280.00	−140.00	−50.00%	−0.31%
应收票据	210.00	280.00	−70.00	−25.00%	−0.15%
应收账款	10 500.00	5 600.00	4 900.00	87.50%	10.82%
预付款项	560.00	140.00	420.00	300.00%	0.93%
应收利息	0.00	0.00	0.00		
应收股利	0.00	0.00	0.00		
其他应收款	280.00	560.00	−280.00	−50.00%	−0.62%
存货	2 800.00	8 400.00	−5 600.00	−66.67%	−12.36%
一年内到期的非流动资产	0.00	0.00	0.00		
其他流动资产	0.00	0.00	0.00		
流动资产合计	16 240.00	15 960.00	280.00	1.75%	0.62%
非流动资产:					
其他权益工具投资	0.00	0.00	0.00		
债权投资	0.00	0.00	0.00		
长期应收款	0.00	0.00	0.00		
长期股权投资	700.00	0.00	700.00	700.00%	1.55%
投资性房地产	0.00	0.00	0.00		
固定资产	35 000.00	28 000.00	7 000.00	25.00%	15.46%
在建工程	560.00	1 050.00	−490.00	−46.67%	−1.08%
工程物资	0.00	0.00	0.00		
固定资产清理	0.00	0.00	0.00		
无形资产	210.00	280.00	−70.00	−25.00%	−0.15%
开发支出	0.00	0.00	0.00		
商誉	0.00	0.00	0.00		
长期待摊费用	0.00	0.00	0.00		0.00%
递延所得税资产	0.00	0.00	0.00		0.00%
其他非流动资产	0.00	0.00	0.00		
非流动资产合计	36 470.00	29 330.00	7 140.00	24.34%	15.77%
资产总计	52 710.00	45 290.00	7 420.00	16.38%	16.38%

续表

资产	2019年	2018年	变动情况		对总资产的影响
			变动额	变动	
负债和股东权益	0.00	0.00	0.00		
流动负债：					
短期借款	1 400.00	1 050.00	350.00	33.33%	0.77%
交易性金融负债	0.00	0.00	0.00		
应付票据	140.00	105.00	35.00	33.33%	0.08%
应付账款	2 800.00	2 940.00	−140.00	−4.76%	−0.31%
预收款项	280.00	140.00	140.00	100.00%	0.31%
应付职工薪酬	70.00	35.00	35.00	100.00%	0.08%
应缴税费	140.00	112.00	28.00	25.00%	0.06%
应付股利	0.00	0.00	0.00		
其他应付款	630.00	490.00	140.00	28.57%	0.31%
一年内到期的非流动负债	0.00	0.00	0.00		
其他流动负债	0.00	0.00	0.00		
流动负债合计	5 460.00	4 872.00	588.00	12.07%	1.30%
非流动负债：					
长期借款	14 000.00	8 400.00	5 600.00	66.67%	12.36%
应付债券	0.00	0.00	0.00		
长期应付款	1 400.00	1 680.00	−280.00	−16.67%	−0.62%
专项应付款	0.00	0.00	0.00		
预计负债	0.00	0.00	0.00		
递延所得税负债	0.00	0.00	0.00		
其他非流动负债	0.00	0.00	0.00		
非流动负债合计	15 400.00	10 080.00	5 320.00	52.78%	11.75%
负债合计	20 860.00	14 952.00	5 908.00	39.51%	13.04%
股东权益：					
股本	14 000.00	14 000.00	0.00	0.00%	0.00%
资本公积	4 200.00	2 800.00	1 400.00	50.00%	3.09%
减:库存股	0.00	0.00	0.00		
盈余公积	7 700.00	5 600.00	2 100.00	37.50%	4.64%
未分配利润	5 950.00	7 938.00	−1 988.00	−25.04%	−4.39%
股东权益合计	31 850.00	30 338.00	1 512.00	4.98%	3.34%
负债和股东权益总计	52 710.00	45 290.00	7 420.00	16.38%	16.38%

4.2.3 资产负债表水平变动情况的评价分析

1. 从投资或资产角度进行分析评价

从投资或资产角度进行分析评价主要有以下几个方面。

(1)分析总资产规模的变动状况以及各类、各项资产的变动状况。这部分数据揭示出资产变动的主要方面,从总体上了解企业经过一定时期经营后资产的变动状况。

(2)发现变动幅度较大或对总资产变动影响较大的重点类别和重点项目。分析时首先要注意发现变动幅度较大的资产类别或资产项目,特别是发生异常变动的项目。其次要把对总资产变动影响较大的资产项目作为分析重点。某资产项目变动自然会引起总资产发生同方向变动,但不能完全根据该项目本身的变动来说明对总资产的影响。该项目变动对总资产的影响,不仅取决于该项目本身的变动程度,还取决于该项目在总资产中所占的比重。当某项目本身变动幅度较大时,如果该项目在总资产中所占比重较小,则该项目变动对总资产的变动就不会有太大影响。反之,即使某项目本身变动幅度较小,如果其比重较大,则其对总资产变动的影响程度也很大。如表4-3中应收款项目,在所有资产项目中变动幅度最大,2019年增长了87.50%,但由于该项目占总资产的比重也比较大,使总资产增加10.82%。相反,预付款项虽然增长300%,但由于其所占比重较小,对总资产的影响仅为0.93%。我们分析时只有注意到这一点,才能突出分析重点。

(3)注意考察资产规模变动与所有者权益总额变动的适应程度,进而评价企业财务结构的稳定性和安全性。在资产负债表上,资产总额等于负债和所有者权益总额之和,如果资产总额的增长幅度大于所有者权益总额的增长幅度,则表明企业债务负担加重,这虽然可能是由于企业筹资政策变动而引起的,但却可能引起偿债保证程度下降,偿债压力加重。为了保证企业财务结构的稳定性和安全性,资产规模变动应与所有者权益总额变动相适应。

(4)案例分析举例。

根据表4-3,对JXKJ股份有限公司总资产变动情况做出以下分析评价。

JXKJ股份有限公司总资产2019年增加7 420万元,增长幅度为16.38%,说明该公司2019年资产规模有所增长。我们进一步分析可以发现:

①流动资产增长280万,增长幅度为1.75%,使总资产规模增长了0.62%。如果仅就这一变化来看,该公司资产的流动性增强幅度不大。但是,企业的货币资金2019年增加了1 050万元,增长幅度为150%,这将使企业的偿债能力有巨大提升,同时更好地满足了企业对资金流动性的需要。当然,对于货币资金的这种变化,我们还应结合该公司现金需要量,从资金利用效果方面进行分析,做出是否合适的评价。应收票据减少了70万元,下降幅度达25%,说明应收票据的质量基本可靠,企业对应收票据的管理是有效的。应收账款增加4 900万元,增长幅度达87.5%,对此应结合该公司销售规模变动、信用政策和收账政策进行评价。其他应收款减少了280万元,减小幅度高达50%,说明该公司内部控制制度执行基本有效,不必要的资金占用大幅减少。预付款项增加了420万元,增长幅度为300%,这说明企业除因商业信用预付部分款项外,还有可能向其他有关单位提供贷款,非法转移资金或抽逃资本,应进一步查看明细账目,找出增加的具体原因。2019年存货减少5 600万元,减少幅度为66.67%,这可能会导致企业生产能力下降,存在一定的生产风险,但这部分还需要结合固定资产原值变动情况和销售的具体情况进行进一步分析,可以认为这种变动将会影响企业的生产能力和销售

规模。

②长期股权投资增加了700万元,说明该公司对外扩张意图明显。

③固定资产增加7 000万元,增长幅度为25%,使总资产规模增长了15.46%,是非流动资产中对总资产变动影响最大的项目之一。固定资产规模体现了一个企业的生产能力,这说明该公司的未来生产能力会有显著提高。

④在建工程减少了490万元,减少幅度为46.67%,使总资产规模下降了1.08%。在建工程项目的变动虽然对本年度的经营成果没有太大的影响,但随着在建工程在今后的陆续完工,将有助于该公司生产能力的扩张。

⑤无形资产减少70万元,降低幅度为25%,说明该公司无形资产减少迅速,对企业来说不是一件好事,会削弱企业的核心竞争力。

2. 从筹资或权益角度进行分析评价

从筹资或权益角度进行分析评价主要有以下几个方面。

(1)分析权益总额的变动状况以及各类、各项筹资的变动状况,揭示出权益总额变动的主要方面,从总体上了解企业经过一定时期经营后权益总额的变动情况。

(2)发现变动幅度较大或对权益总额变动影响较大的重点类别和重点项目,为进一步分析指明方向。

(3)案例分析举例。

根据表4-3,对JXKJ股份有限公司权益总额变动情况做出以下分析评价:JXKJ股份有限公司权益总额较2018年同期增加1 512万元,增长幅度为4.98%,说明该公司本年权益总额有一定幅度的增长。进一步分析可以发现:

①2019年度负债增加了5 908万元,增长幅度为39.51%,使权益总额增加了13.04%。其中流动负债增长幅度为12.07%,主要表现为其他应付款和预收款项大幅度增长。应付账款的减少对于减轻企业的偿债压力是有利的。应付票据和应交税费的增加则可能说明该公司的信用状况不一定值得信赖,当然这还需要结合企业的具体情况进行分析。

②2019年度股东权益增加了1 512万元,增长幅度为4.98%,对权益总额的影响为3.34%,主要是由盈余公积和资本公积较大幅度增长引起的,但是2019年未分配利润下降1 988万元,说明企业盈利状态有所下降。

值得注意的是,权益各项目的变动既可能是由企业经营活动造成的,也可能是由企业会计政策变更造成的,或者是由会计的灵活性、随意性造成的。因此,只有结合权益各项目变动情况的分析,才能揭示权益总额变动的真正原因。

企业的行业特点是指企业资产和负债由于行业不同,而表现出来的区别于其他行业的组成特点;企业的经营管理特点是通过企业的资金占用和资金来源所反映出来的企业供产销、投资和筹资等方面的特点;企业的发展重点,是指企业资金重点投入的环节和负债来源的主渠道。这些特点都通过企业的资产负债结构表现出来。而企业的支付能力和偿债能力,由企业资金结构,即企业资产、负债和所有者权益的结构所决定。通常,在进行企业现金支付能力和偿债等能力分析之前,要对企业资金组成和结构进行分析。

4.3 资产负债表垂直结构分析

4.3.1 资产负债表垂直结构分析方法

资产负债表垂直结构分析法也称为构成分析,能反映资产负债表各项目的相互关系及各项目所占的比重。资产负债表垂直结构分析是通过计算资产负债表中各项目占总资产或权益总额的比重,分析评价企业资产结构和权益结构变动的合理程度。同时,可以将各项目不同时期的数据放在一起比对,或是同行业同期水平放在一起相比较,从而分析其所占比重的合理性及成因,判断企业财务状况的发展趋势。

资产负债表垂直分析可以分别从静态和动态两个角度进行。从静态角度分析就是以本期资产负债表为分析对象,分析评价其实际构成情况。从动态角度分析就是将资产负债表的本期实际构成与选定的标准进行对比分析,对比的标准可以是上期实际数、预算数和同行业的平均数或可比企业的实际数,标准的选择应视分析的目的而定。

4.3.2 资产负债表垂直结构分析的目的

资产负债表垂直结构分析的主要目的,一是可以使企业了解到所处行业的经营特点和技术特点,在行业中能准确地定位自身所处的地位。二是可以根据垂直分析数据,调整企业的资金配比,使企业资金达到最佳使用效果。具体说就是当市场环境表现为市场风险较低时,同时本年收入增长快,企业利润有较快增长的时候,企业可以适当提高风险大的资金比重,从而提高企业的风险收益;反之,当市场风险大,同时本年收入开始滑坡,预计未来利润可能下降的时候,企业内部就应该控制风险资金的比重,即提高风险小的资金比重。在不同情况下的具体调整方案见表4-4。

表4-4 根据企业不同情况资金调整预案表

发生情况		调整措施	
市场风险小	适当增加资产风险	提高非流动资产比重	风险高、收益高
		适当降低流动资产比重	风险低、收益低
	适当增加权益风险	适当提高负债比重	风险高、成本低
		适当降低所有者权益比重	风险低、成本高
市场风险大	适当降低资产风险	适当提高流动资产比重	风险低、收益低
		适当降低非流动资产比重	风险高、收益高
	适当降低权益风险	适当提高所有者权益比重	风险低、成本高
		适当降低负债比重	风险高、成本低
资产质量高	资金周转速度加快	适当提高非流动资产比重	降低货币资金比重
资产质量低	资金周转速度放缓	适当提高流动资产比重	提升货币资金比重
权益质量高	预收及应付比重下降	适当提高负债比重	适当增加非流动负债
权益质量低	预收及应付比重上升	适当提高所有者权益比重	适当增加流动负债

三是企业可以选择调整流动资产、长期负债等项目经营比重的大小,来反映企业的经营特点。流动资产和流动负债高的企业,稳定性虽差但是相对较灵活,而长期资产和长期负债高的企业资金雄厚,但是灵活性却很差;长期投资高的企业,相对的投资收益和风险就高;固定资产折旧比例高的企业,企业的技术更新快、装备水平也高;无形资产比例高的企业,未来的发展潜力相对较强,开发创新力也比同类企业高。

4.3.3 资产负债表垂直结构分析表的编制

根据表4-2提供的资料,编制JXKJ股份有限公司资产负债表垂直分析表,见表4-5。

表4-5 资产负债表垂直分析表

资产		金额/万元		结构/%		
		2019年	2018年	2019年	2018年	变动情况
流动资产	货币资金	1 750.00	700.00	3.32	1.55	1.77
	交易性金融资产	140.00	280.00	0.27	0.62	-0.35
	应收票据	210.00	280.00	0.40	0.62	-0.22
	应收账款	10 500.00	5 600.00	19.92	12.36	7.56
	预付款项	560.00	140.00	1.06	0.31	0.75
	应收利息					
	应收股利					
	其他应收款	280.00	560.00	0.53	1.24	-0.71
	存货	2 800.00	8 400.00	5.31	18.55	-13.24
	一年内到期的非流动资产					
	其他流动资产					
	流动资产合计	16 240.00	15 960.00	30.81	35.24	-4.43
非流动资产	其他权益工具投资					
	债权投资					
	长期应收款					
	长期股权投资	700.00	0.00	1.33	0.00	1.33
	投资性房地产					
	固定资产	35 000.00	28 000.00	66.40	61.82	4.58
	在建工程	560.00	1 050.00	1.06	2.32	-1.26
	工程物资					
	固定资产清理					
	无形资产	210.00	280.00	0.40	0.62	-0.22
	开发支出					
	商誉					
	长期待摊费用					

续表

资产		金额/万元		结构/%		
		2019 年	2018 年	2019 年	2018 年	变动情况
	递延所得税资产					
	其他非流动资产					
	非流动资产合计	36 470.00	29 330.00	69.19	64.76	4.43
	资产总计	52 710.00	45 290.00	100.00	100.00	0.00
	负债和股东权益					
流动负债	短期借款	1 400.00	1 050.00	2.66	2.32	0.34
	交易性金融负债					
	应付票据	140.00	105.00	0.27	0.23	0.03
	应付账款	2 800.00	2 940.00	5.31	6.49	−1.18
	预收款项	280.00	140.00	0.53	0.31	0.22
	应付职工薪酬	70.00	35.00	0.13	0.08	0.06
	应交税费	140.00	112.00	0.27	0.25	0.02
	应付股利					
	其他应付款	630.00	490.00	1.20	1.08	0.11
	一年内到期的非流动负债					
	流动负债合计	5 460.00	4 872.00	10.36	10.76	−0.40
非流动负债	长期借款	14 000.00	8 400.00	26.56	18.55	8.01
	应付债券					
	长期应付款	1 400.00	1 680.00	2.66	3.71	−1.05
	专项应付款					
	预计负债					
	递延所得税负债					
	其他非流动负债					
	非流动负债合计	15 400.00	10 080.00	29.22	22.26	6.96
	负债合计	20 860.00	14 952.00	39.58	33.01	6.56
股东权益	股本	14 000.00	14 000.00	26.56	30.91	−4.35
	资本公积	4 200.00	2 800.00	7.97	6.18	1.79
减：库存股	盈余公积	7 700.00	5 600.00	14.61	12.36	2.24
	未分配利润	5 950.00	7 938.00	11.29	17.53	−6.24
	股东权益合计	31 850.00	30 338.00	60.42	66.99	−6.56
	负债和股东权益总计	52 710.00	45 290.00	100.00	100.00	0.00

4.3.4 资产负债表垂直变动情况的评价分析

1. 资产结构分析评价

资产结构分析评价的思路是从静态和动态两个方面进行的。一方面从静态角度观察企业资产的配置情况,特别关注流动资产和非流动资产的比重,分析时可通过与行业的平均水平或对标企业的资产结构进行比较,对企业资产的流动性和资产风险做出判断,进而对企业资产结构的合理性做出评价。

企业流动资产比重高,说明资产的流动性和变现能力强,企业的抗风险能力和应变能力强,但如果没有相当数量的固定资产做后盾,其经营的稳定性就会较差。非流动资产的比重过高,则意味着企业长期资金周转缓慢,变现能力弱,势必会加大企业的经营风险。

一般来说,当流动资产占总资产的比重为60%,固定资产占总资产的比重为40%时,企业资产结构较为理想。这样的资产结构不仅使企业具备了较强的资产流动性和变现能力,还使企业具有了适应生产经营规模的生产资料,可以保持较强的市场竞争力和应变能力。必须指出的是,不同的行业,其比重有不同的合理区间,如纺织、化工、冶金、航空、建材、重型机械等行业,流动资产占总资产的比重一般为30%~60%,而商业批发、房地产等行业,流动资产比重则有可能高达80%~90%。所以,评价一个企业的资产结构的合理性,要结合企业的经营领域、经营规模、市场环境及企业所处的市场地位等因素,参照行业的平均水平或先进水平确定。

流动资产比重较大时企业资产的流动性强,流动资产变现能力强,其资产风险小;非流动资产比重较大时,企业资产弹性较差、变现能力较弱,其资产风险较大。表4-5中JXKJ股份有限公司2019年流动资产比重只有30.81%,非流动资产比重却有69.19%。由此可以认为,该公司资产的流动性不强,资产风险较大,资产结构不太合理。当然,一个企业的流动资产也不宜保持过多,这将会降低企业的盈利能力。

另一方面,从动态角度分析企业资产的变动情况,对企业资产结构的稳定性做出评价,进而可以提出对企业资产结构的调整方案。JXKJ股份有限公司流动资产比重下降了4.43%,非流动资产比重上升了4.43%,结合各资产项目的结构变动情况来看,变动幅度不是很大,企业财务风险有所加剧,整体稳定,说明该公司的资产结构相对比较稳定。

2. 资本结构的分析评价

企业资本结构分析评价的思路是:从静态角度观察资本的构成,衡量企业的财务实力,评价企业的财务风险,同时结合企业的盈利能力和经营风险,评价其资本结构的合理性。

从表4-5可以看出,该公司2019年股东权益比重为60.42%,负债比重为39.58%,这说明企业资产负债率较低,财务风险相对较小。这样的财务结构是否合适,仅凭以上分析难以做出合理判断,必须结合企业盈利能力,通过权益结构优化分析才能予以说明。

从动态角度分析企业资本结构的变动情况,对资本结构的调整情况及对股东收益可能产生的影响做出评价。从表4-5可以看出股东权益比重下降了6.56%,负债比重上升了6.56%,表明资本结构还是比较稳定的,但是企业财务实力有所减弱。

4.4 企业资产结构、负债结构和所有者权益结构的评价分析

4.4.1 资产负债表总括结构分析

进行资产负债表结构分析,首先要掌握企业市场的风险情况,再从总体到一般进行分析,具体顺序如图 4-1 所示。

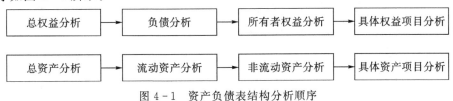

图 4-1 资产负债表结构分析顺序

在这个分析过程中了解哪些项目变动幅度比较大,可以重点关注这些变化比较大的项目。另外,需要了解和分析这些项目所反映的企业经营管理状况是否合理,以及对企业财务所产生的影响,通过比较和分析来评价企业财务结构的稳定性和安全性,为进行指标分析打下基础。具体的结构分析包括以下三个方面。

第一,资产与资本比例分析,了解企业偿债成本与风险;

第二,资本结构分析(分析总资产资金来源),了解企业融资策略和实力;

第三,资产结构分析(分析资产布局),了解企业获利能力与经营风险。

1. 总资产结构分析

总资产是企业拥有或控制的企业的经济资源,它只代表企业的投资规模,资产越多表明企业可以用来赚取收益的经济资源越多,可以用来偿还债务的财产越多,总资产代表企业经营规模的大小。总资产增加表明企业在成长和扩张,扩张的目的主要是扩大市场份额,提高企业的竞争力。

依据表 4-5 可以看出,JXKJ 股份有限公司总资产从 2018 年 45 290 万元增加到 2019 年的 52 710 万元,增长了 7 420 万元,增长率达到 16.38%,这说明该企业投资规模扩大了。

2. 资产与资本比例分析

资产结构与资本结构比例分析,是指企业资本结构与企业经营和发展活动相适应的情况。这种比例分析,主要从资金和资产构成的角度来看,企业资金来源中的所有者权益部分,基本属于永久性资金来源。企业资金来源中的负债部分,则有流动负债与非流动负债之分。一般情况下,企业筹集资金的用途,决定筹集资金的类型;企业增加永久性流动资产或增加非流动性资产,应当通过长期资金来源(包括所有者权益和非流动负债)来解决;企业由于季节性、临时性原因造成的流动资产中的波动部分,则应由短期资金来源来解决。如果企业的资金来源不能与资金的用途相配比,用长期资金来源支持短期波动性流动资产的使用,资金的效益将会下降,因为企业长期资金来源的资金成本相对较高;企业用短期资金来源来支持长期资产和永久性流动资产的使用,企业可能经常会出现急迫的短期偿债的压力,因为企业的长期资产和永久性流动资产的周转时间相对较长。这就是说,企业资金来源的结构与企业资产结构相适应时,企业的资本结构质量较好;反之,企业的资本结构质量较差。

正常经营企业资产与资本结构可以分为保守结构、稳健结构、平衡结构和风险结构四种类型。

(1) 保守结构。

在保守结构形式中,无论资产负债表左方的资产结构如何,资产负债表右方的资金来源方式全部是长期资金,长期负债与所有者权益的比例高低不影响这种结构形式,其形式见表4-6。

表4-6　保守结构资产负债表

流动资产	临时性占用流动资产	非流动负债
	永久性占用流动资产	
非流动资产		所有者权益

从表4-6可以看出,保守结构的主要标志是企业全部资产的资金来源都依靠长期资金来满足。其结果是:①企业风险极低;②较高资金成本;③筹资结构弹性弱。

(2) 稳健结构。

在稳健结构形式中,长期资产的资金需要依靠长期资金来解决,短期资产的资金则需要使用长期资金和短期资金共同解决,长期资金和短期资金在满足短期资产资金需要方面的比例不影响这一形式,其形式见表4-7。

表4-7　稳健结构资产负债表

流动资产	临时性占用流动资产	流动负债
	永久性占用流动资产	非流动负债
非流动资产		所有者权益

从表4-7可以看出,稳健结构的主要标志是企业流动资产的一部分资金需要使用流动负债来满足,另一部分资金需要由长期负债来满足。其结果是:

①这样的比例足以使企业保持相当优异的财务信誉,通过流动资产的变现足以满足偿还短期债务的需要,企业风险较小。

②企业可以通过调整流动负债与长期负债的比例,使负债成本达到企业目标标准,相对于保守结构而言,这一形式的负债成本相对较低,并具有可调性。

③无论是资产结构还是资本结构,都具有一定的弹性,特别是当临时性资产需要降低或消失时,可通过偿还短期债务或进行短期证券投资来调整,一旦临时性资产需要再产生时,又可以重新举借短期债务或出售短期证券来满足其所需。这是一种为所有企业普遍采用的资产与资本结构。

(3) 平衡结构。

在平衡结构形式中,以流动负债满足流动资产的资金需要,以长期负债及所有者权益满足长期资产的资金需要,长期负债与所有者权益之间的比例如何不是判断这一结构形式的标志,其形式见表4-8。这一结构形式的主要标志是流动资产的资金需要全部依靠流动负债来满

足。其结果是:

①同样高的资产风险与筹资风险中和后,使企业风险均衡;

②负债政策要依据资产结构变化来进行调整;

③这一形式存在潜在的风险。以资金变现时间和数量与偿债时间和数量相一致为前提,一旦两者出现时间上的差异和数量上的差异,如销售收入未能按期取得现金,应收账款没能足额收回,短期证券以低于购入成本出售等,都会使企业产生资金周转困难,并有可能陷入财务危机。

这一结构形式只适用于经营状况良好、具有较好成长性的企业,要特别注意这一结构形式的非稳定性特点。

表 4-8 平衡结构资产负债表

流动资产	流动负债
非流动资产	非流动负债+所有者权益

(4)风险结构。

风险结构形式中,流动负债不仅用于满足流动资产的资金需要,而且还用于满足部分长期资产的资金需要,这一结构形式不因为流动负债在多大程度上满足长期资产的资金需要而改变,其形式见表 4-9。

表 4-9 风险结构资产负债表

流动资产	流动负债
非流动资产	非流动负债+所有者权益

这一结构形式的主要标志是以短期资金来满足部分长期资产的资金需要。其结果是:

①财务风险较大,较高的资产风险与较高的筹资风险不能匹配。流动负债和长期资产在流动性上并不对称,要是通过长期资产的变现来偿还短期内到期的债务,必然给企业带来沉重的偿债负担,从而要求企业极大地提高资产的流动性。

②相对于其他结构形式,其负债成本最低。

③企业存在"黑字破产"的潜在危险,由于企业时刻面临偿债的压力,一旦市场发生变动,或有意外事件发生,就可能引发企业资产经营风险,使企业资金周转不灵而陷入财务困境,造成企业因不能偿还到期债务而"黑字破产"。

这一结构形式只适用于企业处在发展壮大时期,而且只能在短期内采用。

根据以上理论分析,结合本章案例数据(表 4-5),可以看出该企业的资产与资本的比例应该属于稳健结构,具体数据见表 4-10。

表 4-10 稳健结构资产负债表

流动资产:16 240 万元	流动负债:5 460 万元
	非流动负债:15 400 万元
非流动资产:36 470 万元	所有者权益:31 850 万元

表 4-11 是企业资产负债表资金比例配置的通用模板,适用于一般的生产型中小型企业,属于较为稳健的资金和资本布局。

表 4-11 企业资金数额的结构比例表   单位:万元

资产	期末余额	负债及所有者权益	期末余额
货币资金	10		
应收及预付	10		
存货	20		
流动资产合计	40	流动负债合计	20
固定资产	>50	非流动负债合计	30
其他非流动资产	10	负债合计	<50
非流动资产合计	60	所有者权益合计	>50
资产总计	100	负债及所有者权益合计	100

4.4.2 资产结构分析

1. 企业资产结构分析

1) 企业资产的内容和分类

资产(assets)是指企业过去的交易或者事项形成的、企业拥有或控制的、预期会给企业带来经济利益的资源。一项经济资源满足资产定义的同时,还应该满足两个条件才能被确认为资产,在资产负债表内列示。这两个条件一是与该项目有关的经济利益很可能流入企业;二是该项目的成本或价值能够可靠计量。

资产负债表中的资产项目是按照其流动速度自上而下排列的,流动性越强的越靠上。资产包括流动资产和非流动资产。所谓资产的流动性,是指资产转变为现金的难易程度,转变越容易,流动性越强;转变越难,流动性越弱。根据流动性,资产可以分为流动资产和非流动资产。

(1) 流动资产。

流动资产(current assets)是指可以在一年或超过一年的一个营业周期内变现、出售或耗用的资产。在资产负债表中,流动资产项目包括货币资金、交易性金融资产、应收票据、应收账款、预付账款、其他应收款、存货、一年内到期的非流动资产等。

流动资产中,各类资产的作用和变现能力是不同的,要想深入了解企业的财产状况,还需进一步分析流动资产的构成情况。

货币资金(cash at bank and on hand)是企业在生产经营过程中处于货币形态的那部分资金,它可立即作为支付手段并被普遍接受,因而最具有流动性。货币资金一般包括企业的库存现金、银行结算户存款、外埠存款、银行汇票存款、银行本票存款、信用卡存款和信用证保证金存款等。

应收票据(notes receivable)是指企业因销售商品、产品,提供劳务等而收到的商业汇票,包括商业承兑汇票和银行承兑汇票。

应收账款(accounts receivable)是指企业在生产经营过程中因销售商品或提供劳务而应向购货单位或接受劳务单位收取的款项。

预付款项(advances to suppliers)是购货单位根据购货合同的规定，预先付给供货单位的货款，预付的货款既可以是部分货款，也可以是全部货款。预付款项的支付，是购货单位履行购货合同义务的行为，债务人需用商品偿还该项债权。

应收股利(dividends receivable)是指企业因股权投资而应收取的现金股利以及应收其他单位的利润，包括企业购入股票实际支付的款项中所包括的已宣告发放但尚未领取的现金股利和企业因对外投资应分得的现金股利。

其他应收款(other receivables)是指除应收票据、应收账款和预付账款以外的其他各种应收、暂付款项。

存货(inventories)是指企业在生产经营过程中为销售或耗用而储存的各种有形资产，包括各种原材料、燃料、包装物、低值易耗品、委托加工材料、在产品、产成品和商品等。凡在企业盘点日法定所有权属于企业的所有一切物品，不论其存放地点在何处或处于何种状态，都应视为企业的存货。不同行业的企业，其存货的内容和分类有所不同。如制造业的存货，一般包括原材料、委托加工材料、包装物、低值易耗品、在产品、自制半成品以及产成品等，而商品流通企业，其存货则一般包括商品、材料物资、低值易耗品以及包装物等。作为企业资产的重要组成部分，存货一般在一年内或一个营业周期内可以出售或被生产耗用，因此被视为流动资产。适量的存货对维持企业生产经营的正常进行具有重要意义，但是过多的存货会使企业积压资金，增加仓储保管费，而存货不足又往往造成企业开工不足或失去销售机会。

(2)非流动资产。

非流动资产(non-current assets)主要包括可供出售金融资产、持有至到期投资、投资性房地产、长期股权投资、长期应收款、固定资产、在建工程、工程物资、固定资产清理、无形资产、递延所得税资产和其他非流动资产。

固定资产(fixed assets)包括公司的厂房、机器设备、仓库、运输工具等。它们是企业用来生产商品与劳务的资本商品，使用期限通常在一年以上。

可供出售金融资产(available-for-sale financial Assets)、持有至到期投资(held-to-maturity investments)属于企业的非生产经营性长期资产，这些资产持有时间在一年以上，会给企业带来投资收益，不直接参与企业的生产经营活动。

投资性房地产(investment properties)是指为赚取租金或资本增值，或两者兼有而持有的房地产，包括已出租的土地使用权、持有并准备增值后转让的土地使用权、已出租的建筑物。

长期股权投资(long-term equity investments)是指企业为了使资产多样化，为了扩大企业的规模或兼并其他企业而进行的期限超过一年的投资。

长期应收款(long-term receivables)指企业融资租赁产生的应收账款和采用递延方式分期收款、实质上具有融资性质的销售商品和提供劳务等经营活动产生的应收账款。

商誉(goodwill)是特指企业合并所形成的因拥有独特优势而具有高于一般水平的获利能力的资产。对因合并形成的商誉，企业至少在每年年度终了时进行减值测试，对商誉测试的减值部分，应计入当期损益。

无形资产(intangible assets)是指企业拥有或控制的、无实物形态的、可辨认的非货币资产。可辨认是指可分离用于出售、转移、授予许可、租赁、交换，或者源自合同或其他法定权利。同时满足与该无形资产有关的经济利益很可能流入企业，和该无形资产的成本能够可靠地计量，才可确认为无形资产在资产负债表上列示。

2)资产结构的分析与评价

(1)流动资产的结构分析。

流动资产的内部结构指组成流动资产的各个项目占流动资产的比重。分析流动资产的内部结构,可以了解流动资产的分布情况、配置情况、资产的流动性及支付能力。

根据表 4-5 的资料,编制企业流动资产结构分析表,见表 4-12。

表 4-12 流动资产结构分析表

项目	金额/万元		结构/%		
	2019 年	2018 年	2019 年	2018 年	差异
货币资产	1 890.00	980.00	11.64	6.14	5.50
债权资产	11 550.00	6 580.00	71.12	41.23	29.89
存货资产	2 800.00	8 400.00	17.24	52.63	−35.39
流动资产合计	16 240.00	15 960.00	100.00	100.00	

从表 4-12 可以看出,该企业货币资产比重上升,虽然会在一定程度上提高企业的即期支付能力,但会降低企业的盈利能力;债权资产比重较大且呈大幅上升趋势,2019 年度债权资产占流动资产的 71.12%,说明企业信用政策的制定可能过于宽松或者收账不力,这种情况会导致企业存在巨大的财务风险,企业应格外关注并采取相应的措施进行控制;存货资产比重大幅下降,应与固定资产变动情况联系起来进行分析。通过前后两期的流动资产财务数据对比,发现流动资产结构变动情况,判断这个变动情况是否合理。企业应选择一个标准,这个标准可以是行业标准、对标企业标准、区域标准或者国际标准,然后将流动资产结构的变动情况与选定的标准进行比较,以确定流动资产结构变动的合理性。一般来说,选择同行业的平均水平或财务预算中确定的预算数为标准还是比较合适的。

(2)流动资产与固定资产的结构分析。

理论上,企业固定资产与流动资产之间必须保持合理的比例结构,才能形成现实的生产能力,否则,就有可能造成流动资金不足部分生产能力闲置或资金充足,但加工能力不足的情况。固定资产和流动资产结构政策通常有以下三种可供企业选择:

①适中结构政策:采取这种策略,就是将固定资产存量与流动资产存量的比例保持在平均水平。在这种情况下,企业的盈利水平一般,风险程度一般。

②保守结构政策:采取这种策略,流动资产的比例较高。在这种情况下,由于增加了流动资产,企业资产的流动性提高,资产风险会因此降低,但可能导致盈利水平的下降。

③激进结构政策:采取这种策略,固定资产的比例较高。在这种情况下,由于增加了固定资产,会相应地提高企业的盈利水平,同时可能导致企业资产的流动性降低,资产风险会因此提高。

根据表 4-13 的分析可以知道,该企业 2019 年度流动资产比重为 31.69%,固定资产比重为 68.31%,固定资产与流动资产比率为 216%;2018 年度流动资产比重为 36.31%,固定资产比重为 63.69%,固定资产与流动资产比率为 175%。从这样的数据来看,企业近期在不断增加固定资产的比重,降低流动资产的比重,采用的是激进的结构政策,尽量在扩大企业的生产能力,但是由于企业的流动资产水平下降,财务风险在不断提高,企业应实时测算和监控流动资金的用量,以确保经营安全,避免因现金流不足而产生的资金链断裂。

表 4-13 流动资产与固定资产结构分析

项目	金额/万元		结构/%		
	2019 年	2018 年	2019 年	2018 年	差异
固定资产	35 000.00	28 000.00	68.31	63.69	4.58
流动资产	16 240.00	15 960.00	31.69	36.31	−4.43
资产总计	51 240.00	43 960.00	100.00	100.00	0.00

(3)经营资产与非经营资产的结构分析。

企业的资产是企业进行经营活动的前提,但是经过一定时间的企业运营,企业的一部分资产会慢慢转化为债权类资产和投资类资产,有些资产转化为今后的费用,如长期待摊费用、开发支出和递延所得税资产等,不直接服务于企业的经营,并不是所有的资产都是用于企业自身经营的。如果这些非经营资产所占的比重过大,企业的经营能力就会削弱。当企业资产规模扩大,非经营资产比重上升时,从表面上看,似乎是企业经营能力增强了,但是由于经营资产比重下降了,企业的经营能力是没有真正增强的,因此,企业资产分析中对经营资产与非经营资产的结构分析也显得非常重要。

根据表 4-5 的资料,可编制 JXKJ 股份有限公司经营资产与非经营资产结构分析表,见表 4-14。

表 4-14 经营资产与非经营资产结构分析表

项目		金额/万元		结构/%		
		2019 年	2018 年	2019 年	2018 年	变动情况
经营资产	货币资金	1 750.00	700.00	3.32	1.55	1.77
	预付款项	560.00	140.00	1.06	0.31	0.75
	存货	2 800.00	8 400.00	5.31	18.55	−13.24
	固定资产	35 000.00	28 000.00	66.40	61.82	4.58
	在建工程	560.00	1 050.00	1.06	2.32	−1.26
	无形资产	210.00	280.00	0.40	0.62	−0.22
	经营资产合计	40 880.00	38 570.00	77.56	85.16	−7.61
非经营资产	应收票据	210.00	280.00	0.40	0.62	−0.22
	应收账款	10 500.00	5 600.00	19.92	12.36	7.56
	其他应收款	280.00	560.00	0.53	1.24	−0.71
	长期股权投资	700.00	0.00	1.33	0.00	1.33
	交易性金融资产	140.00	280.00	0.27	0.62	−0.35
	非经营资产合计	11 830.00	6 720.00	22.44	14.84	7.61
	资产总计	52 710.00	45 290.00	100.00	100.00	0.00

从表 4-14 可以看出,该公司的经营资产总额有所增长,但经营资产比重下降了 7.61%,而非经营资产,无论是总额还是比重都有所增加,表明该公司的实际经营能力下降了。

2. 负债结构的分析与评价

负债结构是指各项负债占总负债的比重。通过对负债结构分析,可了解各项负债的数量,进而判断企业负债的主要来源、偿还的紧迫程度,揭示企业抵抗破产风险能力和融资能力。

流动负债占总负债的比重,可以反映一个企业依赖短期债权人的程度。流动负债占负债总额比率越高,说明企业对短期资金的依赖性越强,企业的偿债压力也就越大,这必然要求企业营业周转或资金周转也要加快,企业要想及时清偿债务,只有加快周转。相反,这个比率越低,说明企业对短期资金的依赖程度越小,企业面临的偿债压力也就越小。短期债权人最为重视对这个比率的分析。如果企业持有太多的流动负债,有可能使短期债权人面临到期难以收回资金的风险,因而使短期债权人的债权保障程度降低;对企业所有者来说,在企业不会遇到因短期债务到期不能偿还本息而破产清算时,企业保持较高的流动负债,可以使所有者获得杠杆利益,降低融资成本。

评价流动负债与总负债比率应确定一个合理的水平。其衡量标准是在企业不发生偿债风险的前提下,尽可能多地利用流动负债融资,因为流动负债融资成本通常低于非流动负债。同时,还应考虑资产的流动性。如果企业的流动资产回收快,可融通的流动负债就可以多些;相反,流动负债的融资则应少一些。

流动负债结构分析反映了企业流动负债各项目的结构变动情况,分析流动负债构成及变动是否合理,可以衡量流动负债对企业生产经营活动的影响。流动负债中,一般借入的款项,有明确的偿还期,到期必须偿还,具有法律上的强制性,而所欠供应商的款项,大多没有明确的支付期,何时支付,支付多少,并不具有强制性。分析时,应根据负债的性质及前述流动资产结构分析确定企业的支付能力,判断企业的财务状况。

非流动负债占负债总额的比重,表明企业在经营过程中借助外来长期资金的程度高低。非流动负债的利率高、期限长,一般适用于购建固定资产,进行长期投资等,不适用于流转经营中的资金需要。因为固定资产周转周期长、变现速度慢,因而需要可以长期使用的资金,而流转经营中的资金只能用来购置流动资产、支付工资等,其周转速度快,而且资金占用的波动比较大,有时资金紧张,需要通过举债来筹集,有时资金又会闲置,应通过交易性金融资产的投资来加以充分运用。利用非流动负债来充作短期流转使用,会使资金成本上升,得不偿失。利用非流动负债来购置固定资产,可以扩大企业的生产能力,提高产品质量,降低产品成本,提高企业的市场竞争力,从而为企业带来更多的利润。

1)负债结构分析应考虑的因素

负债结构反映了企业采用的不同负债筹资方式,是负债筹资的结果,因此,负债结构分析必须结合以下有关因素进行。

(1)负债结构与负债规模。

负债结构反映的是各种负债在全部负债中的组成情况,但是负债规模不变的时候,不一定表示负债结构不变,而负债结构不变的时候,不一定表示负债规模不变。分析时,只有联系负债规模,才能真正揭示出负债结构变动的原因和变动趋势。

(2)负债结构与负债成本。

企业负债不仅要按期归还本金,还要支付利息,这是企业使用他人资金必须付出的资本成本。企业在筹集资金时,总是希望付出最低的代价,对资本成本的权衡,会影响到企业筹资方式的选择,进而对负债结构产生影响。反过来,负债结构的变化也会对负债成本产生影响。这是因为,通过不同的负债筹资方式所取得的资金,其成本是不一样的,任何一个企业都很难只用一种负债筹资方式来获取资金。当企业用多种负债筹资方式筹资时,其负债成本的高低除了与各种负债筹资方式的资本成本相关外,还与企业的负债结构相关。

(3)负债结构与债务偿还期限。

负债是必须要按期偿还的,否则会影响到企业的商誉,会给企业带来不可预估的损失。因此企业必须根据债务的偿还期限来安排负债结构。企业负债结构合理与否的一个重要标志就是能否使债务的偿还期与企业现金流入的时间相吻合,债务的偿还金额与现金流入量相适应。如果企业能够根据其现金流入的时间和流入量妥善安排举债的时间、偿债的时间和债务金额,使各种长、短期债务相配合,各种长、短期债务的偿还时间分布合理,企业就能及时偿付各种到期债务。否则,如果负债结构不合理,各种债务偿还期相对集中,就可能产生偿付困难,造成现金周转紧张的局面,影响到企业的形象,也会增加企业今后通过负债进行筹资的难度。

(4)负债结构与财务风险。

企业的财务风险源于企业采用的负债经营方式。不同类型的负债,其风险是不同的,在安排企业负债结构时,必须考虑到这种风险。任何企业,只要采取负债经营方式,就不可能完全回避风险,但通过合理安排负债结构可以降低财务风险。一般来说,流动负债的风险要高于非流动负债。表4-15为负债质量分析表。

表4-15 负债质量分析表

范围	特征		流动负债项目	备注
偿还时间	固定支付日		短期借款	造成实际偿债压力
			长期借款	
			应缴税金	
			应付职工薪酬	
			应付票据	
	弹性时间		应付账款	减轻实际偿债压力
			预收账款	
偿还金额	确定偿还金额	用现金偿还	短期借款	对实际偿债能力比较确定
			长期负债	
			应缴税金	
			应付职工薪酬	
			应付账款	
		用实物偿还	预收账款	
	估计偿还金额		其他应付款	如经营性租赁和包装物押金对实际偿债能力影响力难判断

续表

范围	特征		流动负债项目	备注
偿还成本	有成本	低成本	短期借款	利息
			应付票据	利息（带息票据）
		高成本	长期借款	
	无成本		应付票据	（不带息票据）
			应付账款	
			长期应付款	
			预收账款	
			其他应付款	
偿还对象	银行信用		长期借款	
			短期借款	
	商业信用		应付账款	
			预收账款	
			应付票据	
			其他应付款	
	应交款项		应交税费	
	内部结算款项		应付职工薪酬	
			应付股利	

2）负债结构案例分析评价

依据上述四个方面的分析，可以形成不同的负债结构，因此，对负债结构的分析，可以从以下几个方面进行。

（1）负债结构与负债规模分析评价。

负债按期限长短分为流动负债和非流动负债。根据表4-5，编制JXKJ股份有限公司负债期限结构分析表，见表4-16。

表4-16 负债结构与负债规模分析表

项目	金额/万元		结构/%		
	2019年	2018年	2019年	2018年	变动情况
流动负债合计	5 460.00	4 872.00	10.36	10.76	−0.40
非流动负债合计	15 400.00	10 080.00	29.22	22.26	6.96
负债合计	20 860.00	14 952.00	39.58	33.01	6.56
负债和股东权益总计	52 710.00	45 290.00	100.00	100.00	0.00

从表4-16可以看出，该公司流动负债的比重较2018年有所下降，但其比重仍然小于非流动负债，表明该公司在使用负债资金时，以长期资金为主，这虽然会降低公司的偿债压力，但是会提升负债成本，这种结构基本属于较平衡结构，企业可以调整流动负债和非流动负债的比

例,以进一步达到稳健型结构。

(2) 负债结构和负债成本分析评价。

由于各种负债来源渠道和取得方式不同,成本也有较大的差异,如应付账款基本属于无成本负债,而短期借款则属于低成本负债,长期借款、应付债券等则属于高成本负债。根据对各种负债成本的划分归类整理,就会形成负债成本结构。

根据表 4-5,经整理后编制 JXKJ 股份有限公司负债成本结构分析表,见表 4-17。

表 4-17 负债结构与负债成本分析表

项目	金额/万元		结构/%		
	2019 年	2018 年	2019 年	2018 年	变动情况
无成本负债	5 460.00	5 502.00	26.17	36.80	-10.62
低成本负债	1 400.00	1 050.00	6.71	7.02	-0.31
高成本负债	14 000.00	8 400.00	67.11	56.18	10.93
负债合计	20 860.00	14 952.00	100.00	100.00	0.00

从表 4-17 可以看出,该公司 2019 年全部负债中,无成本负债比重为 26.17%,较 2018 年降低 10.62%,这种变化结果不会影响企业负债成本,低成本负债的比例下降了 0.31%,这种变动会使企业短期偿债压力减轻。但是企业的高成本负债 2019 年所占比例提升了 10.93%,这势必又会增加企业的利息负担,增加企业的财务成本。由此可见,合理地利用无成本负债,是降低企业负债资本成本的重要途径之一。

(3) 负债结构与债务偿还时间的分析评价。

企业负债的偿还时间对企业流动资金的安排具有一定的挑战性,企业必须在规定的偿还期限以内准备好足够的资金用于偿付欠款,因此,是否为确定时间的债务偿还,就很有必要进行分析。

根据表 4-5,经整理后编制 JXKJ 股份有限公司负债成本结构分析表,见表 4-18。

表 4-18 负债结构与债务偿还期限分析表

项目	金额/万元		结构/%		
	2019 年	2018 年	2019 年	2018 年	变动情况
短期借款	1 400.00	1 050.00	6.71	7.02	-0.31
应付票据	140.00	105.00	0.67	0.70	-0.03
应付职工薪酬	70.00	35.00	0.34	0.23	0.10
应缴税费	140.00	112.00	0.67	0.75	-0.08
长期借款	14 000.00	8 400.00	67.11	56.18	10.93
固定时间还款额合计	15 750.00	9 702.00	75.50	64.89	10.62
应付账款	2 800.00	2 940.00	13.42	19.66	-6.24
预收款项	280.00	140.00	1.34	0.94	0.41
其他应付款	630.00	490.00	3.02	3.28	-0.26
长期应付款	1 400.00	1 680.00	6.71	11.24	-4.52
非固定时间还款额合计	5 110.00	5 250.00	24.50	35.11	-10.62
负债合计	20 860.00	14 952.00	100.00	100.00	0.00

从表4-18中可以看出,该企业固定时间还款金额占总负债的75.5%,比2018年增加了10.62%,非固定时间的还款额仅占总负债的24.5%,比2018年下降了10.62%,这说明企业将要面对更严苛的还款境况,还款压力增加,财务风险变大。这样就要求企业的财务预算更加准确,从而能够按时偿还负债。

(4)负债结构与负债方式的分析评价。

负债按其取得方式可以分为银行信用、商业信用、应交款项、内部结算款项、未付股利和其他负债。根据表4-5,将负债按取得来源和方式汇总整理后,编制负债方式结构分析表,见表4-19。

表4-19 负债结构与负债方式分析表

项目	金额/万元		结构/%		
	2019年	2018年	2019年	2018年	变动情况
银行信用	15 400.00	9 450.00	73.83	63.20	10.62
商业信用	5 250.00	5 355.00	25.17	35.81	−10.65
应交款项	140.00	112.00	0.67	0.75	−0.08
内部结算款项	70.00	35.00	0.34	0.23	0.10
负债合计	20 860.00	14 952.00	100.00	100.00	0.00

从表4-19可以看出,JXKJ股份有限公司2019年银行信用的比重有所上升,银行信用仍然是该公司负债资金的最主要来源。由于银行信贷资金的风险要高于其他负债方式,因此,随着银行信贷资金比重的上升,其风险也会相应有所提高。目前商业信用的比重下降了,由2018年的35.81%下降到25.17%,这说明银行信用逐渐成了该公司负债资金的最主要来源。值得注意的是,企业可以适当调整负债方式的结构比例,从而降低银行信贷的风险。

3.所有者权益结构的分析与评价

所有者权益(owners' equity)主要分为两部分:一部分是投资者投入的资本,投入资本指所有者在企业注册资本的范围内实际投入的资本,以及出资人作为资本实际投入企业的资金数额,包括实收资本和资本公积。投入资本越大,表明企业对投资者的吸引力越强。另一部分是在生产经营过程中通过资本积累形成的留存收益,留存收益是企业在经营过程中所创造的,由于公司经营发展的需要或由于法定原因等,没有分配给所有者而留存在企业的盈利,是企业历年实现的利润中提取或留存在企业的内部积累,来源于企业生产经营所实现的净利润,包括盈余公积和未分配利润。一般而言,一个保持留存收益持续增长的企业可以算作一家有竞争力的企业。因为只有获利能力强的企业才能保持留存收益的持续增长,净资产才能在盈利中不断增加。

所有者权益结构是企业投资人以产权筹资方式形成的,是产权筹资的结果。对所有者权益结构进行分析,必须考虑以下因素。

(1)所有者权益总量的结构。

所有者权益结构变动有可能是因为所有者权益总量增减引起的,也可能是因为所有者权益总量不变,内部各项目变动引起的。

(2)企业利润分配政策。

所有者权益从实质上说可分为两大类:投资人投资和生产经营活动形成的积累。一般来说,投资人投资是不经常变动的,因此,由企业生产经营获得的利润积累而形成的所有者权益数量的多少,就会直接影响所有者权益结构,而这完全取决于企业的生产经营业绩和利润分配政策。如果企业奉行高利润分配政策,就会把大部分利润分配给投资者,留存收益的数额就较小,生产经营活动形成的所有者权益所占比重就较低;反之,其比重就会提高。

(3)企业控制权。

如果企业通过吸收投资人追加投资来扩大企业规模,就会增加所有者权益中投入资本的比重,使企业所有者权益结构发生变化,同时也会分散企业的控制权。如果采用负债方式筹资,则既不会引起所有者权益结构变动,也不会分散企业控制权。

(4)权益资本成本。

所有者权益结构影响权益资本成本的一个基本前提是所有者权益各项目的资本成本不同。事实上,在所有者权益各项目中,只有投资人投入的资本才会发生实际资本成本支出,其余各项目是一种无实际筹资成本的资金来源,其资本成本只不过是机会成本。留存收益在所有者权益结构中所占的比重越大,则权益资本成本就越低。

根据表4-5,编制所有者权益结构变动情况分析表,见表4-20。

表4-20 所有者权益结构分析表

项目	金额/万元		结构/%		
	2019年	2018年	2019年	2018年	变动情况
股本	14 000.00	14 000.00	43.96	46.15	-2.19
资本公积	4 200.00	2 800.00	13.19	9.23	3.96
投入资本合计	18 200.00	16 800.00	57.14	55.38	1.77
盈余公积	7 700.00	5 600.00	24.18	18.46	5.72
未分配利润	5 950.00	7 938.00	18.68	26.17	-7.48
内部形成资本合计	13 650.00	13 538.00	42.86	44.62	-1.77
股东权益合计	31 850.00	30 338.00	100.00	100.00	0.00

从表4-20可以看出,如果从静态方面分析,投入资本仍然是该公司所有者权益最主要的来源。从动态方面分析,虽然投入股本本金不变,但是所占股东权益比例有所下降,主要是由于2019年资本公积的增加幅度大,致使投入资本的比重下降了2.19%,投入资本合计的比重相应增加了1.77%,说明该公司所有者权益结构的变动是由于2019年生产经营情况良好,企业资本公积和盈余公积增加较大。但是由于企业未分配利润下降幅度较大,导致企业内部形成资本合计比重下降1.77%。总体来说该企业股东权益合计有所上升,企业整体运营良好。

4.5 资产负债表重点项目分析

前面已经对资产负债表的总体结构分析、各模块分析作了详细介绍,现在将进一步对资产负债表中的重点项目进行分析。表4-21列示了资产负债表中各具体项目的特点。

表 4-21 资产负债表重要项目特性简介

资产		负债及所有者权益	
项目	特点	项目	特点
货币资金	支付能力强	短期借款	风险大、到期支付本息
交易性金融资产	支付能力较强	应付票据	到期支付金额
应收票据	收款有一定保证	应付账款	弹性支付
应收账款	容易被拖欠	预收账款	弹性发货
预收账款	收回被动	应付职工薪酬	与营业收入有关
其他应收款	金额不大、变化不大	应缴税费	与营业收入配比
存货	保证供销连续性	其他应付款	金额不大、时间不长
流动资产合计	风险低、收益低	长期借款	借长不借短、信用好
长期股权投资	控制对方能力	负债合计	企业融资力
固定资产	企业生产能力	实收资本（股本）	物质基础
在建工程	未来竞争能力	资本公积（转增）	股本扩张潜力
无形资产	获利能力强	盈余公积	获利能力
商誉	信用	未分配利润	获利能力
非流动资产合计	风险高、收益高	所有者权益合计	企业实力
资产总计	企业生产规模	权益合计	企业筹资规模

4.5.1 流动资产项目

1. 货币资金

在所有的资产类别中，货币资金(cash at bank and on hand)具有最高的流动性，但同时，其收益性也最低，通常情况下只能获得银行存款的利息收益。这显然无法满足有进取心的管理者，因此，企业总存在一个现金存量的最优上限。存储过量现金的企业会被认为过于保守，同时，企业又必须保留一定规模的货币资金，因为现金是经营活动的命脉，它使得日常的支付交易得以正常进行，更重要的是，现金储备使企业具备了财务灵活性，可以满足预防性和投机性的需要，在遇到预期的投资机会时有能力投资；在意外事故发生时，也能避免陷入被动恶化的困境。

货币资金安全性的风险天然高，这是由货币资金作为最具支付能力的金融工具的特性决定的，所以国家对货币资金的管理和支付范围做了严格的规定，企业内部良好的货币资金内控制度对于保护资产安全完整、防止违法犯罪具有重要意义。此外，由于银行存款是企业对于吸收存款机构的债权，同样的，会有信用风险存在。

货币资金项目分析的重点是货币资金规模的合理性。一般而言，决定公司货币资金规模的因素有以下几个。

(1) 企业的资产规模、业务规模：企业资产总额越大，相应的货币资金规模越大，业务越频繁，货币资产也会越多。

(2) 企业筹集资金能力：企业信誉好，向银行借款或发行股票、债券都会比较顺利，企业就可以适当减少持有的货币资金数量。

（3）企业对货币资金的运用能力：货币资金的运用也存在"效率"与"效益"的问题。企业运用货币资金的能力越强，资金在企业内部周转的速度越快，企业就没有必要保留过多的货币资金。

（4）企业财务战略：当企业具有较为明确的发展战略的时候，它会为企业战略方针的落实进行财务准备，这样存量货币资金的规模会根据企业不同的战略阶段进行总量配置。货币资金结构的差异反映的是融资行为的结果，而非经营活动的后果。

（5）企业的行业特点：对于不同行业的公司，合理的货币资金规模会有所差异。表 4-22 选取几家不同行业的上市公司，简单分析其货币资金占比情况，会发现不同公司之间存在的差异。

表 4-22 15家上市公司货币资金占比情况分析表

公司名称	所属行业	资产总计/百万元	货币资金/百万元	占总资产比重/%
美的电器(000527)	电器机械及器材制造业	9 609.42	1 243.61	12.94
万科A(000002)	房地产开发与经营业	21 992.39	3 249.03	14.77
浦发银行(600000)	银行业	573 066.62	1 885.09	0.33
南玻A(000012)	非金属矿物制品业	5 523.32	282.22	5.11
格力电器(000651)	电器机械及器材制造业	12 681.20	572.70	4.52
鞍钢股份(000898)	黑色金属冶炼及压延加工业	14 289.82	562.34	3.94
上海机场(600009)	交通运输辅助业	9 572.69	497.95	5.20
一汽轿车(000800)	交通运输设备制造业	7 957.98	2 935.44	36.89
中兴商业(000715)	零售业	953.17	78.96	8.28
苏宁电器(002024)	零售业	4 327.21	703.28	16.25
沈阳机床(000410)	普通机械制造业	5 274.11	603.43	11.44
中技贸易(600056)	商业经纪与代理业	1 673.88	466.77	27.89
东阿阿胶(000423)	医药制造业	1 251.70	290.54	23.21
晨鸣纸业(000488)	造纸及纸制品业	17 969.41	1 006.36	5.60
中捷股份(002021)	专用设备制造业	1 198.94	487.11	40.63

从表 4-22 可以看出，企业货币资金占总资产的比重由最小的 0.33% 到最大的 40.63% 不等，不同公司在这方面的差异较大，专用设备制造业的中捷股份货币资金占总资产的比重特别高，从公司的年报中可知，货币资金规模增加是销售规模增加，资金回笼增加是短期借款增加所致；银行业的浦发银行货币资金占总资产的比重是最小的，查看其他几家上市的银行业公司基本也是这种情况，因为银行业的资产总额特别大。从表中的情况来看，一般制造业的货币资金占比相对高些。这个表可以作为一个行业对标数据来对照分析相应行业的企业数据。

根据表 4-3 和表 4-5 可以对 JXKJ 股份有限公司的货币资金存量规模、比重及变动情况做如下分析。第一，从存量规模及变动情况看，该公司 2019 年货币资金比上年增长了 1 050 万元，增长幅度为 150%，变动幅度较大，结合营业收入增长 9%，应付票据增加了 35 万元，应付账款减少了140万元。根据上述情况综合判断,该企业货币资金的存量规模和增长幅度稍显偏高。第二,从比重及变动情况看,该公司2019年货币资金比重为3.32%,2018年比重为1.55%,尽管货币资金比重上升了1.77%,但按一般标准判断,其实际比重并不算高,结合公司货币资金的需求来看,其比重也比较合理。

2. 交易性金融资产

交易性金融资产(financial assets held for trading)是企业现金的后备来源,因此与货币资金一样,企业的交易性金融资产越多,企业的支付能力和财务适应能力就越强。不过,它与货币资金又有所不同。

在对交易性金融资产进行质量分析时,一般需要先考察财务报表附注中所披露的投资明细。具体来说,交易性金融资产中债券类投资风险较小,收益不高但是比较稳定,因此在短期投资质量分析中基本上可以忽略不计。但是,股票类投资的风险较大,可能有较高的收益,也可能会发生较大的亏损,对企业经营成果的影响较大。由于交易性金融资产的后续公允价值变动必须计入当期损益,因此,在分析这类资产的质量时,尤其要结合对资本市场的预期来判断。资本市场的上涨或下降预期直接预示着交易性金融资产价值的变动。

分析交易性金融资产的重点在于公司是否对金融资产进行了恰当的分类。由于对金融资产的分类主要根据公司的投资意图,所以同一项投资可能既可以划分为交易性金融资产,也可以划分为可供出售金融资产或持有至到期投资。尽管会计准则对金融资产的分类及重分类进行了严格的限定,但由于管理者的意图不断变化,企业在进行金融资产的分类时,可能会隐藏自己的真实意图,而根据分类本身对自身当期及未来财务状况的影响来确定类别。事实上,由于交易性金融资产相对于其他类金融资产,采用公允价值计量更为彻底,从而使得企业的盈利状况完全暴露在市场的波动风险之中。为了规避这一状况,很多企业把一部分实质上的交易性金融资产划入可供出售金融资产,把后者变成了企业盈利调节的蓄水池。比如,在企业主营业务利润比较差时,出售一部分保持盈利的可供出售金融资产,来增加企业的净利润。这种出于调节盈利目的的企业行为,同样影响到企业资产质量的真实状况,无论是财务报表上各个类别的资产数额,还是整体的资产结构,都可能因此受到影响。因此,对于交易性金融资产,分析者应该着眼于金融资产的整体,结合对管理者意图的推测而进行审慎分析。

表4-3和表4-5显示,该公司2018年、2019年的交易性金融资产分别为140万元和280万元,比2018年降低了50%,但从数据上来看,企业的支付能力减弱了。对于企业减少的交易性金融资产,分析者还需要进一步查看资产负债表附注,找出原因。

3. 应收票据

应收票据(notes receivable)是指企业持有的、尚未到期兑现的商业票据。商业票据是一种载有一定付款日期、付款地点、付款金额和付款人的无条件支付证券,也是一种可以由持票人自由转让给他人的债权凭证。票据的法律约束力和兑付力强于一般的商业信用,在结算中为企业广泛使用。

应收票据的分析重点是应收票据占总资产的比重及与其销售规模、销售模式的适应性。

从表4-3和表4-5中可以看出,该公司2019年应收票据比2018年减少了70万元,下降幅度为25%;所占比重也由2018年的0.62%下降到0.4%,这说明债务人的信用状况很好,不存在到期不能偿付的可能性。

4. 应收账款项目分析

应收账款(accounts receivable)是指企业在生产经营过程中因销售商品或提供劳务而向购货单位或接受劳务单位收取的款项。

应收账款对于企业的价值在于支撑销售规模的扩大。一般说来,应收账款与销售收入规模存在一定的正相关,当企业放宽信用限制时,往往会刺激销售,但同时增加了应收账款,而企业紧缩信用,在减少应收账款时又会影响到销售。例外的情况也经常出现,这可能意味着企业应收账款的管理出现了异常。

应收账款分析的核心是对应收账款的流动性的分析,也就是应收账款的可回收性分析。分析过程是从结构分析和趋势分析中找出应收账款的变动,然后对有异常变化的应收账款的经济实质进行分析,从而对企业资产的真实风险状况进行评价。

应收账款与企业的经济环境和内部管理都有密切的关系。通过对应收账款的结构分析,对应收账款占企业流动资产的比重进行分析,可以发现企业外部环境以及内部管理、经营策略方面的变化趋势。所以,趋势分析是非常重要的,不断增加的应收账款,特别是当其增幅显著高于营业收入的时候,则往往意味着其产品的销售已经钝化,需要依靠提供过量的信用来维持。

应收账款形成了企业资产的一个极大的风险点,因为只有最终能够转化为现金的应收账款才是有价值的,而那些预期将无法转化为现金的部分就成为一纸空文。在会计上,对预期无法收回的应收账款通过提取坏账准备的会计核算方式来反映,而坏账准备的提取对企业当期的利润有很大的影响。对应收账款的分析主要从以下两方面进行。

1) 应收账款账龄分析

应收账款的账龄,是指资产负债表中的应收账款从销售实现、产生应收账款之日起,至资产负债表日止所经历的时间,简而言之,就是应收账款在账面上未收回的时间。账龄分析是应收账款的主要分析方法之一,其对企业内部管理的价值在于通过对销售绩效的测控,加快货款回笼,减少坏账损失;对外部分析师来说,则有利于会计报表使用者分析应收账款的质量状况、评价坏账损失核算方法的合理性。

一般来说,1年以内的应收账款在企业信用期限范围;1~2年的应收账款有一定逾期,但仍属正常;2~3年的应收账款风险较大;而3年以上的因经营活动形成的应收账款已经与企业的信用状态无关,其可回收性极小,可能的解决方法只能是债务重组。

2) 债务人构成分析

债务人的构成分析是从债务人的信息来判断公司应收账款的可回收性。具体有以下几个方面。

(1) 债务人的区域性分析:由于区域经济发展水平、法制环境,以及特定的经济状况等条件的差异,导致不同地区的企业信用状况会不同。

(2) 债务人的财务实力分析:评价债务人的财务实力,需要对债务人的财务状况进行了解。简单的方法是查阅债务人单位的资本实力和交易记录,用这种方法可以识别出一些皮包公司,或者根本就是虚构的公司。

(3) 债务人的关联性分析:这项分析主要适用于上市公司。从债权上市公司与债务人的关联状况来看,可以把债务人分为关联方债务人与非关联方债务人。由于关联方彼此之间在债权债务方面的操纵色彩较强,因此,对关联方债务人对债权上市公司的债务的偿还状况应予以足够的重视。对于上市公司而言,还应注重关联方欠款的问题,从2000年起,上市公司被大股东巨额欠款拖垮的例子比比皆是,这无疑为投资者敲响了警钟。事实上,大股东大肆欠款,绝不仅仅是削弱上市公司资金实力那么简单,还会进一步引发错综复杂的关联关系,及其掩饰下的虚造利润、侵害上市公司利益等问题,最终导致公司走向衰败。受此影响,证监会检查上市公司催收关联方欠款的力度也日益加大,分析时应对此问题予以关注。

3) 坏账准备分析

结合资产减值准备明细表的信息应对应收账款提取坏账准备的情况进行分析。根据表4-3和表4-5可以看出,该公司2019年应收账款比2018年增加了4900万元,增长幅度为87.5%,结合营业收入增长9.1%的情况来看,说明应收账款的增长主要不是因为营业收入的增长,而可能是该公司的收账政策执行不力所致。其比重从12.36%提升至19.92%,说明该公司的信用政策比较宽松,对应收账款的变动已经产生了一定的影响,企业应该更加关注应收账款的信用政策。

5. 预付账款

预付账款(advances to suppliers)是外单位占用本企业的资金。一般来说,在卖方市场环境下,预付账款发生的机会多;而在买方市场环境下,预付账款发生的可能性就小。因此,对企业来说,预付账款应该是越少越好。如果企业的预付账款较高,则可能是企业向其他有关单位提供贷款、非法转移资金或抽逃资本的信号。另外,从实务角度来说,正常预付账款的期限应当在3个月以内。如果超过3个月对方企业仍未交货的话,预付账款的回收将会存在一定的风险,应给予必要的关注。

根据表4-3可以看出,该公司2019年预付款项的增幅较大,达到了300%,但由于其比重比2018年增长了0.75%,并且2019年比重只占1.06%,因而其规模和比重均较为合适。结合流动负债中应付账款、应付票据的高增长率分析,预付款项的增幅也在情理之中。

6. 其他应收款

其他应收款(other receivables)的发生通常是由企业间或企业内部往来事项引起的。实务中,一些公司为了某种目的,常常把其他应收款作为企业调整成本费用和利润的手段,因此分析时应关注以下几个方面。

(1) 其他应收款的规模及变动情况:该项目被人们称为资产负债表中的"调节项"。其他应收款仅仅是暂付款,一般期限较短。如果企业生产经营活动正常,其他应收款的数额不应该接近或大于应收账款。若其他应收款数额过大,则属于不正常情况,容易产生一些不明原因的占用。企业应加强内部控制,努力减少员工对单位的私人借款。

(2) 其他应收款要注意的内容:一是是否存在将应计入当期成本费用的支出计入其他应收款的情况;二是是否存在将应计入其他项目的内容计入其他应收款的情况。

(3) 关联方交易及借款:近年来大股东占用上市公司资金的事例频繁被曝光,已严重威胁到上市公司的正常经营。如果一家上市公司的其他应收款期限较长,金额和比例不断增长,而且主要是来自关联交易和关联借款的话,那么发生坏账损失的风险就会非常高,该上市公司很有可能已经成为关联公司的"提款机",而这里的关联公司最有可能就是其控股公司。

(4) 是否存在违规拆借资金:上市公司以委托理财等名义违规拆借资金往往借助其他应收

款来实现。

分析其他应收款时,要通过报表附注仔细分析它的构成、内容和发生时间,特别是金额较大、时间较长的款项,要警惕企业利用该项目粉饰利润及转移销售收入偷逃税款。

根据表4-3和表4-5可以看出,2019年其他应收款从2018年的560万元降低到2019年的280万元,下降幅度达到50%。其他应收款期末所占比重并不高,只有0.53%,整体基本正常,企业应该正在积极收回其他应收款。

7. 应收股利

由于现金股利是按照权责发生制原则来确认的,而被投资单位宣布分配股利时,一般都是充分考虑了本单位的现金支付能力,因此,应收股利(dividends receivable)的风险很小。

表4-3显示,该公司2018年、2019年的应收股利均为零,说明该公司无此类资产。

8. 存货

存货(inventories)是指企业在生产经营中为销售或耗用而储备的资产。存货在流动资产中所占比重较大,它是企业收益形成的。加强存货管理,对加速存货资金周转,减少存货资金占用,提高收益率,有着十分重要的意义。对存货的分析,可以从以下几个方面进行分析。

1) 存货真实性分析

存货是企业重要的实物资产,资产负债表上列示的存货应与库存的实物相符,待售商品应是完好无损的,产成品的质量应符合相应的产品质量要求,库存的原材料应属于生产所需等。

2) 存货计价分析

存货发出采用不同的计价方法,对企业的财务状况、盈亏情况会产生不同的影响,主要表现在以下三个方面。

(1) 存货计价对企业损益的计算有直接影响,具体表现为:A. 期末存货如果计价过低,当期的收益可能因此而相应减少;B. 期末存货如果计价过高,当期的收益可能因此而相应增加;C. 期初存货如果计价过低,当期的收益可能因此而相应增加;D. 期初存货如果计价过高,当期的收益可能因此而相应减少。

(2) 存货计价对于资产负债表有关项目数额计算有直接影响,包括流动资产总额、所有者权益等项目,都会因存货计价的不同而有不同的数额。

(3) 存货计价方法的选择对计算缴纳所得税的数额有一定的影响。因为不同的计价方法,对结转当期销售成本的数额会有所不同,从而影响企业当期应纳税利润数额的确定。

在实际工作中,一些企业往往会利用不同的存货计价方法,来实现其操纵利润的目的,因此,在对企业资产和利润进行分析时,应予以关注。尤其是在企业当期的存货计价方法发生变更时,要注意分析变更的真正原因及其对当期利润的影响。

3) 存货质量分析

存货的质量分析可以从以下几个方面进行。

(1) 存货的物理质量分析:存货的物理质量指的是存货的自然质量,即存货的自然状态。例如,商业企业中的待售商品是否完好无损,制造业的产成品的质量是否符合相应产品的等级要求等。对存货的物理质量分析,可以初步确定企业存货的状态,为分析存货的被利用价值和变现价值奠定基础。

(2)存货的时效状况分析:与时效性相关的企业存货,指那些使用价值和变现价值与时间联系较大的企业存货。按照时效性对企业存货进行分类,可以分为:A.与保质期相关联的存货,例如食品。在食品中,保质期限较长的时效性相对较弱;保质期限较短、即将到达保质期的食品的时效性相对较强。B.与内容相关联的存货,例如出版物。在出版物中,内容较为稳定、可使用期限较长的(如数学书籍等)时效性相对较弱;内容变化较快、可使用期限较短的(如报纸、杂志等)时效性相对较强。C.与技术相关联的存货,这里的技术,除了我们熟悉的科学技术以外,也包括配方、诀窍等无形资产。同样是与技术相关联,有的存货的支持技术进步较快(如电子计算机技术);有的存货的支持技术则进步较慢(如传统中药配方、药品配方、食品配方等)。支持技术进步较快的存货的时效性较强,支持技术进步较慢的存货的时效性较弱。

(3)存货的品种构成分析:不同行业,存货内容不尽相同。如建筑公司的存货包括周转材料、工程施工,房地产公司的存货包括库存设备、开发产品、出租开发产品、周转房、开发成本等。

应当对企业存货的品种构成进行分析,并关注不同品种产品的盈利能力、技术状态、市场发展前景,以及产品的抗变能力等方面的状况。上述几项分析,也为进一步在存货项目中运用成本与市价孰低规则以及存货报表信息的披露奠定了基础。

根据表 4-3 和表 4-5 可以看出,企业 2019 年存货比 2018 年减少了 5600 万元,降低幅度为 66.67%,相比于营业收入 9.1%的增长速度,存货降低幅度显得不太正常,公司应注意查明是否存在原材料紧缺现象。该公司 2019 年存货所占比重为 5.31%,比 2018 年下降了 13.24%,这一现象应当给予注意,不要产生停工待料的情况。

4.5.2 非流动资产项目

1. 长期股权投资

1)长期股权投资(long-term equity investments)的目的性分析

一般来说,对企业进行长期股权投资的目的包括以下几个方面。

(1)出于企业战略性考虑,形成企业的优势。企业的对外长期投资,可能会出于某些战略性考虑,如通过对竞争对手实施兼并而消除竞争,通过对自己的重要原材料供应商的投资而使自己的原材料供应得到保障等。

(2)通过多元化经营而降低经营风险、稳定经营收益。按照财务管理理论,企业的投资方向越是多样化,企业的经营风险越小,企业获取稳定收益的可能性越大。因此,一些企业还是出于多元化经营的考虑,扩大其对外投资规模,投资方向也日益多样化。

(3)为将来某些特定目的积累资金。例如,西方国家的企业为了将来归还长期债券而建立偿债基金,在偿债基金专户存款用于清偿债务前,企业往往将其投资于有价证券或其他财产,以获取收益。

(4)为粉饰财务状况(使企业净资产增值)的目的。某些企业的对外投资,纯粹是为了粉饰其财务状况的外在表现。A 企业在 2015 年 12 月的长期股权转让就存在粉饰业绩之嫌(见表 4-23)。

表 4 - 23　A 企业近五年净利润　　　　　　　　　　　　　　　单位:万元

项目	2015 年	2014 年	2013 年	2012 年	2011 年	2010 年
净利润	－2 102.00	－13 511.00	191.00	105.00	308.00	552.00

从 A 企业近五年来的净利润可以看到,2010—2013 年都是微利,2014 年爆出巨额亏损,2015 年第三季报披露该公司累计亏损 2 102 万元,但 2015 年 12 月 28 日该公司发布预盈利公告称:公司已于 2015 年 12 月 27 日与北京 B 房地产开发集团有限公司签署"股权转让合同书",将公司下属控股子公司 A 企业 10% 股权转让给 B 企业,双方约定交易价格为人民币 7 680 万元。通过此次交易,公司预计可获得约 5 000 万元的收益。鉴于此,该公司 2015 年度业绩预计为盈利。

2)长期股权投资的质量分析

对长期股权投资的质量分析,可以从以下几个方面来进行。

(1)对长期股权投资构成进行分析。对长期股权投资进行构成分析,主要涉及对企业长期投资的方向(即投资对象、受资企业)、投资规模、持股比例等进行分析。在企业的年度报告中,一般应披露此类信息。在了解企业的长期投资构成的基础上,信息使用者就可以进一步通过对企业投资对象的经营状况以及效益性等方面的分析来判断企业投资的质量。

(2)对利润表中股权投资收益与现金流量表中因股权投资收益而收到的现金之间差异进行分析。在股权投资收益占企业投资收益比重较大的情况下,企业有可能披露其利润表的投资收益中股权投资收益的规模。但是,利润表的投资收益中股权投资收益的确定,是按照权责发生制的要求分别采用成本法与权益法来确定的,并不一定对应企业相应的现金流入量。股权投资收益产生的现金流入量将在现金流量表中以分得股利或利润所收到的现金的项目出现。在被持股企业没有分红、分红规模小于可供分配的利润或无力支付现金股利的情况下,利润表中股权投资收益就有可能大于现金流量表中分得股利或利润所收到的现金的金额。当然,仅仅凭借此项分析,尚不足以做出被持股企业状况不良、企业投资质量较差的结论。

(3)通过某些迹象来判断。在许多情况下,企业投资质量的恶化,是可以通过某些迹象来判断的。对有市价的长期投资,其质量是否恶化,可以根据下列迹象判断:A. 市价持续 2 年低于账面价值;B. 该项投资暂停交易 1 年;C. 被投资单位当年发生严重亏损;D. 被投资单位持续 2 年发生亏损;E. 被投资单位进行清理整顿、清算或出现其他不能持续经营的迹象。

对于无市价的长期投资,其质量是否恶化,可以根据下列迹象判断:A. 影响被投资单位经营的政治或法律环境的变化,如税收、贸易等法规的颁布或修订,可能导致被投资单位出现巨额亏损;B. 被投资单位所供应的商品或提供的劳务因产品过时或消费者偏好改变而使市场的需求发生变化,从而导致被投资单位财务状况发生严重恶化;C. 被投资单位所从事产业的生产技术或竞争者数量等发生变化,被投资单位已失去竞争能力,从而导致财务状况发生严重恶化;D. 被投资单位的财务状况、现金流量发生严重恶化,如进行清理整顿、清算等。对那些质量状况在恶化的投资,应当计提长期投资减值准备。

根据表 4-3 和表 4-5 可以看出,该公司 2019 年长期股权投资比 2018 年增加了 700 万元,增长幅度为 700%,说明该公司对外扩张意图明显。

2. 固定资产

固定资产(fixed assets)是指使用期限较长、单位价值较高,并在使用过程中保持其实物形态基本不变的资产项目,包括房屋及建筑物、机器设备、运输设备、工具器具等。

固定资产是企业持续经营所必需的投资,其主要特点为:A.长期拥有并在生产经营过程中发挥作用;B.投资数额较大,风险也大;C.反映企业生产的技术水平、工艺水平;D.对企业的经济效益和财务状况影响巨大;E.变现能力差。

1) 固定资产基本构成分析

对固定资产构成进行分析,新旧准则下报表分析的侧重点有些差异,旧准则的固定资产中包含投资性的房地产,这部分资产虽然列示在固定资产中,但不参与企业实际的生产活动,一般是等待增值或出租。按照新准则规定,这部分固定资产以投资性房地产项目单独列示在资产负债表中,这样在新准则的财务报表中,凡是列示在固定资产中的就基本上形成公司生产能力。固定资产的构成会因行业不同而呈现不同的结构特征。如房地产企业的固定资产占资产总额的比重非常小,主要是一些办公楼、办公设备、运输工具等,没有生产设备;而制造业的固定资产中生产设备和房屋建筑物就占有相当大的比例,因为必须要有足够的生产设备和厂房,制造企业才能生产产品。

2) 固定资产折旧分析

在固定资产分析中,还要注意分析固定资产的折旧,因为固定资产折旧方式的不同,将直接影响公司的盈利。分析者在进行分析时,要注意阅读会计报表附注,首先要看固定资产采用什么样的折旧法。加速折旧法能较快收回企业的投资,减少固定资产的无形损耗,但这种方法增加了企业成本、费用的支出,一定程度上减少了同期的企业利润和税收支出。其次要看固定资产使用年限的确定是否合理,有时由于公司经营不善,导致企业盈利减少。如果人为延长固定资产折旧年限,就意味着减少了每期的折旧额,从而减少了成本费用的支出,使得公司盈利出现虚增。

下面是JXKJ股份有限公司有关固定资产的计价和折旧方法的附注说明。

(1) 固定资产标准。

使用年限在1年以上的房屋及建筑物、生产设备、运输设备、办公设备及其他与生产经营有关的设备、器具、工具,以及单位价值在2 000元以上,使用年限在2年以上的非生产经营用设备和物品作为固定资产核算。

(2) 固定资产计价。

①购入的固定资产,按实际支付的价款、包装费、运杂费、安装成本、缴纳的有关税金等入账。

②自行建造的固定资产,按该项资产达到预定可使用状态前所发生的全部支出入账。

③投资者投入的固定资产,按投资各方的确认价值入账。

④融资租入的固定资产,按租赁开始日租赁资产的原账面价值与最低租赁付款额的现值较低者入账。

(3) 固定资产折旧。

固定资产折旧采用直线法计算,残值率为4%,并按固定资产类别确定其使用年限。

固定资产的使用年限见表4-24。

表 4-24 JXKJ 股份有限公司固定资产的使用年限

固定资产类别	使用年限/年	折旧率/%
房屋及建筑物	20～40	4.80%～2.40%
生产设备	10～15	9.60%～6.40%
运输设备	8～10	12.00%～9.60%
办公设备	5～8	19.20%～12.00%
其他	5～10	19.20%～9.60%

3）固定资产减值分析

固定资产减值需要专业性很强的职业判断。分析者分析企业的固定资产减值问题时要注意：企业使用固定资产的目的，绝不是为了将其出售"收回"，而是在长期使用过程中逐渐收回。因此，必须考虑固定资产被利用的状态如何，如果固定资产能够按照既定的用途被企业所利用，即使其市场价格已经低于账面价值，也不能认为企业的固定资产质量低劣。

新准则规定固定资产的资产减值损失不得转回，这在一定程度上避免了上市公司利用资产减值操纵利润。同时，新准则对可收回金额做了明确的解释：可收回金额应当根据资产的公允价值减去处置费用后的净额与资产预计未来现金流量现值两者之间较高者确定；公允价值综合考虑销售协议价格、市场价格、比较价格；未来现金流量现值综合考虑未来现金流量、使用寿命、折现率等。把资产可回收金额与资产账面价值进行比较，确认资产减值损失同时计提资产减值准备，减值资产的折旧和摊销在未来进行调整。

根据表 4-3 和表 4-5 可以看出，该企业 2019 年固定资产增加了 7 000 万元，增长幅度为 25%，说明该公司的生产能力得以增强。2019 年固定资产的比重比 2018 年上升了 4.58%，这说明该公司在购置固定资产扩大生产能力，当年企业营业收入增加 9.1%，但是企业存货本年下降较多，后期应该密切关注存货的变化和企业营业收入的变化。

3. 无形资产

无形资产（intangible assets）指企业拥有或控制的、无实物形态的、可辨认的非货币资产。与有形资产相比，无形资产的特点是：没有实物形态但具有排他性；是企业通过转让、购买等方式有偿取得的不容易变现的账面价值；它所提供的未来经济利益具有不确定性；其潜在经济价值与其账面价值之间没有直接的联系。

1）无形资产规模分析

无形资产虽然没有实物形态，但随着科技进步，特别是知识经济时代的到来，其对企业生产经营活动的影响越来越大。在知识经济时代，企业控制的无形资产越多，其可持续发展能力和竞争能力就越强。

2）无形资产会计政策分析

我国 2001 年出台的《企业会计准则——无形资产》规定：自行开发并依法申请取得的无形资产，按依法取得的注册费、聘请律师费等费用，作为无形资产的成本，在研究与开发过程中发生的材料费用，直接参与开发人员的工资及福利费，开发过程中发生的租金、借款费用等，直接计入当期损益。

2006新准则对研究开发费用的费用化进行了修订:企业内部研究开发项目的支出,应当区分研究阶段支出与开发阶段支出,研究费用依然按费用化处理;进入开发程序后,开发费用如果符合相关条件,就可以资本化。

开发支出,指企业内部研究开发项目开发阶段的支出。内部研究开发项目的开发阶段,是指在进行商业性生产或使用前,将研究成果或其他知识应用于某项计划或设计,以生产出新的或具有实质性改进的材料、装置、产品等。开发阶段的支出,能够证明下列各项时,应当确认为无形资产在资产负债表上列示:

(1)从技术上来讲,完成该无形资产以使其能够使用或出售具有可行性;

(2)具有完成该无形资产并使用或出售的意图;

(3)无形资产产生未来经济利益的方式,包括能够证明运用该无形资产生产的产品存在市场或无形资产自身存在市场,无形资产将在内部使用时应当证明其有用性;

(4)有足够的技术、财务资源和其他资源支持,以完成该无形资产的开发,并有能力使用或出售该无形资产;

(5)归属于该无形资产开发阶段的支出能够可靠计量。

3)无形资产价值分析

由于无形资产所提供经济利益的不确定性,无形资产项目的金额往往不能全面反映企业无形资产的经济价值和潜力。在评价企业资产质量时,如对企业的无形资产状况没有较清楚的了解,对该项目数据的利用就应持谨慎态度。此外,由于无形资产不容易变现的特点,在评价企业的长期偿债能力时,对该项目数据也应该持谨慎态度。

(1)报表上作为"无形资产"列示的基本上是企业外购的无形资产。由于与无形资产自创有密切关系的研究和开发支出基本上已经作为发生会计期间的费用,并没有作为无形资产处理。因此,作为"无形资产"处理的基本上是企业外购的无形资产。2017年1月1日以后,这种状况有所改变。

(2)企业可能存在由于会计处理原因而导致的账外无形资产。研究和开发支出的会计处理并不能影响自创无形资产的成功与否。因此,企业已经研制成功的无形资产就难以在资产负债表上出现,只能"游离"在资产负债表外。因此,历史较为悠久并重视研究和开发的企业,有可能存在多项已经成功且能为企业未来的发展做出积极贡献的无形资产。此外,作为无形资产重要组成部分的人力资源也未在资产负债表中体现。

(3)无形资产的质量,主要体现在特定企业内部的利用价值和对外投资或转让的价值上。企业现存的无形资产的质量好坏,主要体现在如下几个方面:第一,企业无形资产与其他有形资产相结合而获取较好的经济效益的潜力;第二,企业无形资产被转让或出售的增值潜力;第三,企业无形资产在用于对外投资时使其增值的潜力。这就是说,在对企业财务状况进行全面分析与评价时,应当考虑账内无形资产的不充分性以及账外无形资产存在的可能性等因素。

根据表4-3和表4-5可以看出,该企业2019年度的无形资产比2018年减少了70万元,降低率为25%,该公司无形资产的减少表明企业的核心竞争力在削弱。同时无形资产占总资产的比重不大,仅占总资产的0.4%,这说明企业没有核心技术,这值得企业管理层认真思考企业应该以什么作为企业的核心竞争力来促进企业产品的销售。

4. 在建工程

在建工程(construction in progress)反映企业期末各项未完成的工程的实际支出和尚未

使用的工程物资的实际成本。它反映的是一种沉淀和闲置的资金,如果在建工程不能顺利完工并投入运营,则说明资产的使用效率低。因此,企业应加强对建设过程的管理,加快工程资金的周转速度。此外,有些企业在募集资金到位后,会变更大部分计划的工程项目,例如,转变为短期理财投资,因此在分析在建工程时要对这一现象引起高度重视。

对在建工程进行质量分析时,应当慎重对待资本化的借款费用,仔细分析企业是否将不能资本化的借款费用挤入在建工程。同时,如果企业自建的固定资产价值因为资本化的借款费用而高于其公允价值,则这部分借款费用应考虑是否剔除,原因在于企业增加的这部分固定资产的价值仅仅是因为取得方式和融资方式的差异造成的,它不能在未来带来更多的经济利益流入。例如,企业建造相同的固定资产,如果一种使用权益资金,另一种使用债务资金,则后者的价值将大于前者,但是这部分超出的价值完全是由融资方式的不同造成的,不会在未来使企业得到额外的补偿,因此这部分借款费用资本化的价值在财务分析时应被剔除出去。

根据表4-3和表4-5可以看出,该公司2019年在建工程比2018年减少了490万元,降低幅度为46.67%,其比重比2018年下降了1.26%,这说明该公司在建工程的规模不大,而且随着其陆续完工,在建工程中的项目2019年就结转到固定资产项目中去,导致固定资产大幅增加,随后该公司的生产能力也会增强。

4.5.3 负债项目分析

1. 短期借款

短期借款(short-term borrowings)是企业从银行或其他单位借入的期限在1年以内的各种借款。这些借款是为了满足日常生产经营的短期需要而举借的,其利息费用作为企业的财务费用,计入当期损益。

分析时应注意以下问题。

(1) 与流动资产规模相适应:从财务角度观察,短期借款筹资快捷,弹性较大,任何企业在生产经营中都会发生或多或少的短期借款。但短期借款必须与当期流动资产,尤其是与存货项目相适应。一般而言,短期借款应当以小于流动资产的数额为上限。

(2) 与企业当期收益相适应:短期借款绝对数的高低并不代表企业运营状况的好坏,关键是企业的产出是否大于投入,即营运效率是否高于借款利率,对此可利用财务杠杆进行分析。

根据表4-3和表4-5,该企业2019年度短期借款比2018年增加了350万元,增加幅度为33.33%,与该公司流动资产比重和流动负债比重进行联合分析可以看出,短期借款无论是存量规模还是比重的上升,都导致了流动负债比重的上升。

2. 应付票据和应付账款

1) 应付票据

应付票据(notes payable)是指企业因赊销交易而签发的允诺在不超出1年的期限内按票据上规定的日期支付一定金额的银行承兑汇票和商业承兑汇票。资产负债表中应付票据项目反映的是尚未到期付款的应付票据面额。

财务分析人员应关注应付票据是否带息,企业是否发生过延期支付到期票据的情况,以及企业开具的商业汇票是银行承兑汇票还是商业承兑汇票,如果是后者居多,则应当进一步分析企业是否存在信用状况下降和资金匮乏的问题。如果是关联方发生的应付票据,应了解关联方交易的事项、价格、目的等因素,是否存在通过票据方式进行融资的行为。

根据表4-3和表4-5,该企业2019年应付票据比2018年增加了35万元,增长幅度为33.33%,其比重上升了0.03%,这说明应付票据虽有一定量的增加,但该公司因为保持了良好的支付能力而不会影响公司的信誉。

2) 应付账款

应付账款(accounts payable)是指企业因赊购原材料等物资或接受劳务供应而应付给供应单位的款项。它是由于购进商品或接受劳务等业务发生时间与付款时间不一致造成的。

应付账款项目分析应是短期负债项目分析的重点,着重分析应付账款的欠款时间和欠款人,观察其中有无异常情况,测定未来的现金流量。

应付账款的分析可以从以下几个方面进行:

(1) 比较本年与上年的增减变动;

(2) 计算存货、营业成本与应付账款之间的比率关系,比较本年与上年数额间的差异;

(3) 结合现金流量,分析实际支付现金、结存余额,以及非现金资产抵债等其他方式结算应付款的现象有无披露;

(4) 应付账款的增加、预付账款的减少及存货采购的增加应大致相同;

(5) 分析应结合预付账款分析期末结存、全年发生额,比较本年与上年在采购方面有无重大的变动;

(6) 分析应付账款的账龄情况,注意长期挂账的应付账款。

3) 应付账款与应付票据的变动因素

通常情况下,应付账款及应付票据是因商品交易产生的,其变动原因有以下几种。

(1) 企业销售规模的变动。当企业销售规模扩大时,会增加存货需求,使应付账款及应付票据等债务规模扩大;反之,会使其降低。

(2) 充分利用无成本资金。应付账款及应付票据是因商业信用产生的一种无资金成本或资金成本极低的资金来源,企业在遵守财务制度,维护企业信誉的条件下充分加以利用,可以减少其他筹资方式筹资数量,节约利息支出。

(3) 提供商业信用企业的信用政策发生变化。如果其他企业放宽信用政策和收账政策,企业应付账款和应付票据的规模就会大些;反之,就会小些。

(4) 企业资金的充裕程度。企业资金相对充裕,应付账款及应付票据规模就小些,当企业资金比较紧张时,就会影响到应付账款及应付票据的偿还。

表4-3显示,该公司2019年应付账款减少了140万元,减低率为4.76%,整体看来企业的应付账款在减少,企业还是应该特别注意其偿付时间,以便做好资金方面的准备,避免出现到期支付能力不足而影响公司信誉的情况。

3. 预收账款

预收账款(advances from customers)是指企业按照合同规定向购买单位预收的款项。

对于企业来说,预收账款总是越多越好。因为预收账款作为企业的一项短期资金来源,在企业发送商品或提供劳务前,可以无偿使用;在企业发送商品或提供劳务后立即转入企业的收入。在某些特殊的行业,分析资产负债表时,应当对预收账款引起足够的重视,因为预收账款一般是按收入的一定百分比预交的;通过预收账款的变化可以预测企业未来营业收入的变动;

而且预收账款作为一种短期资金来源,成本很低,风险也很小。

例如,A公司的预收账款近几年数额变化很大,2015年比2014年减少了近1 000万元左右,公司预收账款的大规模减少,预示着公司未来营业收入的变动或销售环境的改变。

4. 长期借款

长期借款(long-term borrowings)是指企业向银行或其他金融机构借入的、期限在1年以上的款项。长期借款一般用于企业的固定资产购建、固定资产改扩建工程、固定资产大修理工程,以及流动资产的正常需要等方面。

长期借款按其偿还方式不同,可分为定期偿还的长期借款和分期偿还的长期借款,前者是指在规定的借款到期日一次还清借款;后者是指在借款期限内,分期偿还本息,到期日全部还清。会计核算上,长期借款的应计未付的利息,也被记入长期借款。因此,资产负债表中长期借款项目反映的是企业尚未归还的长期借款的本金和利息。

分析时应当观察企业长期借款的用途,长期借款的增加是否与企业长期资产的增加相匹配,是否存在将长期借款用于流动资产支出;企业的长期借款的数额是否有较大的波动,波动的原因是什么;还应观察企业的盈利能力,因为与短期借款不同,长期借款的本金和利息的支付来自企业盈利,所以盈利能力应与长期借款规模相匹配。

表4-3显示,该企业2019年长期借款比2018年增加了5 600万元。公司长期借款增加一方面表明其在资本市场上的信誉良好,另一方面预示公司的负债政策可能发生变化,即由单纯的流动负债向流动负债和长期负债并举的方向变化。

5. 应付债券

应付债券(bonds payable),指企业为筹集长期资金而发行的偿还期在1年以上的债券。相对于长期借款而言,发行债券需要经过一定的法定程序,但对款项的使用没有过多的限制和约束。对于企业发行的债券,分析时应当关注债券的有关条款,查看该债券的付息方式是到期一次还本付息、分期付息到期还本还是分期还本付息。如果存在溢价折价,看企业对于溢价折价的摊销和实际利息费用的确认是否准确。再有,应关注债券是否存在可赎回条款,企业是否具有可用于赎回的资金准备。

表4-3显示,该企业2018年和2019年的应付债券均为零,该企业无此类负债。

6. 长期应付款

长期应付款(long-term payables)是企业还没有偿还的除长期借款和应付债券以外的其他各种长期负债。常见的长期应付款主要有三方面内容:一是采用补偿贸易方式而发生的应付引进设备款;二是融资租入固定资产应付款;三是企业延期购买资产形成的应付款项。

(1)应付引进设备款。补偿贸易是由国外企业提供设备、技术,以生产出来的产品来偿还引进设备款的一种加工贸易方式。通过补偿贸易,外商以贷款方式提供设备,同时承担向企业购买一定数量的产品的义务,企业引进设备时可以暂时不付款,以出口产品的销售收入来补偿。当企业拿到设备,实际上就产生了一笔长期负债。"应付引进设备款"项目里除了应该支付的设备价款外,还包括应该支付的利息和外币折算为人民币的差额。

(2)融资租入固定资产应付款。这是企业因为融资租入固定资产而形成的应付款,除了应付的租金外,还包括利息和外币折算为人民币的差额。当企业按照融资租赁的方式租入固定资产时,就欠了租赁公司的债,从而形成一笔长期负债。与应付引进设备款一样,"融资租入固定资产"项目中除了应付的租金外,还包括应付的利息和外币折算为人民币的差额。

(3)企业延期付款购买资产形成的应付款项。如果延期支付的购买价款超过正常信用条件,实质上具有融资性质,所购资产的成本应当以延期支付购买价款的现值为基础确定。实际支付的价款与购买价款的现值之间的差额,应当在信用期间内采用实际利率法进行摊销,计入相关资产成本或当期损益。

表4-3和表4-5显示,企业2019年长期应付款比2018年减少280万元,下降比例为16.67%,2019年长期应付款占负债与所有者权益的2.66%,说明企业正在努力减低负债的比率。

4.5.4 所有者权益项目分析

所有者权益主要分为两部分:一部分是投资者投入资本,包括实收资本和资本公积;另一部分是生产经营过程中资本积累形成的留存收益,包括盈余公积和未分配利润。

1. 实收资本(或股本)

实收资本(paid-in capital)是企业实际收到的投资者投入的资本。除非企业出现增资、减资等情况,实收资本在企业正常经营期间一般不发生变动。实收资本的变动将会影响企业原有投资者对企业的所有权和控制权,而且对企业的偿债能力、盈利能力等都会产生重大影响。分析时,可将该项目与负债进行比较,观察企业财务结构的稳定性和风险程度。此外,还应关注其增加的原因,即分析实收资本的增加,有多少是资本公积或盈余公积转入,有多少是增发新股转入。

表4-3显示,该企业2019年实收资本(或股本)与2018年相比,在数量上没有变化,但是2019年股本占总资产的比率与2018年相比下降了4.35%,这表明企业的财务实力有所下降。

2. 资本公积

资本公积(capital surplus)是企业收到投资者的超出其在企业注册资本(或股本)中所占份额的投资,以及直接计入所有者权益的利得和损失等。资本公积包括的事项比较广泛,如资本溢价、长期股权投资权益法下被投资单位资本公积发生变动、可供出售金融资产的公允价值变动、可转债的转换权价值、股权证等。资本公积是实收资本的准备项目,其一方面可以转增资本,另一方面一些事项在日后会直接影响实收资本或股本数额。

鉴于资本公积的复杂性,财务分析人员在分析时,应注意企业是否存在通过资本公积项目来改善财务状况。如果该项目的数额本期增长过大就应进一步了解资本公积的构成。了解企业是否把一些其他项目混入了资本公积之中,造成资产负债率的下降,以达到粉饰企业信用形象的目的。

表4-3显示,该公司2019年资本公积比2018年增加了1 400万元,增长幅度为50%,由于该企业资产负债表中显示的"公允价值变动收益"为零,因此其增长的原因有待进一步分析。

3. 盈余公积

盈余公积(surplus reserve)是从净利润中提取的、具有特定用途的资金。分析时,应注意以下两个方面:

(1)盈余公积是否按《中华人民共和国公司法》的规定计提,是否存在违规计提以粉饰报表;

(2)盈余公积是否用于弥补亏损、转增资本和扩大生产经营。

表 4-3 显示,该公司 2019 年盈余公积比 2018 年增加了 2 100 万元,增长幅度为 37.5%,说明公司的净利润有所增长,且变动幅度正常。

4. 未分配利润

未分配利润(undistributed profits)是企业实现的净利润经过弥补亏损、提取盈余公积、向投资者分配利润后留存在企业的历年结存的利润。分析时,应注意两点:

(1)如果该项目增加,则表明企业的盈利状况较好,企业经营稳健;

(2)如果该项目减少,则表明企业盈利水平下降,或者是企业多分配了以往留存的未分配利润。

表 4-3 显示,该企业 2019 年未分配利润比 2018 年减少了 1 988 万元,降低幅度为 25.04%,这表明公司的盈利状况出现问题,需要进一步分析企业的利润分配政策,从而达到增强企业实力、降低筹资风险和缓解财务压力的目标。

4.6 本章小结

资产负债表分析的目的,在于了解企业会计对企业财务状况的反映程度,以及所提供会计信息的质量,据此对企业资产和权益的变动情况以及企业财务状况做出恰当的评价。具体包括资产负债表水平分析、资产负债表垂直分析和资产负债表项目分析。

资产负债表水平分析就是通过水平分析法,将资产负债表的实际数与选定的标准进行比较,编制出资产负债表水平分析表,并在此基础上进行评价。

资产负债表垂直分析是通过计算资产负债表中各项目占总资产或权益总额的比重,分析评价企业资产结构和权益结构变动的合理程度。

资产负债表项目分析,就是在资产负债表全面分析的基础上,对资产负债表中资产、负债和所有者权益的主要项目进行深入分析。

4.7 课后练习题

一、单选题

1. 在资产负债表垂直分析中,计算各项目所占比重时,通常以(　　)项目的金额作为分母。
   A. 所有者权益总额　　　B. 负债总额　　　C. 流动资产总额　　　D. 资产总额
2. 如果一个企业的持有货币资金数额过大,会导致其盈利能力(　　)。
   A. 下降　　　　　　　B. 上升　　　　　C. 不变　　　　　　　D. 不确定
3. 下列关于资产结构的说法不正确的是(　　)。
   A. 资产的流动性与资产的收益性有密切关系
   B. 资产的流动性与资产风险性有密切关系
   C. 财务风险主要与资产结构有关
   D. 经营风险主要与资产结构有关
4. 在资产项目中,变现能力最强的项目是(　　)。
   A. 货币资金　　　　　B. 应收账款　　　C. 交易性金融资产　　D. 应收票据
5. 一般来说,不随产量和销售规模变动而变动的资产项目是(　　)。

A. 货币资金　　　　　B. 固定资产　　　　　C. 存货　　　　　D. 应收账款
6. 资产负债表的趋势分析主要通过编制（　　）来进行。
A. 比较利润表　　　　　　　　　　B. 比较资产负债表
C. 期间费用分析表　　　　　　　　D. 资产负债分析表
7. 下列关于货币资金的表述中，错误的是（　　）。
A. 货币资金包括库存现金、银行存款和其他货币资金
B. 货币资金存量规模会随着销售规模的变动而变动
C. 为保证企业的支付能力，企业应尽可能多地持有货币资金
D. 货币资金是企业流动性最强的资产
8. 企业资本结构发生变动的原因是（　　）。
A. 盈余公积转股　　　　　　　　　B. 资本公积转股
C. 以未分配利润送股　　　　　　　D. 发行新股
9. 对资产负债表进行综合分析，一般采用的方法是首先（　　）。
A. 进行综合评价　　　　　　　　　B. 理解项目内涵
C. 编制比较报表　　　　　　　　　D. 计算财务比率
10. 以下属于经营性资产项目的是（　　）。
A. 应收账款　　　　B. 其他应收款　　　　C. 应收票据　　　　D. 货币资金

二、多选题

1. 资产负债表全面分析主要包括（　　）。
A. 资产负债表水平分析　　　　B. 资产负债表项目分析
C. 资产负债表比率分析　　　　D. 资产负债表垂直分析　　　E. 资产效益分析
2. 股东权益结构分析应考虑的因素有（　　）。
A. 企业控制权　　　　　　　　B. 企业利润分配政策
C. 经济环境　　　　　　　　　D. 权益资金成本　　　　E. 企业资产
3. 应收账款变动的可能原因有（　　）。
A. 应收账款质量不高　　　　　B. 信用政策改变
C. 收账政策不当　　　　　　　D. 销售规模变动　　　　E. 所有者权益
4. 资产负债表可进行（　　）
A. 资产结构的分析　　　　　　B. 资本结构的分析
C. 财务成果的分析　　　　　　D. 偿债能力分析　　　　E. 利润能力分析
5. 对资产负债表进行综合分析的具体内容包括（　　）
A. 总量变动及其发展趋势分析　　B. 偿债能力及其安全性分析
C. 资本结构及其稳健性分析　　　D. 资产结构及其合理性分析
E. 所有者权益分析
6. 进行负债结构分析时必须考虑的因素有（　　）。
A. 负债规模　　　　　　　　　B. 负债成本　　　　　　　C. 债务偿还期限
D. 经营风险　　　　　　　　　E. 企业所有者权益分布
7. 企业货币资金存量及比重是否合适的分析评价应考虑的因素有（　　）。
A. 运用货币资金的能力　　　　B. 企业融资能力

C. 资产规模与业务量 　　　　　D. 货币资金的目标持有量

E. 负债规模

8. 正常经营企业资产与负债对称结构中的保守结构的特征是（　　）。

A. 资金成本较低 　　　　　　　B. 企业风险极低

C. 筹资结构弹性弱 　　　　　　D. 资金成本较高 　　　　　E. 企业风险极高

9. 反映企业债权结算的资产类项目主要有（　　）。

A. 应收股利 　　B. 应收利息 　　C. 应收票据 　　D. 其他应收款 　　E. 利润分配

10. 资本公积有特定的来源，主要包括（　　）。

A. 接受捐赠 　　　　　B. 资本溢价 　　　　C. 盈余公积转入

D. 汇率变动差额 　　　E. 企业负债

三、判断题

1. 资产负债表能反映企业生产的消耗水平及经营成果。（　　）
2. 对股东而言，资本结构分析有利于其判断债权的保障程度，并采取有效措施保护债权人权益。（　　）
3. 固定资产比重越高，企业资产的弹性越差。（　　）
4. 资本结构是指各种资本的构成及其比例关系，其实质是债务资本在资本结构中安排多大的比例。（　　）
5. 资产负债表立足企业产权，能揭示企业在特定时日所持有的不同形态资产的价值存量，以及对不同债权人承担的偿债责任和对投资人净资产的价值归属。（　　）

四、简答题

1. 简述资产负债表分析的目的和内容。
2. 简述资产负债表水平结构分析的方法和目的。
3. 简述资产负债表水平变动情况的评价分析有哪几个角度。
4. 简述资产负债表垂直结构分析方法和目的。
5. 简述资产负债表的结构分析包括哪几个方面。

五、案例分析题

表4-25为JHKJ股份有限公司2019年12月31日的资产负债表，请依据本项目中所讲授的方法对该企业进行分析和评价。

要求：

(1) 编制资产负债表水平分析表，并对资产负债表的增减变动情况进行分析；

(2) 编制资产负债表垂直分析表，并对资产负债表的结构变动情况进行分析；

(3) 对资产负债表进行总体评价。

表4-25　资产负债表

编制单位：JHKJ股份有限公司　　　2019年12月31日　　　　　　　　　　　单位：元

资产	2019年	2018年	负债和股东权益	2019年	2018年
流动资产：			流动负债：		
货币资金	102 024 351.26	59 812 451.72	短期借款	96 488 000.00	119 784 000.00
交易性金融资产	0.00	0.00	交易性金融负债	0.00	0.00

续表

资产	2019 年	2018 年	负债和股东权益	2019 年	2018 年
应收票据	4 454 668.86	15 072 906.93	应付票据	2 555 637.36	2 183 000.02
应收账款	73 486 185.46	63 794 734.71	应付账款	98 938 705.10	69 270 196.23
预付款项	27 540 887.87	15 535 485.50	预收款项	4 822 769.02	1 080 544.99
应收利息	0.00	0.00	应付职工薪酬	4 493 507.30	3 844 827.30
应收股利	0.00	0.00	应缴税费	3 727 458.42	3 369 020.06
其他应收款	57 068 162.33	2 518 662.02	应付股利	0.00	0.00
存货	62 805 453.50	50 320 652.85	其他应付款	68 113 325.06	17 078 137.06
一年内到期的非流动资产	0.00	0.00	一年内到期的非流动负债	0.00	0.00
其他流动资产	0.00	0.00	其他流动负债	0.00	0.00
流动资产合计	327 379 709.28	207 054 893.72	流动负债合计	279 139 402.26	216 609 725.65
非流动资产：			非流动负债：		
其他权益工具投资	0.00	0.00	长期借款	112 000 000.00	0.00
债权投资	0.00	0.00	应付债券	0.00	0.00
长期应收款	0.00	0.00	长期应付款	0.00	0.00
长期股权投资	595 166 206.06	457 652 643.90	专项应付款	0.00	0.00
投资性房地产	0.00	0.00	预计负债	0.00	0.00
固定资产	184 905 348.97	166 980 411.14	递延所得税负债	0.00	0.00
在建工程	67 348 785.63	65 492 219.31	其他非流动负债	0.00	0.00
工程物资	0.00	0.00	非流动负债合计	112 000 000.00	0.00
固定资产清理	0.00	0.00	负债合计	391 139 402.26	216 609 725.65
无形资产	20 003 995.82	12 226 190.47	股东权益：		
开发支出	0.00	0.00	股本	228 101 760.00	226 652 960.00
商誉	0.00	0.00	资本公积	324 107 570.90	263 074 448.54
长期待摊费用	1 503 314.70	1 531 963.69	减：库存股	0.00	0.00
递延所得税资产	1 568 347.30	1 018 211.48	盈余公积	54 195 787.70	46 585 194.68
其他非流动资产	0.00	0.00	未分配利润	200 331 186.88	159 034 204.85
非流动资产合计	870 495 998.46	704 901 639.99	股东权益合计	806 736 305.48	695 346 808.06
资产总计	1 197 875 707.74	911 956 533.71	负债和股东权益总计	1 197 875 707.74	911 956 533.71

第 5 章 利润表分析

知识目标

(1)了解利润表的目的和内容;
(2)掌握利润表的项目分析内容;
(3)掌握利润表的水平分析和垂直分析方法;
(4)掌握利润表的结构分析内容。

能力目标

(1)能够对企业利润表进行结构分析;
(2)能够对企业利润表进行项目分析;
(3)能够对企业利润表进行水平分析;
(4)能够对企业利润表进行垂直分析。

任务导入

JHJX股份有限公司目前市场业绩不错,销售量占当地市场较大份额,但是这几年利润却比行业平均利润低很多。到了年终财务汇算时,看着辛苦一年所获得的微薄利润,总经理十分无奈。于是在各环节查找企业利润不佳的原因,生产、市场、渠道等都没什么问题,最后从利润表找到了问题:产品毛利率很高,和同行没什么差别,但净利润却很低,而从报表中可以看到,坏账过多,管理费用、采购费用、促销费用过高,把利润拖了下来。原因找到了,于是采取严格的控制赊销条件,裁减不必要的部门与人员,优化了采购流程,减少了不必要的促销费用,逐步使企业利润得到了提升。通常,企业中的很多问题都可以从财务报表中找到答案。因此利润表的编制和分析对于企业来说非常重要,但是该企业是如何进行利润表分析找出问题的呢?本章将对利润表分析作详细解读。

5.1 利润表的基本内容

5.1.1 利润表分析的意义

利润表(income statement)是反映企业在一定会计期间的经营成果的财务报表。利润表把一定时期的营业收入与其同一期间相关的经营费用进行配比,以计算出企业一定时期的净利润。通过利润表反映企业生产经营的收入、费用、利润等绝对量指标。该表作为一种动态会计报表,同时联系资产负债表和现金流量表提供的情况,揭示了企业的经营活动对会计期间内资产、负债和所有者权益的有利或不利影响,为投资人、债权人、政府部门,以及其他会计资料的使用者全面了解企业的经营业绩,预计企业在现有资源基础上产生现金流量能力,推测新增资源可能取得的效益,具有十分重要的意义。

1. 利润表提供的信息,可以正确评价企业各方面的经营业绩,成为企业投资人、债权人及外部信息使用者进行相关经济决策的主要依据。

2. 利润表提供的信息,可以发现企业经营管理中存在的问题,作为考核和评价企业经营管理人员经营业绩和经营管理水平的一个重要依据。

3. 利润表提供的利润数据,可以作为税收部门课征所得税的依据。

5.1.2 利润表的结构

利润表是通过反映企业在一定会计期间(月份、季度、年度)经营成果的财务报表,利润表一般由表首、正表和补充资料三部分构成,但由于不同的国家对财务报表的信息要求不同,利润表中具体规定格式项目的排列也不完全相同。

利润表的表首主要包括报表名称、编制单位、编制日期、报表编号和数量单位等要素。利润表的正表是利润表的主体部分,主要反映收入、费用和利润各项目的具体内容及相互关系。利润表列式的补充资料是为了便于报表使用者准确地分析企业的经营成果,主要是用于列示那些影响本期财务报表金额或未来经营活动,但是在本期利润表中无法或不便表达的项目。目前使用比较普遍的利润表格式主要有多步式和单步式两种。

多步式利润表中的利润是通过多步计算得来的,其编制通常分为以下几步:

第一步:从营业收入中减去营业成本和期间费用,加减投资收益,计算得出营业利润。

第二步:在营业利润的基础上加减营业外收支,计算得出本期实现利润,即税前利润。

第三步:从利润总额中减去所得税,计算得出本期净利润,即税后利润。

多步式利润表的优点是便于对企业生产经营的各种情况进行分析,有利于不同企业之间进行比较。更重要的是,利用多步式利润表有利于预测企业今后的盈利能力。

单步式利润表是将企业当期的所有收入加在一起,然后将所有的费用加在一起,通过一次计算得出当期损益。其优点是结构简单,不存在中间指标。多步式和单步式利润表中各项目的数据来源相同,计算出的利润总额也相同。

本章以 JXKJ 股份有限公司 2019 年利润表数据为例,对该企业的利润表进行分析,见表 5-1。

表 5-1 利润表

编制单位:JXKJ 股份有限公司　　　　　　2019 年度　　　　　　　　　　单位:万元

项　目	2019 年度	2018 年度
一、营业收入	84 000.00	77 000.00
减:营业成本	70 000.00	66 500.00
税金及附加	840.00	700.00
销售费用	595.00	560.00
管理费用	1 260.00	1 120.00
财务费用	2 800.00	2 380.00
资产减值损失	0.00	0.00

续表

项目	2019 年度	2018 年度
加:公允价值变动收益	0.00	0.00
投资收益	140.00	70.00
其中:对联营企业和合营企业的投资收益	0.00	0.00
二、营业利润	8 645.00	5 810.00
加:营业外收入	1 400.00	5 670.00
减:营业外支出	245.00	70.00
其中:非流动资产处置损失	0.00	0.00
三、利润总额	9 800.00	11 410.00
减:所得税费用	2 450.00	2 852.50
四、净利润	7 350.00	8 557.50
五、每股收益	0.00	0.00

5.1.3 利润表的分析内容

利润表中的项目排列是有规律可循的,利润表是以营业收入为中心,项目按照与营业收入的紧密关系,自上而下由强到弱排列,对不同性质的收入和费用类别进行对比,从而可以得出一些中间性的利润数据,便于使用者理解企业经营成果的不同来源。利润表中的净利润说明企业过去一段时期的盈利情况,而利润表的各项目的数据会告诉我们企业是如何获取利润的,它可以揭示企业将来的发展情况。利润表的分析主要包括以下五个方面的内容。

1. 分析总量

利润表的总量分析是阅读利润表的利润总额(或净利润),看其是正数还是负数,如果利润总额(或净利润)为正数,表明企业收入大于费用,企业出现盈利;如果利润总额(或净利润)为负数,表明企业收入小于费用,企业出现亏损,所有者权益就会损失。

2. 分析结构

分析结构的主要目的就是了解企业的盈利构成和模式。从利润表中我们不难看出,企业利润总额是由营业利润(包括投资收益)和营业外收支两部分构成的,营业利润是企业利润结构的核心,营业利润占利润总额的比重越大,则表明企业利润越稳定,风险越低,利润质量越高。营业利润占利润总额的比重越小,则表明企业利润越不稳定,风险越高,利润质量越差。而营业外收支与企业经营没有十分明显的相关性,这种利润并不能给企业带来好的发展前景。

3. 对比现金质量

了解了利润表的结构后,就应了解企业取得利润的方式,这就需要比较营业利润与经营现金净流量。如果营业利润高于经营现金净流量,甚至经营现金净流量为负数,则表明企业利润的质量不高。反之,如果营业利润低于经营现金净流量,经营现金净流量为正数,则表明企业利润的质量比较好。如果营业收入大幅增长没有引起经营现金净流量发生相应变化,很可能预示着企业财务存在造假。

4. 分析趋势

高品质的利润除了有现金保证外，应同时存在以下三大特征：一是持续盈利；二是稳定增长；三是未来可以预测。因此要对利润有更全面的反映，应对企业利润至少3年（或5年）的数据进行分析对比，利润波动越小，则表明企业经营越稳健，风险越低，利润质量越高。反之，利润波动越大，表明企业经营越不稳健，风险越高，利润质量越差。

5. 分析项目

分析利润表关键在于掌握利润表的结构步骤，由于利润表中上下项目之间存在计算程序上的承接关系，因此分析利润表就应该采用自上而下顺序，对每个项目进行分析比对。

5.1.4 利润表分析的步骤

1. 利润表水平变动分析

通过对利润表的水平分析，从利润的形成角度，反映利润额的变动情况，揭示企业在利润形成过程中的管理业绩和存在的问题。

2. 利润表垂直变动分析

通过对利润表的垂直分析，从各项目占营业收入的比重看，其能够反映各项目的结构变化，揭示了企业各项目占营业收入的比重，反映了企业在经营管理中应该重点进行关注和调整的项目。

3. 利润结构变动情况分析

利润结构变动情况分析主要是在对利润表进行垂直分析的基础上，揭示各项利润、成本费用与收入的关系，以反映企业各环节的利润构成和成本费用水平。

4. 对利润表的一些重要项目进行分析

对利润表的一些重要项目进行分析主要是对利润表中的营业利润、利润总额和净利润进行分析，同时对形成各层次利润的不同项目进行分析。

5.2 利润表水平结构分析

5.2.1 编制利润水平分析表

利润水平分析表的编制采用增减变动额和增减变动百分比两种方式。根据表5-1的资料，编制JXKJ股份有限公司利润水平分析表，见表5-2。

表5-2 利润水平分析表

编制单位：JXKJ股份有限公司　　　　　　2019年度

项　目	2019年度/万元	2018年度/万元	增减额/万元	变动幅度/%
一、营业收入	84 000.00	77 000.00	7 000.00	9.09
减：营业成本	70 000.00	66 500.00	3 500.00	5.26
税金及附加	840.00	700.00	140.00	20.00

续表

项目	2019年度/万元	2018年度/万元	增减额/万元	变动幅度/%
销售费用	595.00	560.00	35.00	6.25
管理费用	1 260.00	1 120.00	140.00	12.50
财务费用	2 800.00	2 380.00	420.00	17.65
资产减值损失	0.00	0.00	0.00	0.00
加:公允价值变动收益	0.00	0.00	0.00	0.00
投资收益	140.00	70.00	70.00	100.00
其中:对联营企业和合营企业的投资收益	0.00	0.00	0.00	0.00
二、营业利润	8 645.00	5 810.00	2 835.00	48.80
加:营业外收入	1 400.00	5 670.00	−4 270.00	−75.31
减:营业外支出	245.00	70.00	175.00	250.00
其中:非流动资产处置损失	0.00	0.00	0.00	0.00
三、利润总额	9 800.00	11 410.00	−1 610.00	−14.11
减:所得税费用	2 450.00	2 852.50	−402.50	−14.11
四、净利润	7 350.00	8 557.50	−1 207.50	−14.11
五、每股收益	0.00	0.00	0.00	0.00

5.2.2 利润水平分析表的评价

利润表水平分析应抓住以下几个关键利润指标的变动情况。

1. 营业利润分析

营业利润(operating income)既包括企业的主营业务利润和其他业务利润,又包括企业公允价值变动净收益和对外投资的净收益,它反映了企业自身生产经营业务的财务成果。本例中JXKJ股份有限公司营业利润增加主要是由于该企业营业收入增加,成本控制有效,投资收益增加所致。2019年营业收入比2018年营业收入增长了7 000万元,增长率为9.09%;但由于其他成本费用均有不同程度的增加,抵消了营业收入的增长;企业当期营业利润增长了2 835万元,增长率为48.8%;投资收益的增加,使企业增利70万元。值得注意的是财务费用、管理费用和营业税金及附加的上升,导致营业利润上升幅度受挫,企业后期应通过精准控制这些费用,来进一步提升营业利润。

2. 利润总额分析

利润总额是反映企业全部财务成果的指标,它不仅反映企业的营业利润,而且反映企业的营业外收支情况。JXKJ股份有限公司2019年利润总额比2018年下降了1 610万元,关键原因是投资收益增长了100%,营业收入比2018年增长了7 000万元,增长率为9.09%。同时营业外支出增加175万元,营业外收入下降4 270万元,增减因素相抵,利润总额下降了1 610万元,降低率为14.11%。

3. 净利润或税后利润分析

净利润是指企业所有者最终取得的财务成果,或可供企业所有者分配或使用的财务成果。JXKJ 股份有限公司 2019 年度实现净利润 7 350 万元,比 2018 年减少了 1 207.5 万元,降低率为 14.11%,减少幅度较高。从水平分析表来看,公司净利润减少主要是由营业外收入比 2018 年减少 4 270万元引起的;营业收入和投资收益的增长使企业利润呈上升态势,但是由于财务费用、管理费用、销售费用项目的增长和营业外支出的增长与前面的收入相抵,导致净利润减少了 1 207.5 万元。

5.3 利润表垂直结构分析

5.3.1 利润垂直分析表的编制

根据表 5-1 的资料,编制 JXKJ 股份有限公司利润垂直分析表,见表 5-3。

表 5-3 利润垂直分析表

编制单位:JXKJ 股份有限公司　　　　2019 年度

项目	2019 年度/万元	2018 年度/万元	2019 年度/%	2018 年度/%	变动幅度/%
一、营业收入	84 000.00	77 000.00	100	100	
减:营业成本	70 000.00	66 500.00	83.33	86.36	-3.03
税金及附加	840.00	700.00	1.00	0.91	0.09
销售费用	595.00	560.00	0.71	0.73	-0.02
管理费用	1 260.00	1 120.00	1.50	1.45	0.05
财务费用	2 800.00	2 380.00	3.33	3.09	0.24
资产减值损失	0.00	0.00			
加:公允价值变动收益	0.00	0.00			
投资收益	140.00	70.00	0.17	0.09	0.08
其中:对联营企业和合营企业的投资收益	0.00	0.00			
二、营业利润	8 645.00	5 810.00	10.29	7.55	2.75
加:营业外收入	1 400.00	5 670.00	1.67	7.36	-5.70
减:营业外支出	245.00	70.00	0.29	0.09	0.20
其中:非流动资产处置损失	0.00	0.00			
三、利润总额	9 800.00	11 410.00	11.67	14.82	-3.15
减:所得税费用	2 450.00	2 852.50	2.92	3.70	-0.79
四、净利润	7 350.00	8 557.50	8.75	11.11	-2.36
五、每股收益	0.00	0.00			

5.3.2 利润垂直分析表评价

从上表可以看出,该企业 2019 年度各项财务成果的构成情况:2019 年营业利润占营业收入的比重为10.29%,比2018年的7.55%增加了2.75%;利润总额占营业收入的比重为11.67%,比2018年的14.82%减少了3.15%;净利润占营业收入的比重为8.75%,比2018年的11.11%减少了2.36%。由此可见,从企业利润的构成上看,营业利润有所增长,说明盈利能力比2018年有所增强。但由于经营费用和营业外收入变动幅度较大,导致企业利润总额和净利润明显下降,说明企业利润的质量需要进一步关注,经过分析以后应当加强企业盈利的质量和数量的分析和控制。

从整体利润结构角度看,企业净利润质量不理想主要是财务费用、管理费用、营业外支出的比重上升,以及营业外收入比重下降所致。营业成本下降,对营业利润、利润总额和净利润结构都产生了一定的有利影响。

5.4 利润表结构分析

5.4.1 收入结构分析

如表5-4所示,该企业2019和2017年度营业收入占总收入的比重分别是98.20%和93.06%,其余收入不超过10%,说明该企业主营业务发展前景良好,据此可判断企业的经营方针、经营方向和经营效果的情况,继而可以预测其持续发展的能力。

表5-4 利润表收入结构分析表

编制单位:JXKJ股份有限公司　　　　　　　　2019年度

项目	金额/万元		结构/%		
	2019年度	2018年度	2019年度	2018年度	变动幅度
营业收入	84 000.00	77 000.00	98.20	93.06	5.14
公允价值变动收益	0.00	0.00			
投资收益	140.00	70.00	0.16	0.08	0.08
加:营业外收入	1 400.00	5 670.00	1.64	6.85	−5.22
合计	85 540.00	82 740.00	100.00	100.00	

5.4.2 利润结构分析

如表5-5所示,该企业从2015年到2017年营业利润缓慢增长,每年环比增长率不超过105%,到2019年营业利润的环比增长率增加了148.8%,定基增长率增加了178.76%,这部分变化主要是由于企业销售收入增长和企业收回投资收益的结果。这组数据说明企业一直在布局向外扩张战略,市场占有率稳步提高。企业处于业绩的上升通道,经营风险比较低,预计未来发展是比较好的。

表5-5 近5年企业营业利润变动情况分析表

编制单位:JXKJ股份有限公司　　　　　　　　2019年度

项目	营业利润/万元	定基增长/%	环比增长/%
2019年	8 645.00	178.76	148.80

续表

项目	营业利润/万元	定基增长/%	环比增长/%
2018 年	5 810.00	120.14	112.16
2017 年	5 180.00	107.11	104.23
2016 年	4 970.00	102.77	102.77
2015 年	4 836.00	100.00	

5.4.3 利润总额结构分析

如表5-6所示,水平分析方面,该企业利润总额由2018年的11 410万元减少到2019年的9 800万元,降低了1 610万元,下降率达14.11%,变动主要原因包括两方面,一方面是营业利润的增加,营业利润2019年的8 645万元比2018年的5 810万元增加了2 835万元,增长率达48.8%,远高于利润总额14.11%的变动速度,这是一个非常好的信息,要了解增长原因,还需要进行各产品项目分析。另一方面企业营业外收入却减少4 270万元,降低率达75.31%,同时营业外支出增长175万元,增长率达250%,虽然这些收支只是偶然性发生的项目,没有持续性,但是两方面增减互抵后就形成了利润总额的负增长。因此还是应从会计报表附注中了解营业外收支的明细项目,保证资金安全完整。这种利润结构说明企业利润较稳定,获利能力相对较强,营业外收入减少,表明企业偶然性的收益下降,企业经营风险降低,利润的质量在提高。

从垂直分析方面看,利润总额结构比率由2018年的14.82%,下降到2019年的11.67%,下降了3.15%;营业利润结构比率由2018年的7.55%,上升到2019年的10.29%,上升了2.75%,表明企业主营业务的获利能力增强,企业利润的结构在不断优化。

表 5-6 利润总额构成分析表

编制单位:JXKJ股份有限公司　　　　　2019年度

项目	金额/万元		水平分析		垂直分析/%		
	2019 年	2018 年	增长额/万元	增长率/%	2019 年	2018 年	结构变动
营业利润	8 645.00	5 810.00	2 835.00	48.80	10.29	7.55	2.75
营业外收入	1 400.00	5 670.00	-4 270.00	-75.31	1.67	7.36	-5.70
营业外支出	245.00	70.00	175.00	250.00	0.29	0.09	0.20
利润总额	9 800.00	11 410.00	-1 610.00	-14.11	11.67	14.82	-3.15
营业收入	84 000.00	77 000.00	7 000.00	9.09	100.00	100.00	100.00

5.4.4 成本费用结构分析

成本费用结构是不同性质的成本费用与总成本费用的比重,从各项利润分析可以看出,成本费用对利润有着十分重要的影响,降低成本费用是增加利润的关键,因此对成本费用的分析,主要是找出影响成本升降的原因,为降低成本费用、促进利润提高指明方向。对成本费用结构的分析可通过编制费用类项目结构分析表进行。

如表5-7所示,从成本费用结构变动表看,JXKJ股份有限公司2019年与2018年的成本基本持平,2019 年企业营业成本比 2018 年下降了 0.12%,说明企业在进行卓有成效的成本控制。从表中可以看出企业营业外支出增加了 0.22%,应该查明原因,降低这部分的支出,从而提升企业的盈利。

表 5-7 成本费用结构分析表

编制单位:JXKJ 股份有限公司　　　　　　　2019 年度

项目	金额/万元		结构/%		
	2019 年度	2018 年度	2019 年度	2018 年度	变动幅度
营业成本	70 000.00	66 500.00	89.53	89.64	−0.12
税金及附加	840.00	700.00	1.07	0.94	0.13
销售费用	595.00	560.00	0.76	0.75	0.01
管理费用	1 260.00	1 120.00	1.61	1.51	0.10
财务费用	2 800.00	2 380.00	3.58	3.21	0.37
资产减值损失	0.00	0.00	0.00	0.00	0.00
营业外支出	245.00	70.00	0.31	0.09	0.22
所得税费用	2 450.00	2 852.50	3.13	3.85	−0.71
合计	78 190.00	74 182.50	100.00	100.00	

5.5　利润表主要项目分析

5.5.1　营业收入项目分析

1. 营业收入确认原则

(1) 商品销售:公司已将商品所有权上的主要风险和报酬转移给买方,公司不再对该商品实施继续管理权和实际控制权,相关的收入已经收到或取得了收款的证据,并且与销售该商品有关的成本能够可靠地计量时,确认营业收入的实现。

(2) 提供劳务:劳务在同一年度内开始并完成的,在劳务已经提供,收到价款或取得收取款项的证据时,确认劳务收入;劳务的开始和完成分属不同会计年度的,在劳务合同的总收入和劳务的完成程度能够可靠地确定、与交易相关的价款能够流入、已经发生的成本和为完成劳务将要发生的成本能够可靠地计量的基础上,按照完工百分比法,确认相关的劳务收入。

(3) 让渡资产使用权:让渡现金使用权的利息收入,按让渡现金使用权的时间和适用利率计算确定;让渡非现金使用权的使用费收入,按有关合同或协议规定的收费时间和方法计算确定。上述收入的确定应同时满足以下两个条件:①与交易相关的经济利益能够流入公司;②收入的金额能够可靠地计量。

2. "营业收入"项目分析

"营业收入"(net sales)项目反映企业经营主要业务和其他业务所确认的收入总额,从利润质量来分析,健康的利润应当主要来自主营业务收入,它是企业的核心获利能力,其创造的利润具有持续性、稳定性和可预测性。影响主营业务收入变动主要因素有产品销售数量、销售品种结构和销售单价等。可根据主营收入明细表进一步分析,表 5-8。

表 5-8 营业收入分析表

编制单位:JXKJ 股份有限公司　　　　　　　　2019 年度

项目	金额/万元		水平分析		垂直分析/%		
	2019 年	2018 年	增长额/万元	增长率/%	2019 年	2018 年	结构变动
主营业务收入	70 000.00	56 000.00	14 000.00	25	83.33	72.73	10.60
其他业务收入	14 000.00	21 000.00	-7 000.00	-33.33	16.67	27.27	-10.60
营业收入	84 000.00	77 000.00	7 000.00	9.09	100.00	100.00	—

水平分析:JXKJ 股份有限公司 2019 年营业收入比 2018 年增长了 7 000 万元,增长幅度达 9.09%,说明企业的销售状况良好,主营业务收入增长速度达 25%,高于营业收入 9.09% 的增长率,表明企业营业收入核心获利能力在提升。

垂直分析:JXKJ 股份有限公司主营业务收入占营业收入的比重由 2018 年的 72.73% 上升到 2019 年的 83.33%,上升了 10.6%,表明企业主营业务上升幅度比较大,而 2019 年的 83.33% 的比重高于同行业平均水平,表明企业营业收入结构更优化。

5.5.2　利润总额和净利润分析

1. 利润总额

利润总额(income before taxes)是反映企业全部财务成果的指标,它是收入减去费用后的净额、直接计入当期利润的利得和损失三部分的总和。即:利润=收入-费用+利得-损失。JXKJ 股份有限公司 2019 年实现利润总额 9 800 万元,相比 2018 年的 11 410 万元减少了 1 610 万元,变动率为 14.11%,因营业外收入减少,造成利润总额下降。

2. 净利润

净利润(net income)是指企业所有者最终取得的财务成果,或可供企业所有者分配或使用的财务成果。该企业 2019 年实现净利润 7 350 万元,比 2018 年减少了 1 207.50 万元,下降率为 14.11%,公司的净利润出现了减少的情况。

在正常情况下,企业的非营业利润都是较少的,所得税也是相对稳定的,因此,只要营业利润较大,利润总额和净利润也会较高。

3. 营业利润分析

营业利润(operating profit)是企业经营活动中营业收入减去营业成本和经营费用的差额加上资产减值损失、公允价值变动收益、投资收益的总和。它既包括经营活动的经营成果,也包含经营过程中资产的价值变动损益。

企业营业利润的多少,代表了企业的总体经营管理水平和效果。通常营业利润越大的企业,经济效益越好。

JXKJ 股份有限公司 2019 年实现营业利润 8 645 万元,比 2018 年增加了 2 835 万元,增长率为 48.80%,说明企业主营业务的收入得到很大提升。

4. 营业外收支分析

营业外收入(non-operating income),反映企业发生的与其生产经营无直接关系的各项收入；营业外支出(non-operating expense)，反映企业发生的与其生产经营无直接关系的各项支出。二者没有配比关系。JXKJ 股份有限公司 2019 年的营业外收入是 1 400 万元，比 2018 年减少了 4 270 万元，降低率为 75.31%；而营业外支出是 245 万元，比 2018 年增加了 175 万元，增长率为 250%，营业外支出的大幅度增加，冲减了利润总额的上升趋势。因此需要进一步确认营业外支出的具体项目，确定后期应如何进行控制。

综上所述，可以概括出企业利润项目之间有以下几种关系及表现意义。

(1)利润总额(income before taxes)、营业利润(operating income)和主营业务利润(the main business profit)为正数，利润质量最高。

(2)利润总额为负数，营业利润和主营业务利润为正数，表明企业发生了过多的营业外支出，这种亏损只是暂时的，但要引起重视查明原因。

(3)主营业务利润为正数，营业利润为负数，表明企业投资出现亏损或费用支出过大，应分析撤回投资的可能性和控制费用，确保主营业务的发展。营业利润为负数而利润总额为正数，表明企业发生了过多的营业外收入，应关注企业是否存在操纵利润问题。

(4)主营业务利润为负数，营业利润为正数，表明企业其他业务利润和投资收益突出，其收益足够弥补主营业务的不足，企业应考虑产业结构调整，寻求好的项目来形成企业利润新的增长点。利润总额为正数，说明营业外收支比较正常，但应关注营业外收支具体项目。

(5)主营业务利润为负数，营业利润为负数，表明企业经营状况恶化。应考虑产品结构的调整或转产，否则会面临破产的危险。在主营业务利润为负数，营业利润为负数的基础上，利润总额为正数，是因为营业外收入过多的结果，应重点关注营业外收入项目的变化情况。

(6)主营业务利润为负数，营业利润为负数，利润总额为负数，表明企业已陷于危机之中。

5.5.3 成本费用分析

1. 营业成本分析

营业成本(cost of sales)是指企业为销售商品、提供劳务等日常活动所发生的经济利益的流出。反映企业经营主要业务和其他业务发生的实际成本总额。

在进行财务分析时，需要对营业成本进行重点的分析和研究，表 5-9 是该企业 2019 年度营业成本分析表，从表中可以看出该企业营业成本的变化情况。

表 5-9 营业成本分析表

编制单位：JXKJ 股份有限公司　　　　　　　　2019 年度

项目	金额/万元		水平分析		垂直分析/%		
	2019 年	2018 年	增长额/万元	增长率/%	2019 年	2018 年	结构变动
营业成本	70 000.00	66 500.00	3 500.00	5.26	83.33	86.36	-3.03
营业毛利	14 000.00	10 500.00	3 500.00	33.33	16.67	13.64	3.03
营业收入	84 000.00	77 000.00	7 000.00	9.09	100.00	100.00	—

水平分析：JXKJ 股份有限公司营业成本 2019 年 70 000 万元比 2018 年 66 500 万元增长了 3 500 万元，增长幅度达 5.26%，低于营业收入增长速度，说明企业控制营业成本的效果比期初好。

垂直分析：JXKJ 股份有限公司营业毛利率由 2018 年的 13.64% 上升到 2019 年的 16.67%，上升了 3.03%，表明企业获利能力在增强，但 2019 年营业毛利率只有 16.67%，与同行业平均水平20%相比明显偏低,说明目前产品附加值不够高,企业的盈利只是通过薄利多销的方式取得的。毛利率的增长率为33.33%,大于行业平均增长率,说明企业正在从提高产品品质入手并取得了一定成绩。

2. 营业税金及附加

根据表5-10,水平方面,JXKJ股份有限公司营业税金及附加2019年的840万元比2018年的700万元上升了140万元,上升幅度达20%,远高于营业收入增长速度,说明企业调整了产品结构,产品税率可能比原来高,应具体分析新产品的市场前景及获利能力。

垂直分析来看,JXKJ股份有限公司营业税金及附加结构比率由0.91%上升到1%,上升幅度为0.09%,表明每百元营业收入增加了0.09元的税金,对于税金的增加还是要进一步分析造成税金具体上升的原因,根据原因可以对企业开展全方位的税务筹划。

表5-10 营业税金及附加分析表

编制单位:JXKJ股份有限公司　　　　　　　　　　　2019年度

项目	金额/万元		水平分析		垂直分析/%		
	2019年	2018年	增长额/万元	增长率/%	2019年	2018年	结构变动
税金及附加	840.00	700.00	140.00	20.00	1.00	0.91	0.09
营业收入	84 000.00	77 000.00	7 000.00	9.09	100.00	100.00	—

3. 期间费用分析

费用指企业为销售商品、提供劳务等日常活动所发生的经济利益的流出。包括销售费用、管理费用、财务费用。

1)销售费用分析

从销售费用的基本构成及功能来看,有的与企业的业务活动规模有关(如:运输费、装卸费、整理费、包装费、保险费、销售佣金、差旅费、展览费、委托代销手续费、检验费等);有的与企业从事销售活动人员的待遇有关(如营销人员的工资和福利费);有的与企业的未来发展、开拓市场、扩大企业品牌知名度等有关(如广告费)。从企业管理层对上述各项费用的有效控制来看,尽管管理层可以对诸如广告费、营销人员的工资和福利费等采取控制或降低其规模等措施,但是,这种控制或降低,可能对企业的长期发展不利,可能会影响有关人员的积极性。因此,在报表分析时应将企业销售费用的增减变动和销售量的变动结合起来,分析这种变动的合理性、有效性。一般认为,在企业业务进行拓展的情况下,企业的销售费用不应当降低。片面追求在一定时期的费用降低,有可能对企业的长期发展不利。

2)管理费用分析

与销售费用一样,尽管管理层可以对管理费用中诸如业务招待费、技术开发费、董事会会费、职工教育经费、涉外费、租赁费、咨询费、审计费、诉讼费、修理费、管理人员工资和福利费等采取控制或者降低其规模等措施。但是,这种控制有可能对公司的长期发展不利,或者影响有关人员的积极性。另一方面,折旧费、摊销费等是企业以前各个会计期间已经支出的费用,不存在控制其支出规模的问题。对这类费用的处理更多地受企业会计政策的影响。因此,一般认为,在企业业务发展的条件下,企业的管理费用变动也不会太大,单一追求在一定时期的费用降低,有可能对企业的长期发展不利。

3)财务费用分析

财务费用是企业为筹集生产经营所需资金等发生的费用,包括:利息支出(减利息收入)、汇兑损失(减汇兑收益),以及相关的手续费等。其中,经营期间发生的利息支出构成了企业财务费用的主体。企业贷款利息水平的高低,主要取决于三个因素:贷款规模、贷款利息率和贷款期限。

(1)贷款规模。

企业的贷款规模会导致计入利润表的财务费用的上升或者下降,企业的盈利能力也可能会随之发生变化。通常,企业可能因贷款规模的降低而限制企业的发展。但是如果企业贷款规模过大,会给企业带来巨大的财务风险。

(2)贷款利息率和贷款期限。

从企业融资的角度来看,贷款利息率的具体水平主要取决于以下几个因素:一定时期资本市场的供求关系、贷款规模、贷款的担保条件,以及贷款企业的信誉等。在利率的选择上,可以采用固定利率、变动利率或浮动利率等,因此贷款利率中,既有企业不可控制的因素,也有其可以选择的因素。在不考虑贷款规模和贷款期限的条件下,企业的利息费用将随着利率水平而波动。贷款期限对企业财务费用的影响,主要体现在利率因素上。企业的利率水平主要受一定时期资本市场的利率水平的影响。我们不应该对企业因贷款利率的宏观下调而导致的财务费用降低给予过高的评价。

总之,财务费用是由企业筹资活动而发生的,因此在进行财务费用分析时,应当将财务费用的增减变动和企业的筹资活动联系起来,分析财务费用增减变动的合理性和有效性,发现其中存在的问题,查明原因,采取对策,以控制和降低费用,提高企业利润水平。

表5-11、表5-12反映了企业财务费用、销售费用、管理费用的情况,从表中可以看出,管理费用、销售费用和财务费用在上涨,尤其是财务费用上涨速度较快,应该进一步查明财务费用上涨原因,另外应该进一步控制管理费用的支出。

表 5-11 期间费用分析表

编制单位:JXKJ股份有限公司　　　　　　　　2019年度

项目	金额/万元		水平分析		垂直分析/%		
	2019年	2018年	增长额/万元	增长率/%	2019年	2018年	结构变动
销售费用	595.00	560.00	35.00	6.25	0.71	0.73	-0.02
管理费用	1 260.00	1 120.00	140.00	12.50	1.50	1.45	0.05
财务费用	2 800.00	2 380.00	420.00	17.65	3.33	3.09	0.24

表 5-12 费用结构分析表

编制单位:JXKJ股份有限公司　　　　　　　　2019年度

项目	金额/万元		结构/%		
	2019年	2018年	2019年	2018年	变动幅度
销售费用	595.00	560.00	12.78	13.79	-1.01
管理费用	1 260.00	1 120.00	27.07	27.59	-0.52
财务费用	2 800.00	2 380.00	60.15	58.62	1.53
合计	4 655.00	4 060.00	100.00	100.00	

4. 资产减值损失

资产减值损失(losses on the asset impairment)是用来核算企业依据《企业会计准则》计提的各项资产减值准备所形成的损失。企业对于绝大部分资产都应计提减值准备,这是谨慎性原则的要求。依据《企业会计准则》的规定,企业许多资产减值准备在计提后不能转回,这样的资产主要是固定资产、无形资产等长期资产,因为这些资产的公允价值通常波动很小,如果发生减值,日后价值回升是很困难的。

分析时应当关注报表附注中的企业资产减值明细表,明确其构成,评价每项资产减值准备的计提是否充分,是否存在企业计提不足或过度计提的状况,并且与历史资产减值状况对比,观察减值准备的异常变化,是否企业应用资产减值来调节利润。

5. 营业外支出

营业外支出是指企业发生的与其生产经营无直接关系的各项支出,如固定资产盘亏、债务重组损失、罚款支出等。对于这些损失,企业应将其控制在最低限度。

6. 所得税

企业所得税(income taxes)是企业的一项费用,但是该项目并不是直接由当期利润总额乘以税率得到的。因为税法与会计准则对于企业会计项目金额的认定不同,致使企业所得税费用与当期的应缴所得税不同,企业当期所得税费用可以分为两个部分:一是当期应当缴纳的部分,即按照税法计算的应缴所得税;二是在当期发生但是在以后期间缴纳的部分,即递延所得税(deferred income taxes)。

分析时应结合资产负债表的递延所得税资产(deferred income tax assets)、递延所得税负债(deferred income tax liabilities)和应缴税费项目来分析本项目的质量,应关注企业对于资产负债的计税基础确定是否公允,同时应注意如果存在非同一控制下的企业合并,则递延所得税应调整商誉。对于其他权益工具投资公允价值变动导致的递延所得税应计入所有者权益,对于这两项资产负债账面价值与计税基础导致的递延所得税不能计入所得税。

5.6 本章小结

本章重点阐述了利润表的分析就结构和分析方法,对利润表中收入类、成本费用类和利润类项目的分析方法进行了详细的说明,包括利润表水平分析法、利润表垂直分析法和综合结构分析法,着重介绍了利润综合分析的方法,即利润增减变动分析和利润构成的结构变动分析。

5.7 课后练习题

一、单选题

1. 如果企业本年销售收入增长快于销售成本的增长,那么企业本年营业利润(　　)。
   A. 一定大于零　　　　　　B. 一定大于上年净利润
   C. 一定大于上年营业利润　　D. 不一定大于上年营业利润

2. 下列项目中,不影响企业营业利润分析的项目是(　　)。
   A. 营业成本　　B. 销售费用　　C. 所得税费用　　D. 资产减值损失

3. 橙子公司 2020 年 12 月,出售原材料 900 万元,出售固定资产 36 000 万元,出租投资性房地产 500 万元,假设不考虑税费问题,上述业务影响营业利润金额为( )万元。
A. 36 900　　　B. 1 400　　　C. 36 500　　　D. 37 400

4. 对利润表进行结构分析时,通常选择( )项目的金额作为分母,其他项目的金额作为分子,计算占该项目的比重。
A. 营业成本　　B. 净利润　　C. 营业收入　　D. 利润总额

5. ( )是企业利润表中所反映出的第一个层次的业绩,反映企业自身生产经营业务的财务成果。
A. 毛利润　　B. 营业利润　　C. 营业收入　　D. 营业外收入

二、多选题

1. 影响主营业务利润的基本因素有( )。
A. 销售量　　B. 销售品种构成　　C. 产品等级　　D. 单价

2. 进行产品销售利润因素分析的主要步骤包括( )。
A. 将影响产品销售利润的因素分为有利因素和不利因素
B. 找出影响产品销售利润的因素
C. 确定各因素变动对产品销售利润的影响程度
D. 按各因素变动对产品销售利润的影响程度排序

3. 销售费用结构分析主要分析以下指标( )。
A. 销售费用变动率
B. 销售费用变动额
C. 销售费用构成率
D. 百元销售收入销售费用

4. 财务费用项目分析的内容包括( )
A. 汇兑损失　　B. 利息支出　　C. 利息收入　　D. 汇兑收益

5. 下列项目属于期间费用的有( )。
A. 管理费用　　B. 制造费用　　C. 财务费用　　D. 销售费用

三、判断题

1. 营业利润是企业营业收入与营业成本费用及税金之间的差额。它既包括产品销售利润,又包括其他业务利润,并在二者之和基础上减去管理费用与财务费用。( )
2. 利润表附表反映了会计政策变动对利润的影响。( )
3. 税率的变动对产品销售利润没有影响。( )
4. 企业成本总额的增加不一定意味着利润的下降和企业管理水平的下降。( )
5. 按我国现行会计制度规定,企业当期实现的净利润即为企业当期可供分配的利润。( )

四、简答题

1. 简述利润表分析的意义。
2. 简述利润表分析的步骤。
3. 简述多步式利润表的利润有几步及优点。
4. 简述利润表的结构分析有哪些。
5. 简述所得税分析要注意什么。

五、案例分析

现有 JHKJ 股份有限公司的 2018 年度和 2019 年度的利润表,请根据资产负债表对该企业进行利润表水平分析、垂直分析、结构分析。

表 5-13 利润表

编制单位:JHKJ股份有限公司　　　　2019年度　　　　　　　　　　　　单位:元

项　目	2019年度	2018年度
一、营业收入	400 660 310.64	382 802 942.98
减:营业成本	331 477 899.98	322 966 550.74
税金及附加	1 631 167.10	2 070 616.98
销售费用	13 000 910.38	7 940 760.53
管理费用	36 718 566.94	23 184 086.49
财务费用	8 055 957.88	9 548 024.64
资产减值损失	3 471 196.93	2 111 421.13
加:公允价值变动收益		
投资收益	54 134 364.72	53 692 564.01
其中:对联营企业和合营企业的投资收益	12 386 847.91	9 792 592.94
二、营业利润	60 438 976.15	68 674 046.49
加:营业外收入	18 101 107.53	3 011 673.28
减:营业外支出	431 965.18	942 848.51
其中:非流动资产处置损失	70 281.28	317 699.06
三、利润总额	78 108 118.50	70 742 871.26
减:所得税费用	19 527 029.62	17 685 717.82
四、净利润	58 581 088.87	53 057 153.45
五、每股收益		
(一)基本每股收益	0.27	0.24
(二)稀释每股收益	0.27	0.24

第6章 现金流量表分析

 知识目标

(1) 了解现金流量表的目的和内容；
(2) 掌握现金流量表的项目分析内容；
(3) 掌握现金流量表的水平分析和垂直分析方法；
(4) 掌握现金流量表的结构分析内容。

 能力目标

(1) 能够对企业现金流量表进行结构分析；
(2) 能够对企业现金流量表进行项目分析；
(3) 能够对企业现金流量表进行水平分析；
(4) 能够对企业现金流量表进行垂直分析。

 任务导入

表 6-1　现金流量表

编制单位：JHDC 控股股份有限公司　　2019 年 12 月 31 日　　　　　　　　　　　　　单位：元

项　目		2019 年	2018 年
一、经营活动产生的现金流量	经营活动现金流入小计	19 470 021 673.00	7 108 781 906.00
	经营活动现金流出小计	12 415 290 340.00	11 028 625 581.00
	经营活动产生的现金流量净额	7 054 731 333.00	−3 919 843 675.00
二、投资活动产生的现金流量	投资活动现金流入小计	499 886 059.00	738 257 580.00
	投资活动现金流出小计	945 675 137.00	1 157 499 001.00
	投资活动产生的现金流量净额	−445 789 078.00	−419 241 421.00
三、筹资活动产生的现金流量	筹资活动现金流入小计	5 950 720 103.00	15 387 842 702.00
	筹资活动现金流出小计	11 139 857 871.00	7 223 390 968.00
	筹资活动产生的现金流量净额	−5 189 137 768.00	8 164 451 734.00
四、汇率变动对现金的影响		−2 200 526.00	−12 294 446.00
五、现金及现金等价物净增加额		1 417 603 961.00	3 813 072 192.00
加：年初现金及现金等价物余额		7 358 057 106.00	3 544 984 914.00
六、期末现金及现金等价物余额		8 775 661 067.00	7 358 057 106.00

现金流量是企业发展的命脉,表 6-1 是 JHDC 控股股份有限公司 2019 年的现金流量表,当你看到这个报表后应该如何评价该公司财务状况?在学习完本章内容后就能够对该企业的财务状况,尤其是企业现金状况有一个综合评价了。

6.1 现金流量表分析概述

6.1.1 现金流量表分析的基本内容

1. 现金的内涵

现金流量表(statement of cash flows)中的现金概念是广义的现金(cash)概念,不仅包括库存现金,还包括银行存款、其他货币资金,以及现金等价物。

其中:银行存款是企业存在金融机构可随时用于支付的存款,不能随时支取的定期存款不作为现金流量表中的现金,但提前通知金融机构便可支取的定期存款,则包括在现金流量表的现金范围内。

其他货币资金是企业存在金融机构有特定用途的资金,如外埠存款、银行汇票存款、银行本票存款、信用证保证金存款、信用卡存款等。

现金等价物(cash equivalents)是企业持有的期限短、流动性强、易于转换为已知金额的现金且价值变动风险较小的投资,通常指购买在 3 个月或更短时间内到期或可转换为现金的投资,如企业购买的长期债券投资还有 3 个月就到期,此时该笔债券投资可视为现金。

2. 现金流量的内涵

现金流量(cash flows)是指企业现金和现金等价物的流入和流出。现金流量根据企业经济活动的性质,通常分为经营活动现金流量(cash flows from operating activities)、投资活动现金流量(cash flows from investing activities)和筹资活动现金流量(cash flows from financing activities)。现金流量又可分为现金流入量、现金流出量和净现金流量。

需要注意的是,企业现金形式的转换不会产生现金的流入和流出,例如,企业从银行提取现金,是企业现金存放形式的变化,现金未流出企业,不构成现金流量。同样,现金和现金等价物之间的转换也不属于现金流量。

3. 现金流量表

现金流量表是以现金为基础编制的财务状况变动表。

我国《企业会计准则第 31 号——现金流量表》规定现金流量表主表的编制格式为按经营活动、投资活动和筹资活动的现金流量分别归集其流入量、流出量和净流量,最后得出企业净现金流量。现金流量表补充资料的编制格式为以净利润为基础调整相关项目,得出经营活动净现金流量。

现金流量表中的现金与我们日常生活中所指的现金不同,其编制基础亦与资产负债表和利润表采用的权责发生制有根本区别。现金流量表是以收付实现制为基础编制的。

目前,企业的现金流量表由五大项目和补充资料组成,其中经营活动、投资活动、筹资活动产生的现金流量是我们研究的重点。在每项活动中,现金流量表又将现金的流入与流出明显区分开来。

6.1.2 现金流量表分析的意义

编制现金流量表的意义是为财务报表的使用者提供企业一定会计期间内现金及现金等价物流入和流出的信息,说明企业的偿债能力、支付股利能力和利润的质量,以便于报表使用者了解和评价企业获取现金及现金等价物的能力,并据以预测企业未来的现金流量。具体具有以下意义。

1. 了解企业现金变动情况和变动原因

资产负债表中货币资金项目反映了企业一定时期内现金变动的结果,是静态的现金存量,企业从哪里获取现金,又将现金用于哪些方面,只有通过现金流量表的分析,才能揭示企业现金的变动情况和现金变动的原因。

2. 判断企业获取现金的能力

现金余款是企业现金流动的结果,并不表明现金流量的大小,通过对现金流量表进行现金流量分析,能够对企业获取现金的来源和获取现金的能力做出判断。

3. 评价企业盈利的质量

利润是按权责发生制计算的,用于反映当期的财务成果,它并不代表真正实现的收益,账面上的利润满足不了企业的资金需要,因此,盈利企业仍然有可能发生财务危机,高质量的盈利必须有相应的现金流入做保障。

4. 了解企业的支付能力、偿债能力与营运能力

通过现金流量表并配合资产负债表和利润表,计算出一系列与经营活动产生的现金流量相关的现金流量比率,可以了解企业的现金能否偿还到期债务、支付股利和进行必要的固定资产投资,了解企业现金的流转效率和效果,从而便于投资者做出投资决策、债权人做出信贷决策。

6.1.3 现金流量表分析的内容

在现金流量表中,现金流量项目被分为三类,即经营活动产生的现金流量、投资活动产生的现金流量和筹资活动产生的现金流量。

1. 经营活动产生的现金流量

经营活动产生的现金流量是指企业除投资活动和筹资活动以外的其他所有交易或事项所产生的现金流量。

经营活动产生的现金流入项目主要有:销售商品、提供劳务收到的现金,收到的税费返还,收到的其他与经营活动有关的现金。

经营活动产生的现金流出项目主要有:购买商品、接受劳务支付的现金,支付给职工以及为职工支付的现金,支付的各项税费,支付的其他与经营活动有关的现金。

2. 投资活动产生的现金流量

投资活动产生的现金流量是指企业有关对外投资、购建或处置固定资产、无形资产及其他长期资产等活动中所涉及的现金流量。

投资活动产生的现金流入项目主要有:收回投资收到的现金,取得投资收益收到的现金,处置固定资产、无形资产和其他长期资产收回的现金净额。处置子公司及其他营业单位收到的现金净额,收到其他与投资活动有关的现金。

投资活动产生的现金流出项目主要有:购建固定资产、无形资产和其他长期资产支付的现金,投资支付的现金,取得子公司及其他营业单位支付的现金净额,支付其他与投资活动有关的现金。

3. 筹资活动产生的现金流量

筹资活动产生的现金流量是指企业所有与筹资相关的活动所涉及的现金流量。

筹资活动产生的现金流入项目主要有:吸收投资收到的现金,取得借款收到的现金,收到其他与筹资活动有关的现金。

筹资活动产生的现金流出项目主要有:偿还债务支付的现金,分配股利、利润或偿付利息支付的现金,支付其他与筹资活动有关的现金。

6.1.4 现金流量表的结构

我国的现金流量表分为现金流量表(主表)和补充资料(附注)两个部分,要求主表采用直接法编制,补充资料采用间接法编制。表6-2是典型的现金流量表,为《企业会计准则第31号——现金流量表》应用指南中规定的一般企业现金流量表。本章将以表6-2中的企业数据为例对该企业的现金流量进行综合分析。

表6-2 现金流量表

编制单位:JXKJ股份有限公司　　　　2019年12月31日　　　　　　　　　　单位:万元

	项目	2019年	2018年
一、经营活动产生的现金流量	销售商品、提供劳务收到的现金	73 500.00	63 000.00
	收到的税费返还	0.00	0.00
	收到其他与经营活动有关的现金	3 500.00	0.00
	经营活动现金流入小计	77 000.00	63 000.00
	购买商品、接受劳务支付的现金	63 000.00	56 000.00
	支付给职工以及为职工支付的现金	840.00	630.00
	支付的各项税费	1 400.00	770.00
	支付其他与经营活动有关的现金	1 960.00	0.00
	经营活动现金流出小计	67 200.00	57 400.00
	经营活动产生的现金流量净额	9 800.00	5 600.00
二、投资活动产生的现金流量	收回投资收到的现金	70.00	0.00
	取得投资收益收到的现金	140.00	28.00
	处置固定资产、无形资产和其他长期资产收回的现金净额	140.00	1 792.00
	处置子公司及其他营业单位收到的现金净额	0.00	0.00
	收到其他与投资活动有关的现金	0.00	0.00
	投资活动现金流入小计	350.00	1 820.00
	购建固定资产、无形资产和其他长期资产支付的现金	10 500.00	8 400.00

续表

项目		2019年	2018年
二、投资活动产生的现金流量	投资支付的现金	840.00	0.00
	取得子公司及其他营业单位支付的现金净额	0.00	0.00
	支付其他与投资活动有关的现金	0.00	0.00
	投资活动现金流出小计	11 340.00	8 400.00
	投资活动产生的现金流量净额	−10 990.00	−6 580.00
三、筹资活动产生的现金流量	吸收投资收到的现金	0.00	0.00
	取得借款收到的现金	7 350.00	5 600.00
	收到其他与筹资活动有关的现金	0.00	0.00
	筹资活动现金流入小计	7 350.00	5 600.00
	偿还债务支付的现金	700.00	700.00
	分配股利、利润或偿付利息支付的现金	3 850.00	3 150.00
	支付其他与筹资活动有关的现金	700.00	350.00
	筹资活动现金流出小计	5 250.00	4 200.00
	筹资活动产生的现金流量净额	2 100.00	1 400.00
四、汇率变动对现金的影响		0.00	0.00
五、现金及现金等价物净增加额		910.00	420.00
加:年初现金及现金等价物余额		980.00	560.00
六、期末现金及现金等价物余额		1 890.00	980.00

6.2 现金流量表水平分析

6.2.1 编制现金流量水平分析表

现金流量表通常说明企业当期现金流量产生的原因,没能揭示本期现金流量与前期现金流量的差异。为了解决这个问题,可采用水平分析法对现金流量表进行分析。根据表6−2,以JXKJ股份有限公司数据为例,编制该企业的现金流量水平分析表,见表6−3。

表6−3 现金流量水平分析表

编制单位:JXKJ股份有限公司　　　　2019年12月31日

项目		2019年/万元	2018年/万元	变动额/万元	变动率/%
一、经营活动产生的现金流量	销售商品、提供劳务收到的现金	73 500.00	63 000.00	10 500.00	16.67
	收到的税费返还	0.00	0.00	0.00	0.00
	收到其他与经营活动有关的现金	3 500.00	0.00	3 500.00	100.00
	经营活动现金流入小计	77 000.00	63 000.00	14 000.00	22.22
	购买商品、接受劳务支付的现金	63 000.00	56 000.00	7 000.00	12.50

续表

	项目	2019年/万元	2018年/万元	变动额/万元	变动率/%
一、经营活动产生的现金流量	支付给职工以及为职工支付的现金	840.00	630.00	210.00	33.33
	支付的各项税费	1 400.00	770.00	630.00	81.82
	支付其他与经营活动有关的现金	1 960.00	0.00	1 960.00	100.00
	经营活动现金流出小计	67 200.00	57 400.00	9 800.00	17.07
	经营活动产生的现金流量净额	9 800.00	5 600.00	4 200.00	75.00
二、投资活动产生的现金流量	收回投资收到的现金	70.00	0.00	70.00	100.00
	取得投资收益收到的现金	140.00	28.00	112.00	400.00
	处置固定资产、无形资产和其他长期资产收回的现金净额	140.00	1 792.00	−1 652.00	−92.19
	处置子公司及其他营业单位收到的现金净额	0.00	0.00	0.00	
	收到其他与投资活动有关的现金	0.00	0.00	0.00	
	投资活动现金流入小计	350.00	1 820.00	−1 470.00	−80.77
	购建固定资产、无形资产和其他长期资产支付的现金	10 500.00	8 400.00	2 100.00	25.00
	投资支付的现金	840.00	0.00	840.00	100.00
	取得子公司及其他营业单位支付的现金净额	0.00	0.00	0.00	
	支付其他与投资活动有关的现金	0.00	0.00	0.00	
	投资活动现金流出小计	11 340.00	8 400.00	2 940.00	35.00
	投资活动产生的现金流量净额	−10 990.00	−6 580.00	−4 410.00	67.02
三、筹资活动产生的现金流量	吸收投资收到的现金	0.00	0.00	0.00	100.00
	取得借款收到的现金	7 350.00	5 600.00	1 750.00	31.25
	收到其他与筹资活动有关的现金	0.00	0.00	0.00	
	筹资活动现金流入小计	7 350.00	5 600.00	1 750.00	31.25
	偿还债务支付的现金	700.00	700.00	0.00	0.00
	分配股利、利润或偿付利息支付的现金	3 850.00	3 150.00	700.00	22.22
	支付其他与筹资活动有关的现金	700.00	350.00	350.00	100.00
	筹资活动现金流出小计	5 250.00	4 200.00	1 050.00	25.00
	筹资活动产生的现金流量净额	2 100.00	1 400.00	700.00	50.00
四、汇率变动对现金的影响		0.00	0.00	0.00	
五、现金及现金等价物净增加额		910.00	420.00	490.00	116.67
加:年初现金及现金等价物余额		980.00	560.00	420.00	75.00
六、期末现金及现金等价物余额		1 890.00	980.00	910.00	92.86

从表 6-3 可以看出,该企业 2019 年净现金净增加额比 2018 年增加 490 万元。经营活动、投资活动和筹资活动产生的现金流量净额较 2018 年的变动额分别为 4 200 万元、-4 410 万元和 700 万元。

6.2.2 现金流量水平分析表的评价

2019 年 JXKJ 股份有限公司经营活动产生的现金流量净额比 2018 年增长了 4 200 万元,增长率为 75%。经营活动现金流入和现金流出分别比 2018 年增长 22.22% 和 17.07%,增长额分别为 14 000 元和 9 800 元。经营活动现金流入量的增加主要是因为销售商品、提供劳务收到的现金增加了 10 500 万元,增长率为 16.67%;同时,其他与经营活动有关的现金增加了 3 500 万元,增长率为 100%。经营活动现金流出量的增加主要是受购买商品、接受劳务支付的现金增加了 7 000 万元,其增长率为 12.5%;和支付其他与经营活动有关的现金增加 1 960 万元,增长率 100% 的影响;另外,支付给职工以及为职工支付的现金、支付的各项税费亦有不同程度的增加。

投资活动产生的现金流量净额比 2018 年减少 4 410 万元,主要原因是由于处置固定资产、无形资产和其他长期资产收回的现金净额减少了 92.19%,计 1 652 万元;其他项目增加数额较小,可以忽略不计。另外购建固定资产、无形资产和其他长期资产支付的现金增加了 2 100 万元,增长率为 25%;投资支付的现金增长 100%,计 840 万元;投资活动流入与流出金额正负相抵,就导致投资活动产生的现金流量净额比 2018 年减少 4 410 万元。

筹资活动产生的现金流量净额比 2018 年增长了 700 万元,主要原因是 2019 年取得借款收到的现金较 2018 年增加了 1 750 万元。

6.3 现金流量表垂直分析

6.3.1 编制现金流量垂直分析表

根据表 6-2 编制企业现金流量垂直分析表,见表 6-4,现金流量垂直分析表可以反映企业整体的现金流量结构状况。为分析企业的现金流情况、预测企业获利能力、筹资能力、企业的投资效益提供基础数据支撑。

表 6-4 现金流量垂直分析表

编制单位:JXKJ 股份有限公司　　　　　2019 年 12 月 31 日

	项目	2019 年/万元	2018 年/万元	2019 年度/%	2018 年度/%
一、经营活动产生的现金流量	销售商品、提供劳务收到的现金	73 500.00	63 000.00	3 888.89	6 428.57
	收到的税费返还	0.00	0.00	0.00	0.00
	收到其他与经营活动有关的现金	3 500.00	0.00	185.19	0.00
	经营活动现金流入小计	77 000.00	63 000.00	4 074.07	6 428.57
	购买商品、接受劳务支付的现金	63 000.00	56 000.00	3 333.33	5 714.29
	支付给职工以及为职工支付的现金	840.00	630.00	44.44	64.29
	支付的各项税费	1 400.00	770.00	74.07	78.57

续表

项目		2019 年/万元	2018 年/万元	2019 年度/%	2018 年度/%
	支付其他与经营活动有关的现金	1 960.00	0.00	103.70	0.00
	经营活动现金流出小计	67 200.00	57 400.00	3 555.56	5 857.14
	经营活动产生的现金流量净额	9 800.00	5 600.00	518.52	571.43
二、投资活动产生的现金流量	收回投资收到的现金	70.00	0.00	3.70	0.00
	取得投资收益收到的现金	140.00	28.00	7.41	2.86
	处置固定资产、无形资产和其他长期资产收回的现金净额	140.00	1 792.00	7.41	182.86
	处置子公司及其他营业单位收到的现金净额	0.00	0.00	0.00	0.00
	收到其他与投资活动有关的现金	0.00	0.00	0.00	0.00
	投资活动现金流入小计	350.00	1 820.00	18.52	185.71
	购建固定资产、无形资产和其他长期资产支付的现金	10 500.00	8 400.00	555.56	857.14
	投资支付的现金	840.00	0.00	44.44	0.00
	取得子公司及其他营业单位支付的现金净额	0.00	0.00	0.00	0.00
	支付其他与投资活动有关的现金	0.00	0.00	0.00	0.00
	投资活动现金流出小计	11 340.00	8 400.00	600.00	857.14
	投资活动产生的现金流量净额	−10 990.00	−6 580.00	−581.48	−671.43
三、筹资活动产生的现金流量	吸收投资收到的现金	0.00	0.00	0.00	0.00
	取得借款收到的现金	7 350.00	5 600.00	388.89	571.43
	收到其他与筹资活动有关的现金	0.00	0.00	0.00	0.00
	筹资活动现金流入小计	7 350.00	5 600.00	388.89	571.43
	偿还债务支付的现金	700.00	700.00	37.04	71.43
	分配股利、利润或偿付利息支付的现金	3 850.00	3 150.00	203.70	321.43
	支付其他与筹资活动有关的现金	700.00	350.00	37.04	35.71
	筹资活动现金流出小计	5 250.00	4 200.00	277.78	428.57
	筹资活动产生的现金流量净额	2 100.00	1 400.00	111.11	142.86
四、汇率变动对现金的影响		0.00	0.00	0.00	
五、现金及现金等价物净增加额		910.00	420.00	48.15	42.86
加:年初现金及现金等价物余额		980.00	560.00	51.85	57.14
六、期末现金及现金等价物余额		1 890.00	980.00	100.00	100.00

6.3.2 现金流量垂直分析表的评价

从表 6-4 可以看出,JXKJ 股份有限公司 2019 年的现金及现金等价物增加额占期末现金及现金等价物余额的 48.15%,相较于 2018 年的比例上涨了 5.29%,这说明企业的现金流入有所提升,销售呈上升趋势,市场份额扩大,资金回笼较快。因此在这种情况下,经营活动产生的现金流量净额占期末现金及现金等价物余额的比例很大,为配合扩大销售需要筹集更多资金用于扩大市场,该企业筹资活动的现金流量净额从 2018 年的 1 400 万元增加到了 2019 年的 2 100 万元。基于对经营活动和筹资活动的分析,再看投资活动就可以看出该企业投资活动出现现金流量负增长是因为购建固定资产、无形资产和其他长期资产支付的现金从 2018 年的 8 400 万元提升到 2019 年的 10 500 万元,是为了提升企业生产能力进行了大量的固定资产投入,从而造成了企业投资活动产生的现金流量净额的负增长。

6.4 现金流量表的结构分析

现金流量表结构分析是指通过对现金流量表中不同项目间的比较,分析企业现金流入的主要来源和现金流出的方向,并评价现金流入流出对净现金流量的影响。现金流量表结构分析的内容包括现金流量表单模块分析和多模块综合分析。

6.4.1 现金流量表单模块分析

现金流量表主要模块包括了经营活动产生的现金流量、投资活动产生的现金流量、筹资活动产生的现金流量,从表 6-2 可以看出,这三个模块可能出现的现金流量情况无非是大于 0、小于和等于 0,那么这三种情况出现后应如何对企业进行评价,本文以表 6-5 进行总结。

表 6-5 现金流量表单模块分析评价表

活动	现金净流量	分析评价
经营活动	大于 0	经营活动的现金流入量大于现金流出量,意味着企业的经营活动比较正常,具有较好的盈利能力,通过经营活动收取的现金,可以满足经营本身的需要,同时剩余的部分还可以用于再投资或偿债,体现企业稳定的经营活动对投资和理财的支持能力
经营活动	小于 0	经营活动的现金流入量小于现金流出量,这意味着经营过程的现金流存在入不敷出的情况,生产经营不能支持投资或偿债,同时还要借助于收回投资或举借新债所取得现金才能维持正常的经营,如果这种局面长期内不能改变,企业将会陷于财务困境
经营活动	等于 0	经营活动的现金流入量等于现金流出量,意味着经营过程中的现金收支完全平衡,这种情况在现实中比较少见,如果长期保持这种情况,企业将不能进行未来收益的长期投资,对简单再生产的维持也只能停留在短期内。此时如果企业想继续生存下去,只能通过外部融资来解决资金困难的问题,因此该情况对企业的长远发展不利

续表

活动	现金净流量	分析评价
投资活动	大于0	投资活动产生的现金流入量大于或等于现金流出量,出现这种情况具有两种可能性: 1. 企业投资收益显著,尤其是短期投资回报能力较强 2. 企业面临财务危机,同时又难以从外部筹资,而不得不处置一些长期资产,以补偿日常经营活动的现金需求。 因此,当看到这种情况时必须进一步分析企业的财务状况,来判定是向好发展还是会演化为财务危机
投资活动	小于0	投资活动产生的现金流入量小于现金流出量,出现这种情况具有两种可能性: 1. 企业投资收益状况较差,投资没有取得经济效益,并导致现金的净流出。 2. 企业当期有较大的对外投资,因为大额投资一般会形成长期资产,并影响企业今后的生产经营能力,所以这种状况下的投资活动净现金流量小于零对企业的长远发展是有利的。 因此分析时应联合分析企业其他现金流量数据,从而得出准确的结论
筹资活动	大于0	筹资活动产生的现金流入量大于现金流出量,出现这种情况具有两种可能性: 1. 主动筹资:通常企业的资金需求主要通过自身经营现金流入解决,但是当企业处于初创、成长阶段或者企业遇到经营危机时,仅仅依靠经营现金流入是不够的,企业应通过外部筹资满足资金需求。此时,企业筹资活动现金净流量一般会大于零。 2. 被动筹资:因投资活动和经营活动的现金流出失控,企业不得已的筹资行为不正常,这是被动行为
筹资活动	小于0	筹资活动产生的现金流入量小于现金流出量,出现这种情况具有两种可能性: 1. 由于企业在本会计期间集中发生偿还债务、支付筹资费用、进行利润分配、偿付利息等业务。 2. 企业在投资活动和企业战略发展方面没有更多的战略部署和规划

6.4.2 现金流量表多模块综合分析

现金流量表多模块综合分析的方法是首先将对现金及现金等价物净增加额、现金流入、现金流出进行分析,然后再根据现金流量表中的各模块现金流量净值情况进行综合分析。

1. 现金流量表总括模块分析

现金流量表总括模块分析包括对现金及现金等价物净增加额、现金流入结构、现金流出结构等的分析,这些分析可以通过列表进行分析。财务分析人员可以利用现金流入和流出结构的历史比较和同行业比较,从而得到更有意义的信息。如果公司经营现金流量的结构百分比具有代表性(可用三年或五年的平均数),财务分析人员还可根据这些数据和计划销售额来预测未来的经营现金流量。

(1)现金及现金等价物净增加额分析。

以表6-3和6-4为基础,编制现金及现金等价物净增加额分析表。

表 6-6 现金及现金等价物净增加额分析表

编制单位:JXKJ 股份有限公司　　　　　　2019 年度

项目	金额/万元		水平分析		垂直分析/%		
	2019 年	2018 年	增长额/万元	增长率/%	2019 年	2018 年	结构变动
现金及现金等价物净增加额	910.00	420.00	490.00	116.67	1.73	0.93	0.80
年初现金及现金等价物余额	980.00	560.00	420.00	75.00	1.86	1.24	0.62
期末现金及现金等价物余额	1 890.00	980.00	910.00	92.86	3.59	2.16	1.42
资产总额	52 710.00	45 290.00	7 420.00	16.38	100.00	100.00	

通过表 6-6 可以看出,该企业在 2018 年现金及现金等价物余额增加了 420 万元,增长率达到了 75%,2019 年现金及现金等价物净增加额为 910 万元,比 2018 年的 420 万元又增加了 490 万元,增长率达到 116.67%,表明该企业现金充足,处于明显的上升期,企业经营风险下降。但 2019 年现金及现金等价物净增加额的快速增长,使期末现金及现金等价物余额增加到 1 890 万元,增长率达到 92.86%,企业可能会因增长速度过快、现金占用过多而降低现金的使用效率,使企业收益下降,具体情况还要看现金流量表的结构。

另一方面,期末现金及现金等价物余额占总资产结构的比率由 2018 年的 2.16% 增长到 2019 年的 3.59%,增长了 1.42%,表明企业防御能力在增强,但 2019 年现金及现金等价物余额占总资产结构的比率只有 3.59%,远低于同行业的 10%,因此 2019 年现金净增加额的快速上升说明企业在进行结构调整,整体还是比较有利的。

(2)现金流入结构分析。

流入结构分析分为总流入结构和三项(经营、投资和筹资)活动流入的内部结构分析。根据表 6-3 和表 6-4,编制企业现金流入分析表,见表 6-7。

表 6-7 企业现金流入分析表

编制单位:JXKJ 股份有限公司　　　　　　2019 年度

项目	金额/万元		水平分析		垂直分析/%		
	2019 年	2018 年	增长额/万元	增长率/%	2019 年	2018 年	结构变动
经营活动流入	77 000.00	63 000.00	14 000.00	22.22	90.91	89.46	1.45
投资活动流入	350.00	1 820.00	-1 470.00	-80.77	0.41	2.58	-2.17
筹资活动流入	7 350.00	5 600.00	1 750.00	31.25	8.68	7.95	0.73
现金流入总量	84 700.00	70 420.00	14 280.00	20.28	100.00	100.00	

基于表 6-7 可以看出,企业现金流入总量由 2018 年的 70 420 万元增长到 2019 年的 84 700 万元,增长了 14 280 万元,增长率达 20.28%,总体来讲,现金流入总量增长比较快,表明企业取得现金流的能力明显增长。

从各项目来看,经营活动现金流入量 2019 年的 77 000 万元比 2018 年的 63 000 万元增长了 14 000 万元,增长率为 22.22%,略高于现金流入总量的增长率,说明企业经营活动获取现金的能力较强。

筹资活动现金流入量2019年的7 350万元比2018年的5 600万元增长了1 750万元,增长率为31.25%,高于经营活动现金流入量增长率,表明企业对外部资金的依赖在增强,可能企业处于扩张期或转型期。

投资活动现金流入量2019年的350万元比2018年的1 820万元下降了1 470万元,下降幅度为80.77%,可能是企业经营趋于稳健型的调整。

另一方面,2019年经营活动现金流入量的结构比率为90.91%,比2018年的89.46%提升了1.45%,但2019年和2018年一直都处于90%左右的较高水平,始终处于主导地位,表明经营活动开展正常,获利能力较强,筹资活动现金流入量的结构比率2019年的8.68%比2018年的7.95%提升了0.73%,表明企业对外融资能力增强,2019年8.68%的结构比率相对于经营活动现金流入量90.91%的结构比率来讲还是相对较低的,说明企业现金收入主要是靠经营现金流取得的,自力更生的能力很强。投资活动现金流入量的结构比率2019年只有0.41%,对现金流入总量影响不大,如果要进一步了解企业现金流入情况,还需要分项目进行分析。

(3)现金流出结构分析。

流出结构分析也分为总流出结构和三项(经营、投资和筹资)活动流出的内部结构分析。根据表6-3和表6-4,编制企业现金流出分析表,见表6-8。

表6-8 企业现金流出分析表

编制单位:JXKJ股份有限公司　　　　　　　　2019年度

项目	金额/万元		水平分析		垂直分析/%		
	2019年	2018年	增长额/万元	增长率/%	2019年	2018年	结构变动
经营活动现金流出小计	67 200.00	57 400.00	9 800.00	17.07	80.20	82.00	−1.80
投资活动现金流出小计	11 340.00	8 400.00	2 940.00	35.00	13.53	12.00	1.53
筹资活动现金流出小计	5 250.00	4 200.00	1 050.00	25.00	6.27	6.00	0.27
现金流出总量	83 790.00	70 000.00	13 790.00	19.70	100.00	100.00	

基于表6-8可以看出,企业现金流出总量由2018年的70 000万元增长到2019年的83 790万元,增长了13 790万元,增长率达19.7%,与现金流入总量增长率20.28%相比,差不多是同步增长的态势,且略低于现金流入总量增长率,表明企业现金流出总量控制得比较好,企业现金流出属正常情况。

从各项目来看,经营活动现金流出量2019年的67 200万元比2018年的57 400万元,增长了9 800万元,增长率为17.07%,低于经营活动现金流入量的增长率,说明企业经营进入了良性循环,不但现金流在增加,而且企业盈利在增强。

筹资活动现金流出量2019年的5 250万元比2018年的4 200万元增长了1 050万元,增长率为25%,低于筹资活动现金流入量增长率,表明企业吸收资本或举债的步伐在加快。

投资活动现金流出量2019年的11 340万元比2018年的8 400万元,增长了2 940万元,增长幅度为35%,高于现金流出总量的增长率,表明企业内部生产能力或对外投资扩张速度在加快。

另一方面,经营活动现金流出量的结构比率2019年的80.2%比2018年的82%下降了1.8%,但2019年和2018年一直都处于80%的较高水平,而且经营活动现金流出量的结构比率还有所下降,表明企业生产经营状况正常,获利能力在增强。筹资活动现金流出量的结构比率2019年的6.27%比2018年的6%提升了0.27%,表明企业适当增加了偿债力度,偿债能力较强。投资活动现金流出量的结构比率由2018年的12%增长到2019年的13.53%,增长了1.53%,表明企业投资能力在增强,但筹资和投资现金流出的结构比率相对于经营活动现金流出量80.2%的结构比率来讲还是比较低,说明企业现金流出主要是用于生产经营,这种结构还是比较好的。如果要进一步了解企业现金流出情况,还需要分项目进行分析。

2. 现金流量表多模块综合分析

现金流量表多模块综合分析是通过分析每个模块的现金流量净值大于0还是小于0,进行排列组合,在不同的组合下,其产生的背景和结果是不同的,所要采取的措施也是不同的。这种分析旨在进一步掌握企业各项活动中现金流量的变动规律、变动趋势、公司经营周期所处的阶段及异常变化等情况。表6-9总结了可能出现的各种综合情况,并对各种情况进行了分析和总结,也给出了相应的措施。

表6-9 现金流量项目的综合分析表

情况	项目	现金流量净额	情况分析	措施
情况一	经营活动	正	企业筹资能力强,经营与投资收益良好,是一种较为理想的状态	警惕资金的浪费,把握良好的投资机会
	投资活动	正		
	筹资活动	正		
情况二	经营活动	正	企业进入成熟期,在这个阶段产品销售市场稳定,已进入投资回收期,经营及投资进入良性循环,财务状况安全	很多外部资金需要偿还,必须保持企业良好的融资信誉
	投资活动	正		
	筹资活动	负		
情况三	经营活动	正	企业高速发展扩张时期,这时产品的市场占有率高,销售呈现快速上升趋势,经营活动中出现大量货币资金的回笼	企业需要大量追加投资扩大市场份额,必须筹集必要的外部资金作为补充
	投资活动	负		
	筹资活动	正		
情况四	经营活动	正	企业经营状况良好,在偿还前欠债务的同时继续投资	密切关注企业经营状况的变化,防止由于经营状况恶化而导致财务状况恶化
	投资活动	负		
	筹资活动	负		
情况五	经营活动	负	企业靠举债维持经营活动所需资金,财务状况可能恶化;投资活动现金流入增加是一个好消息	分析现金流入的来源,是来源于投资收益还是投资收回。如果是后者,企业面临的形势将更加严峻
	投资活动	正		
	筹资活动	正		

续表

情况	项目	现金流量净额	情况分析	措施
情况六	经营活动	负	企业衰退时期的症状：市场萎缩，产品销售的市场占有率下降，经营活动现金流入小于流出，同时企业为了应付债务不得不大规模收回投资以弥补现金的不足	进一步分析，如果投资活动现金流量来源于投资收益还好，如果来源于投资收回，则企业将会出现更深层次的危机
	投资活动	正		
	筹资活动	负		
情况七	经营活动	负	①企业处于初创期阶段，企业需要投入大量资金，形成生产能力，开拓市场；②企业处于衰退阶段，靠举债维持日常生产经营活动，如不能渡过难关，则前途不乐观	资金来源只有举债融资等筹资活动
	投资活动	负		
	筹资活动	正		
情况八	经营活动	负	这种情况往往发生在盲目扩张后的企业，由于市场预测失误等原因，造成经营活动现金流出大于流入，投资效益低下造成亏损，使投入扩张的大量资金难以收回，财务状况异常危险，到期债务不能偿还	积极筹措资金，渡过难关
	投资活动	负		
	筹资活动	负		

从以上分析可以看出，企业处在不同阶段其现金流量表的各模块特征是不同的。

（1）初创期的企业，经营活动的现金流量净额应是负数，投资活动现金流量净额应是负数，筹资活动的现金流量净额应是正数。

（2）成长期的企业，经营活动的现金流量净额应是正数，投资活动现金流量净额应是负数，筹资活动的现金流量净额应是正负相间的。

（3）成熟期的企业，经营活动的现金流量净额应是正数，投资活动现金流量净额应是正数，筹资活动的现金流量净额应是正数。

（4）衰退期的企业，经营活动的现金流量净额应是负数，投资活动现金流量净额应是正数，筹资活动的现金流量净额应是负数。

根据表6-9的分析原则可以看出，JXKJ股份有限公司正处于高速发展扩张时期。这时产品的市场占有率在提高，销售呈现快速上升趋势，经营活动中出现大量货币资金的回笼，为了扩大市场份额，企业仍需要大量追加投资，仅靠经营活动现金流量净额远不能满足企业为快速发展而对企业追加的投入资金，因此必须筹集必要的外部资金作为补充。

6.5 现金流量表重点项目分析

由于现金流量表是基于收付实现制编制的，是以现金及现金等价物的收付时间为确认标准的。凡是当期收到或付出的款项，不论其相关具体业务行为的归属期间如何，一律作为当期的现金流入或流出列示在现金流量表中，因此，现金流量表虽然编制比较烦琐，但阅读起来却比较简单易懂。

6.5.1 经营活动现金流量

1. 重要项目介绍

企业的现金流量产生于多种多样的业务与经济行为。这些经济行为的性质不同,对现金流量的可持续性影响也有所不同。经营活动产生的现金流量,是企业在正常的营业活动中从事正常经营业务所产生的现金流量,包括物资的采购、商品的销售、提供或接受劳务、缴纳税款、支付工资、发生相关经营销售费用等行为中所涉及的现金流量。在持续经营的会计基本前提之下,经营活动现金流量反映的是企业经常性的、持续的现金流入和流出情况。

(1)"销售商品、提供劳务收到的现金"。

销售商品、提供劳务收到的现金(cash received from sales of goods or rending of services)项目反映企业从事正常经营活动所获得的、与销售商品或提供劳务等业务收入相关的现金收入(含在业务发生时向客户收取的增值税额等)。具体包括在本期发生的业务并在本期收到的现金收入,在以前会计期间发生但在本期收到款项的业务收入,以及至今尚未发生但在本期已经预收了业务款项的现金收入等。

正常情况下,企业的资金所得,主要依赖于其日常经营业务,而销售商品、提供劳务收到的现金,反映了企业日常经营活动中所能提供的、有一定可持续性的现金流入。

(2)"收到的税费返还"。

收到的税费返还(refund of tax and levies)这一部分主要披露企业当期收到的各种税费返还款,包括收到的增值税返还、消费税返还、营业税返还、所得税返还,以及教育费附加返还等,体现了企业在税收方面享受政策优惠所获得的已缴税金的回流金额。

(3)"收到的其他与经营活动有关的现金"。

收到的其他与经营活动有关的现金(other cash received relating to operating activities)项目反映企业除了销售商品、提供劳务收到的现金,以及收到的税费返还之外,所收到的其他与经营活动有关的现金流入,如罚款收入、流动资产损失中由个人赔偿的收入等。这部分资金来源在企业"经营活动现金流入量"中所占比重很小,通常带有一定程度上的偶然性因素。

(4)"购买商品、接受劳务支付的现金"。

购买商品、接受劳务支付的现金(cash paid for goods and services)这一项目反映企业在正常经营活动过程中所支付的、与购买物资及接受劳务等业务活动相关的现金流出(包括在业务发生时向客户一并支付的增值税额等)。具体包括本期发生的,而且要在本期支付的现金,在以前会计期间发生的该类事项但在本期才支付款项的业务金额,以及至今尚未发生但在本期已经预付了业务款项的现金支出等。

与"销售商品、提供劳务收到的现金"相对应,"购买商品、接受劳务支付的现金"是维持企业正常运营、保证企业生产的资金流出,也是企业获得经营业务收入的物质基础与劳务保证。

(5)"支付给职工以及为职工支付的现金"。

支付给职工以及为职工支付的现金是指企业当期实际支付给从事生产经营活动的在职职工的工资、奖金、津贴和补贴,以及为这些职工支付的诸如养老保险、失业保险、商业保险、住房公积、困难补助等其他各有关方面的现金等。

职工是企业生产经营活动中不可或缺的具体实施者。支付给职工以及为职工支付的现金是保证劳动者自身生存及其再生产的必要开支,因此也属于企业持续性的现金支出项目。

(6)"支付的各项税费"。

这是指企业按规定在当期以现金缴纳的所得税、增值税、营业税、房产税、土地增值税、车船使用税、印花税、教育费附加、城市建设维护费、矿产资源补偿费等各类相关税费,反映了企业除个别情况之外所实际承担的税费负担。

(7)"支付的其他与经营活动有关的现金"。

该项目反映企业除了上述购买商品、接受劳务所付出的现金,和支付给职工或者为职工支付的现金,以及支付的各项税费之外,所发生的其他与经营活动有关的现金流出额,如支付给离退休人员的各项费用,以及企业支付罚款支出、差旅费与业务招待费支出、保险费支出、办公费用及营销费用支出,等等。

经营活动现金流量的最大特点,在于它与企业日常营运活动的直接的密切关系。无论是现金流入量还是流出量,都体现了企业在维持目前生产能力和生产规模状态下对现金及其等价物的获得与支出水平。

2. 案例分析

以 JXKJ 股份有限公司为例分析该企业经营活动现金流量,见表 6-10。

表 6-10 企业经营活动现金流量分析表

编制单位:JXKJ 股份有限公司　　　　　　2019 年度　　　　　　　　　　　单位:万元

项目	金额/万元		水平分析		垂直分析/%		
	2019 年	2018 年	增长额/万元	增长率/%	2019 年	2018 年	结构变动
销售商品、提供劳务收到的现金	73 500.00	63 000.00	10 500.00	16.67	95.45	100.00	-4.55
收到的税费返还	0.00	0.00	0.00	0.00	0.00	0.00	0.00
收到其他与经营活动有关的现金	3 500.00	0.00	3 500.00	100.00	4.55	0.00	4.55
经营活动现金流入小计	77 000.00	63 000.00	14 000.00	22.22	100	100	
购买商品、接受劳务支付的现金	63 000.00	56 000.00	7 000.00	12.50	93.75	97.56	-3.81
支付给职工以及为职工支付的现金	840.00	630.00	210.00	33.33	1.25	1.10	0.15
支付的各项税费	1 400.00	770.00	630.00	81.82	2.08	1.34	0.74

续表

项目	金额/万元		水平分析		垂直分析/%		
	2019年	2018年	增长额/万元	增长率/%	2019年	2018年	结构变动
支付其他与经营活动有关的现金	1 960.00	0.00	1 960.00	100.00	2.92	0.00	2.92
经营活动现金流出小计	67 200.00	57 400.00	9 800.00	17.07	100	100	
经营活动产生的现金流量净额	9 800.00	5 600.00	4 200.00	75.00			

根据表6-10可以看出,2019年经营活动现金净流量9 800万元大于零,且比2018年5 600万元增长了4 200万元,增长率达到75%,说明企业成长性比较好。2019年销售商品、提供劳务收到的现金增长率为16.67%,比2019年购进商品、接受劳务付出的现金的增长率12.5%上升了4.17%,说明企业的销售利润增大,销售回款良好。

另一方面,2019年销售商品、提供劳务收到的现金占经营活动流入现金总额的比重为95.45%,表明企业主营业务突出,营销状况良好;2019年购买商品、接受劳务支付的现金占经营活动流出现金总额的比重为93.75%,表明企业主营业务良好。支付给职工以及为职工支付的现金占经营活动流出现金总额的比重增长了0.15%,表明企业支付人工成本有所提高,但2019年比重只有1.25%,企业人工成本比重较小,表明企业人工成本还是较低,劳动效率较高。支付的各项税费占经营活动流出现金总额比重增长了0.74%,表明企业支付各项税费有所上升,但2019年比重只有2.08%,说明公司税负不是很重。

6.5.2 投资活动现金流量

1. 重要项目介绍

投资活动是指企业有关对外进行股权或债权投资,以及对内进行非货币性长期资产(如固定资产、无形资产及其他长期资产等)投资的活动。而"投资活动现金流量"便是反映企业在股权与债权投资中,以及与非货币性长期资产的增减变动相关的活动中所产生的现金收付金额。

企业对外进行股权或债权投资,并不直接影响其当期的经营活动,但是其日后的转让与收回,却是企业未来一笔不小的资金流入;此外,股权投资可能带来对被投资方的控股或重大影响,也有可能对企业未来获得经营物资或打开销售渠道提供潜在、良好的帮助。

至于企业购建或处置固定资产、无形资产及其他长期资产等非货币性资产,则会在很大程度上影响企业未来的经营规模与生产能力,甚至在一定程度上还会改变企业的资产结构与经营方向。购建这类非货币性长期资产的现时资金的大量流出,可能意味着企业未来营运规模的扩大、生产技能的提高与经营策略的调整;而处置这类非货币性长期资产的现时资金的过多流入,也可能预示着企业压缩经营规模,或出于转变经营方向的需要而大量处置原有设备等长期资产。

(1)"收回投资所收到的现金"。

这是指企业在当期收回其所持有的对外股权或债权投资所收到的现金,包括出售、转让长期股权投资和不属于现金等价物的短期股权投资所收到的现金,以及出售、转让各类债权投资所收到的现金和持有至到期投资到期收回的本金等。

(2)"取得投资收益所收到的现金"。

这一项目是指企业基于各种对外投资而在当期获得的现金股利、利息,以及由于被投资方分配利润而收到的现金等。

(3)"处置固定资产、无形资产和其他长期资产收回的现金净额"。

该项目主要是指企业在当期由于处置固定资产、无形资产和其他长期资产时,收到的现金扣除由于处置行为而产生的现金支付之后的净现金流入量,以及由于自然灾害造成企业该类长期资产损失而获得的保险赔偿所收到的现金等。

该项目的现金流入量与企业的日常运营没有直接的必然联系,通常也不具有持续性。因此,在分析考虑企业未来获取现金的能力时,对该项指标不应过多考虑。然而,该项现金流入量的金额过大,可能意味着企业借助于大量处置现有的固定资产、无形资产等来压缩生产经营规模,或者为转变经营方向进行相应的调整。此时虽然对当期的经营活动没有明显的影响,但完全有可能对企业未来的经营活动以及相应的经营性现金流量产生影响。

(4)"收到的其他与投资活动有关的现金"。

这是反映企业除前面三项内容之外所收到的其他与投资活动有关的现金流入,例如,企业在进行购买股票、债券等证券投资时,所支付价款中包含了已宣告发放但尚未发放的股息,或者已到付息期但尚未领取的利息,则在投资之后收到这些股息或利息时,这些项目不是记入"取得投资收益所收到的现金"之中,而是在本项目中进行反映的。这一项目金额通常不大或很少出现,对企业资金流量的总体影响也相对较小。

(5)"购建固定资产、无形资产和其他长期资产支付的现金"。

在这一项目中,包含了企业在当期由于购置或自行建造固定资产、获取无形资产和其他长期资产而发生的直接的现金支付金额,如购置该类固定资产所支付的买价、税金、运杂费、安装调试费等,以及建造该类资产所产生的人员开支等。

(6)"投资所支付的现金"。

此项目反映企业当期在各项对外投资、购买股票、债券等直接发生的交易或投资价格的现金支出,不但包括企业购买股票、债券等直接发生的交易或投资价格的现金支出,也包括因此而支付的佣金、手续费等相关附加费用的现金流出。"投资所支付的现金",作为企业当期的一笔现金流出,也意味着企业未来获得股息、利息、利润,以及转让或出售投资所得的现金流入的潜在可能。

(7)"支付的其他与投资活动有关的现金"。

主要是指企业发生的不属于"购建固定资产、无形资产和其他长期资产支付的现金",也不属于"投资所支付的现金"项目的其他与投资活动有关的现金流出,如企业购买股票、债券所暂时垫付的被投资方已宣告发放但尚未发放的股息及已到付息期但尚未领取的利息等。这类金额一般也很小或者几乎没有,更谈不上有经常性,所以对企业的现金影响也非常微弱。

投资活动现金流量的最大特点在于,就当期而言,它与企业日常营运活动几乎没有多少直接的关系或影响,但是却对企业未来的现金流量产生一定的甚至有时是不容忽视的影响。目前的大量现金流入可能意味着未来相关现金流入的大幅度萎缩;而目前的大量该类现金流出,又可能蕴含着未来会产生或促使大量的相应的现金流入。

2. 案例分析

以 JXKJ 股份有限公司为例分析该企业投资活动现金流量,见表 6-11。

表 6-11 企业投资活动现金流量分析表

编制单位:JXKJ 股份有限公司　　　　2019 年度

项目	金额/万元		水平分析		垂直分析/%		
	2019 年	2018 年	增长额/万元	增长率/%	2019 年	2018 年	结构变动
收回投资收到的现金	70.00	0.00	70.00	100.00	20.00	0.00	20.00
取得投资收益收到的现金	140.00	28.00	112.00	400.00	40.00	1.54	38.46
处置固定资产、无形资产和其他长期资产收回的现金净额	140.00	1 792.00	-1 652.00	-92.19	40.00	98.46	-58.46
处置子公司及其他营业单位收到的现金净额	0.00	0.00	0.00		0.00	0.00	0.00
收到其他与投资活动有关的现金	0.00	0.00	0.00		0.00	0.00	0.00
投资活动现金流入小计	350.00	1 820.00	-1 470.00	-80.77	100.00	100.00	0.00
购建固定资产、无形资产和其他长期资产支付的现金	10 500.00	8 400.00	2 100.00	25.00	92.59	100	-7.41
投资支付的现金	840.00	0.00	840.00	100.00	7.41	0.00	7.41
取得子公司及其他营业单位支付的现金净额	0.00	0.00	0.00		0.00	0.00	0.00

续表

项目	金额/万元		水平分析		垂直分析/%		
	2019年	2018年	增长额/万元	增长率/%	2019年	2018年	结构变动
支付其他与投资活动有关的现金	0.00	0.00	0.00		0.00	0.00	0.00
投资活动现金流出小计	11 340.00	8 400.00	2 940.00	35.00	100.00	100.00	
投资活动产生的现金流量净额	-10 990.00	-6 580.00	-4 410.00	67.02			

根据表6-11可以看出，企业2019年投资活动现金净流量为-10 990万元，小于零，且比2018年的-6 580万元，下降了4 410万元，下降幅度达到67.02%，说明企业投资力度比较大。

从具体项目来看，"收回投资收到的现金"项目2019年为70万元，可能公司内部的经营活动需要大量资金，该公司内部现有的资金不能满足公司经营活动的资金需要。"取得投资收益收到的现金"项目2019年的140万元比2018年的28万元增长了112万元，增长率达400%，表明投资收益效果明显增强。"处置固定资产、无形资产和其他长期资产收回"项目2019年的140万元比2018年的1 792万元下降了1 652万元，下降幅度达92.19%，表明该公司固定资产、无形资产趋于稳定，公司生产经营风险下降。"购建固定资产、无形资产和其他长期资产支付"项目2019年的10 500万元比2018年的8 400万元增长了2 100万元，增长幅度达25%，表明公司可能面临着一个新的发展机遇，或者一个新的投资机会。"投资支付的现金"项目2019年的840万元比2018年增长了840万元，表明公司可能要通过对外投资为其寻求获利机会。

另一方面，"收回投资收到的现金"项目结构比率由2018年的0上升到2019年的20%，"处置固定资产、无形资产和其他长期资产收回"项目结构比率由2018年的98.46%下降到2019年的40%，表明企业资金逐渐向主营业务流动。"取得投资收益收到的现金"项目结构比率由2018年的1.54%上升到2019年的40%，表明投资获利能力增强。

"购建固定资产、无形资产和其他长期资产支付"项目结构比率2019年为92.59%，2018年为100%，两年都在90%以上，表明企业现金流出量主要是用在对内投资上且较稳定，企业未来发展机遇比较好。"投资支付的现金"项目结构比率由2018年的0上升到2019年的7.41%，表明企业适当增加对外投资来增加收益，但7.41%结构比率还是比较低，对企业的投资影响不大。

6.5.3 筹资活动现金流量

1. 重要项目介绍

正常情况下，企业经营活动中的资金需求主要由其经营活动中的资金流入量来满足，即所谓的"以收抵支"甚至还应略有剩余。然而,由于生产经营活动中也存在各环节衔接不当的情况,可能会造成企业短期内资金周转不畅,出现现金短缺现象;或者企业出于战略调整、规模扩大等需要而对现金需求量提出更高的要求,等等。企业便不可避免地需要从外部筹措所需资金,从而便产生了企业的筹资活动。

筹资活动现金流量,反映了企业出于各种资金需求而进行的资金筹措活动所产生的现金流入或流出金额。对这类现金流量的阅读,关键在于理解企业所筹资金的来源渠道及其规模大小、推测企业所筹资金的用途或动机,以及可能对未来产生的资金压力等。

(1)"吸收投资所收到的现金"。

这是指企业以发行股票、发行债券等方式所获得的投资者投入的现金总量,扣除佣金和发行费用的支出之后的净现金所得。

企业以发行股票方式筹集资金,在带来可供其长期使用而无须偿还的股权资金的同时,由于在一定程度上降低了资产负债比率,从而提高了企业对债权人利益的保障程度,也为企业日后的债务筹资提供了可能。

企业若以发行债券方式筹集资金,则在带来目前可供使用的债务资金的同时,也造成了企业日后按期还本付息的资金压力。因此,如果该项现金来源金额过大,报表使用者就应充分考虑和分析该企业未来获取现金、偿付本息的能力,以及偿还时大量的资金流出给企业正常经营可能产生的负面影响。

(2)"取得借款所收到的现金"。

即企业在当期向银行或非银行金融机构举借各种长期或短期借款所收到的现金。如同以发行债券的方式筹集资金一样,企业在向银行或非银行金融机构举借借款、获得目前可供使用的资金的同时,同样会造成日后按期还本付息的资金压力。即现时的现金流入会导致未来相应的现金流出。

(3)"收到的其他与筹资活动有关的现金"。

这是指企业除吸收投资以及借款所收到的现金之外,在其他归并于筹资活动的有关项目上所收到的现金,如企业接受的现金捐赠等。

这类现金流入通常在企业筹资活动现金流入量中所占比重很小,有时甚至不会出现。

(4)"偿还债务所支付的现金"。

企业在以往筹资活动中,以发行债券的方式或向银行及非银行金融机构借款的方式筹措所需资金,无论期限多长,都需要在未来一定期限内还本付息。"偿还债务所支付的现金"便是反映企业在当期偿还已经到期的各项债务本金所产生的现金支出金额。

(5)"分配股利、利润或偿付利息所支付的现金"。

使用别人的资金是需要付出代价的,企业以吸收投资或借款的方式获得对投资者或债权人资金的占有和使用权,自然也需要付出相应的使用代价,这种使用代价的现金表现便是以现金形式支付给股东的股利、利润,以及支付给债权人的借款利息或债券利息等。

(6)"支付的其他与筹资活动有关的现金"。

该项目反映了除偿还债务所支付的现金以及分配股利、利润或偿付利息所支付的现金之外,因其他与筹资活动有关的情况而发生的现金流出金额。例如,企业为发行股票而支付的审计费、咨询费,以及企业对外捐出现金,企业为购建固定资产、无形资产等而发生的可以资本化的借款利息支出,以及以融资租赁形式租入固定资产而发生的租赁费开支等。

筹资活动现金流量的最大特点在于它现时现金流量与未来现金流量在一定程度上的对应性：即目前该类现金流入的发生，在一定程度上意味着未来存在相应的现金流出量；而目前该类现金流出量的存在，则是以往相应的现金流入量所引起的必然结果。

2. 案例分析

以 JXKJ 股份有限公司为例分析该企业筹资活动现金流量，见表 6-12。

表 6-12　企业筹资活动现金流量分析表

编制单位：JXKJ 股份有限公司　　　　　　2019 年度

项目	金额/万元		水平分析		垂直分析/%		
	2019 年	2018 年	增长额/万元	增长率/%	2019 年	2018 年	结构变动
吸收投资收到的现金	0.00	0.00	0.00	0.00	0.00	0.00	0.00
取得借款收到的现金	7 350.00	5 600.00	1 750.00	31.25	100.00	100.00	0.00
收到其他与筹资活动有关的现金	0.00	0.00	0.00	0.00	0.00	0.00	0.00
筹资活动现金流入小计	7 350.00	5 600.00	1 750.00	31.25	100.00	100.00	0.00
偿还债务支付的现金	700.00	700.00	0.00	0.00	13.33	16.67	-3.34
分配股利、利润或偿付利息支付的现金	3 850.00	3 150.00	700.00	22.22	73.33	75.00	-1.67
支付其他与筹资活动有关的现金	700.00	350.00	350.00	100.00	13.33	8.33	5.00
筹资活动现金流出小计	5 250.00	4 200.00	1 050.00	25.00	100.00	100.00	0.00
筹资活动产生的现金流量净额	2 100.00	1 400.00	700.00	50.00	—	—	—

根据表 6-12 可以看出，企业 2019 年筹资活动现金净流量为 2 100 万元，大于零，且比 2018 年的 1 400 万元增长了 700 万元，增长率达到 50%，说明企业筹资能力增强。

从具体项目来看，"取得借款收到的现金"项目 2019 年为 7 350 万元，比 2018 年的 5 600

万元增长了1 750万元,增长率达31.25%,表明企业未来偿债压力增大。"偿还债务支付的现金"项目2019年为700万元,与2018年持平,表明公司偿还的债务比较稳定。"分配股利、利润或偿付利息支付的现金"项目2019年为3 850万元,比2018年的3 150万元增长了700万元,增长率达22.22%,表明公司负债的筹资成本在增加,企业应当注意筹资风险。

另一方面,"取得借款收到的现金"项目结构比率2019年和2018年都为100%,表明企业全部资金都是通过负债取得的,筹资风险比较大,企业吸收投资者的能力比较弱。"偿还债务支付的现金"项目结构比率2019年为13.33%,比2018年的16.67%下降了3.34%,表明企业偿还债务压力有所降低,2019年13.33%,结构比率不太高,对企业影响不大。"分配股利、利润或偿付利息支付的现金"项目结构比率由2018年的75%下降到2019年的73.33%,下降了1.67%,表明企业控制资金成本效率有所提高,但73.33%结构比率还是比较高,应关注企业的资金使用成本给企业带来的风险。

6.5.4 现金流量表的补充资料

现金流量表的补充资料,以净利润为起点,通过对影响利润或现金流量的一些相关项目金额的调整,倒推出经营活动现金净流量。它一方面与主表中经营活动现金净流量相对应,另一方面也反映了企业当期所发生的不涉及现金收支活动的投资筹资活动信息。这些活动在当期不涉及现金收支,但对企业未来各期的现金流量可能会产生明显的影响。

在现金流量表的补充资料中,调整的项目主要有:

1. 当期没有实际收到或付出现金的经营活动事项

如赊购物资、赊销商品、摊销费用、计提资产减值准备等。这些项目虽然构成了企业的当期收入或费用,影响着企业的当期利润,但却没有形成企业的现金流入或流出,不会影响现金净流量。

2. 不属于经营活动的损益项目

如当期发生的利息费用、固定资产处置净损益等。这些项目的产生,与企业的筹资与投资活动息息相关,却不属于企业日常生产经营活动项目,不构成企业经营活动的现金净流量。

3. 经营性应收、应付项目的变动

如应收、应付账款,应收、应付票据,应交税金,其他应收、应付款、应付职工薪酬,等等。这些项目的变动,可能并不影响企业的当期利润,但却对当期的现金流量有直接的影响。

6.6 本章小结

现金流量表反映的内容是企业经营活动、投资活动和筹资活动现金流量。通过对现金流量表的分析,有助于了解企业偿债能力和营运能力;分析企业盈利的质量;预测企业未来现金流量,为投资者和债权人决策提供必要信息。

现金流量表分析的方法很多,主要包括现金流量表项目分析、现金流量表一般分析、现金流量表水平分析和结构分析。现金流量表项目分析是按现金流量的项目或类别,分析各类业务活动的现金流入与流出状况及其产生的原因;现金流量表一般分析,就是根据现金流量表的数据,对企业现金流量情况进行分析与评价;现金流量表水平分析则是通过本期现金流量与前期或预计现金流量的比较,揭示其差异;对现金流量表结构分析,目的在于揭示现金流入量和现金流出量的结构情况,从而抓住企业现金流量管理的重点。

6.7 课后练习题

一、单选题

1. 根据《企业会计准则——现金流量表》的规定,取得借款收到的现金归属于(　　)。
   A. 筹资活动　　　　B. 经营活动　　　　C. 销售活动　　　　D. 投资活动

2. 能使经营现金流量减少的项目是(　　)。
   A. 固定资产摊销　　B. 出售固定资产净得　　C. 购买原材料　　　D. 销售产品

3. 处于成熟期的企业,经营活动现金流量往往是(　　)。
   A. 流入量小于流出量　　　B. 流出量小于流入量
   C. 流入量等于流出量　　　D. 不一定

4. 下列各项,属于企业投资活动产生的现金流量的是(　　)。
   A. 以银行存款支付销售人员工资
   B. 以银行存款支付的债券利息
   C. 发行股票收到的现金
   D. 以现金支付的在建工程人员工资

5. 下列财务活动中不属于企业筹资活动的是(　　)。
   A. 发行债券　　　　B. 购买原材料　　　　C. 取得借款　　　　D. 分配股利

二、多选题

1. 下列项目中,属于现金流入项目的有(　　)。
   A. 营业收入　　　　B. 建设投资
   C. 回收流动资金　　D. 经营成本节约额　　E. 购买材料转账

2. 现金流量表中的现金主要包括(　　)。
   A. 库存现金　　B. 中长期投资所得　　C. 其他货币资金　　D. 银行存款

3. 属于筹资活动现金流量的项目有(　　)。
   A. 长期借款的减少　　　B. 支付的各项税费
   C. 取得股息红利　　　　D. 分配股利所支付的现金　　　E. 其他货币资金

4. 企业筹资活动产生的现金流量小于零,可能意味着(　　)。
   A. 企业在本会计期间大规模偿还债务
   B. 企业经营活动与投资活动在现金流量方面运转较好,有能力偿还债务、分配利润等
   C. 企业当期进行了增资扩股
   D. 企业在投资和企业扩张方面没有更多的作为
   E. 企业可能存在大量现金流出

5. 下列活动中,属于投资活动产生的现金流量的有(　　)。
   A. 购买无形资产　　B. 分配股利支付的现金
   C. 购买原材料　　　D. 出售设备收到的现金　　　E. 银行贷款

三、判断题

1. 现金流量表的编制基础是权责发生制。（   ）
2. 现金流量表补充资料中的"计提的资产减值准备"项目是指本期计提的坏账准备。（   ）
3. 银行承兑的商业汇票虽然能在票据到期时收回一定数量的货币，但因其不属于投资，所以不属于现金等价物。（   ）
4. 现金流量表仅包括投资活动和经营活动产生的现金流量（   ）。
5. 现金流量表中，"支付给职工以及为职工支付的现金"包括企业本期支付给所有职工的工资及款项。（   ）

四、思考题

1. 简述现金流量表分析的意义。
2. 简述现金流量表分析的内容。
3. 简述企业处在不同阶段其现金流量表的各模块特征。
4. 简述现金流量表的主要分析方法。
5. 简述现金流量表和现金流量表的补充资料都是基于什么编制的。

五、案例分析题

根据 JHKJ 股份有限公司 2019 年度的现金流量表，见表 6-13，编制现金流量水平分析表、现金流量水平垂直分析表和综合结构分析表，对企业当年的现金流量进行分析。

表 6-13　现金流量表

编制单位：JHKJ 股份有限公司　　　　2019 年 12 月 31 日　　　　　　　　　单位：元

	项　目	2019 年	2018 年
一、经营活动产生的现金流量	销售商品、提供劳务收到的现金	375 387 964.71	352 984 054.42
	收到的税费返还	708 242.55	4 462 350.54
	收到其他与经营活动有关的现金	112 380 219.47	22 012 393.95
	经营活动现金流入小计	488 476 426.74	379 458 798.92
	购买商品、接受劳务支付的现金	267 499 592.47	260 031 215.93
	支付给职工以及为职工支付的现金	35 646 247.48	30 031 710.66
	支付的各项税费	17 275 243.02	17 363 334.57
	支付其他与经营活动有关的现金	113 424 876.42	52 265 850.38
	经营活动现金流出小计	433 845 959.39	359 692 111.54
	经营活动产生的现金流量净额	54 630 467.34	19 766 687.38
二、投资活动产生的现金流量	收回投资收到的现金	0.00	760 000.00
	取得投资收益收到的现金	44 606 399.31	44 596 890.42
	处置固定资产、无形资产和其他长期资产收回的现金净额	19 297 392.00	61 180.19
	处置子公司及其他营业单位收到的现金净额	0.00	0.00
	收到其他与投资活动有关的现金	0.00	0.00
	投资活动现金流入小计	63 903 791.31	45 418 070.62

续表

项 目		2019 年	2018 年
二、投资活动产生的现金流量	购建固定资产、无形资产和其他长期资产支付的现金	62 494 525.77	50 699 198.51
	投资支付的现金	86 563 650.60	10 490 000.00
	取得子公司及其他营业单位支付的现金净额	0.00	0.00
	支付其他与投资活动有关的现金	0.00	0.00
	投资活动现金流出小计	149 058 176.37	61 189 198.51
	投资活动产生的现金流量净额	−85 154 385.06	−15 771 127.90
三、筹资活动产生的现金流量	吸收投资收到的现金	18 327 320.00	0.00
	取得借款收到的现金	358 552 000.00	179 568 000.00
	收到其他与筹资活动有关的现金	0.00	0.00
	筹资活动现金流入小计	376 879 320.00	179 568 000.00
	偿还债务支付的现金	269 848 000.00	187 568 000.00
	分配股利、利润或偿付利息支付的现金	33 594 936.66	36 021 082.74
	支付其他与筹资活动有关的现金	700 566.08	676 000.00
	筹资活动现金流出小计	304 143 502.74	224 265 082.74
	筹资活动产生的现金流量净额	72 735 817.26	−44 697 082.74
四、汇率变动对现金的影响		0.00	0.00
五、现金及现金等价物净增加额		42 211 899.54	−40 701 523.25
加:年初现金及现金等价物余额		59 812 451.72	100 511 574.97
六、期末现金及现金等价物余额		102 024 351.26	59 810 051.72

第7章 偿债能力分析

知识目标

(1)理解偿债能力的概念、内容及意义;
(2)掌握短期偿债能力和长期偿债能力的概念;
(3)掌握主要财务比率指标的计算与分析;
(4)掌握偿债能力各项指标之间的关系。

能力目标

(1)短期偿债能力的指标计算及其运用;
(2)长期偿债能力的指标计算及其运用。

任务导入

假设你是某银行的信贷部经理,张先生是两家企业的董事长,他向你申请500万元的一年期贷款,用以扩张企业,这两家企业的简化资产负债表见表7-1和表7-2。阅读过资产负债表后,请判断这两家企业哪家的信用风险较低?

表7-1 资产负债表1

编制单位:JX技术有限公司　　　　　2019年12月31日　　　　　　　　　　　单位:元

资产	金额1	负债及所有者权益	金额2
流动资产	450 000.00	流动负债	50 000.00
固定资产	750 000.00	长期负债	410 000.00
		股本	200 000.00
		盈余公积	500 000.00
		未分配利润	40 000.00
资产总额	1 200 000.00	负债及股东权益总额	1 200 000.00

表7-2 资产负债表2

编制单位:CX技术有限公司　　　　　2019年12月31日　　　　　　　　　　　单位:元

资产	金额1	负债及所有者权益	金额2
流动资产	37 000.00	流动负债	60 000.00
固定资产	613 000.00	长期负债	410 000.00
		股本	180 000.00
资产总额	650 000.00	负债及股东权益总额	650 000.00

通过本章的学习就能够根据企业提供的会计资料对企业的偿债能力和信用等级进行准确评价。

7.1 偿债能力分析的目的和内容

7.1.1 偿债能力的概念

企业的偿债能力(solvency)是指在一定时期内清偿各种到期债务的能力,包括短期偿债能力和长期偿债能力。对于企业来说,资金来源除了所有者权益外,还有相当一部分来自对外负债。任何债务都有必须支付利息和到期偿还本金的责任,因此,企业支付利息和到期偿还本金的能力就是其偿债能力。偿债能力是衡量企业经营风险的重要指标,对企业内部而言,通过测定自身的偿债能力,有利于进行筹资决策和投资决策;从企业外部来看,债权人将根据企业偿债能力的强弱确定企业的信用决策。筹资决策和投资决策关系到企业的生存和发展,同时也与债权人、投资者的利益密切相关。偿债能力按其债务到期时间的长短可分为短期偿债能力(short-term solvency)和长期偿债能力(long-term solvency)。

偿债能力分析包括几个关键概念,其中主要的概念包括资本结构和财务杠杆。

资本结构(capital structure)是指企业的资金来源。企业资金来源分布甚广,从相当持久的权益资本到具有较大风险或临时性的短期资金来源,无所不包。一旦企业获得了资金,将会投资于各种资产。

企业通常同时使用债务和权益融资。如果没有权益资本提供保护,债权人一般是不愿意提供债务融资的。财务杠杆是指在公司的资本结构中债务融资的数额。有财务杠杆的企业一般被称为举债经营(trading on the equity),表明企业以权益资本作为借债的基础,以获得超额收益。

7.1.2 偿债能力分析的目的

偿债能力的强弱是企业生存和发展的基本前提。通过对企业偿债能力的分析,可以了解企业的财务状况,了解企业所承担的财务风险(financial risk)程度。

市场经济环境下,企业是否按期偿还债务,直接或者间接地影响着债权人、投资人、政府部门、经营者乃至企业员工的切身利益。但是不同利益相关者进行企业偿债能力分析的目的却有所不同。

1. 偿债能力对企业内部分析的目的

(1)有利于投资者判断投资决策的正确性。

投资人是企业终极风险的承担者,也是剩余权益的拥有者,因此,在偿债能力方面,投资者一方面关心投入的资本能否保全,另一方面还要关心通过财务杠杆获得杠杆收益的情况。企业具有良好的偿债能力,意味着企业有较低的融资风险,这是投资者获取剩余权益的前提。因此,投资者是转移资本还是追加资本,都要面临风险和收益的权衡。

(2)有利于经营者判断经营决策的正确性。

良好的偿债能力是企业对外清偿债务、承担风险的基础,是企业能获得投资和贷款的保障。通过偿债能力分析,可以确定和保持最佳融资结构,以使企业的综合风险降至最低,并在此基础上降低融资成本。

如表7-3、表7-4所示,JX公司的负债比重较低,仅占资产总额的38.34%,所有者权益比重占比较大,因此其进一步举债和接受投资的能力就相对较强;而CX公司由于股东投资占比只有总资产的27.69%,而企业负债占总资产的70%以上,另外,由于企业固定资产和流动资产比例不合理,固定资产占总资产比例高达94.31%,存在极大的财务风险,这样的资产结构和负债结构使得企业很难筹集资金,也不可能获得更多投资者的青睐。

表7-3 资产负债表

编制单位:JX技术有限公司　　　　　　2019年12月31日

资产	金额1/元	占比1/%	负债及所有者权益	金额2/元	占比2/%
流动资产	450 000.00	37.50	流动负债	50 000.00	4.17
固定资产	750 000.00	62.50	长期负债	410 000.00	34.17
			股本	200 000.00	16.67
			盈余公积	500 000.00	41.67
			未分配利润	40 000.00	3.33
资产总额	1 200 000.00	100.00	负债及股东权益总额	1 200 000.00	100.00

表7-4 资产负债表4

编制单位:CX技术有限公司　　　　　　2019年12月31日

资产	金额1/元	占比1/%	负债及所有者权益	金额2/元	占比2/%
流动资产	37 000.00	5.69	流动负债	60 000.00	9.23
固定资产	613 000.00	94.31	长期负债	410 000.00	63.08
			股本	180 000.00	27.69
资产总额	650 000.00	100.00	负债及股东权益总额	650 000.00	100.00

(3)有利于企业职工评估企业现状。

企业短期偿债能力的强弱意味着职工生活保障程度的好坏,当企业短期偿债能力下降了,企业可能无法按时给职工发工资甚至无法发工资,企业为了生存,只能裁员从而使职工失去工作。

2. 偿债能力对企业外部分析的目的

(1)有利于债权人判断债权决策的正确性。

在市场经济条件下,企业总要面临风险,这要求企业必须拥有一定量的主权资本,以承担债务和经营风险。通常所有者权益在企业资本结构中的比重越高,对债权人的债权保障程度就越高。尽管在企业偿还债务时,债权人具有优先受偿权,但是由于融资结构不同,债权人所面临的风险也不同,因此,必须认真分析企业融资结构,保证企业具有良好的偿债能力,以抵抗经营中出现的各种不确定的财务风险。

(2) 有利于政府进行宏观经济管理。

对政府有关经济管理部门而言,评价偿债能力风险的主要目的是判断企业是否可以进入有限制的领域进行经营和财务运作,以保证整个社会经济的协调运转,维护市场秩序。例如,我国的公司法规定,发行公司债券必须符合累计债券总额不超过企业净资产的40%、最近3年平均可分配利润足以支付公司债券1年的利息等条件。

(3) 有利于经营性相关企业开展业务往来。

对企业的供应商而言,购货企业短期偿债能力的强弱意味着该企业履行合同能力的强弱,而长期偿债能力则反映该企业是否具有长期支付能力,有助于判断购货企业的信用状况和未来业务能力,并据此做出是否建立长期稳定的业务合作关系的决策。

7.1.3 偿债能力分析的内容

企业偿债能力分析的内容包括短期偿债能力和长期偿债能力分析。因为即使一个盈利很高的企业,如果不能按期偿还到期债务,也会面临破产,即所谓的流量破产。此外,如果企业不能保持其短期偿债能力,也就不可能保持长期偿债能力。对于财务报表的分析人员而言,仅考察短期指标是片面的,因为在追求长期利益的财务目标下,长期指标能够反映企业的综合财务状况。所以两种偿债能力既相互统一,又有显著的区别;既有共同性,又各具特殊性。

1. 短期偿债能力分析

短期偿债能力分析也称企业流动性分析。短期偿债能力是企业对偿还期在1年或超过1年的一个营业周期以内的短期债务的偿付能力,短期偿债能力的分析主要是静态分析,关注流动资产对流动负债的保障程度。由于短期偿债能力所涉及的债务偿付一般是企业的流动性支出,这些流动性支出具有较大的波动性,从而使企业短期偿债能力也会呈现较大的波动性,进行短期偿债能力分析首先要明确影响短期偿债能力的因素,在此基础上通过对一系列短期偿债能力指标进行计算与分析,来揭示企业短期偿债能力现状及应对措施。

2. 长期偿债能力分析

长期偿债能力反映企业保证未来有效偿付到期债务(一般为1年以上)的能力,所涉及的债务偿付一般为企业的固定性支出,只要企业的资本结构与盈利能力不发生显著的变化,企业的长期偿债能力会出现相对稳定的特点。对企业长期偿债能力进行分析,要结合长期负债的特点,在明确影响长期偿债能力因素的基础上,从企业盈利能力和资产规模两方面对企业偿还长期负债的能力进行分析和评价。

3. 短期偿债能力与长期偿债能力的联系

短期偿债能力和长期偿债能力,都是保障企业债务及时有效偿付的重要指标。短期偿债能力与长期偿债能力都并非越高越好。企业应在股东财富最大化目标的框架下,合理调整企业债务水平与资产结构,实现风险与收益的平衡。由于长期负债在一定期限内将逐步转化为短期负债,因此长期负债得以偿还的前提是企业具有较强的短期偿债能力,短期偿债能力是长期偿债能力的基础。

7.2 短期偿债能力分析

7.2.1 短期偿债能力的概念

短期偿债能力是指企业用流动资产偿还流动负债的现金保障程度,在分析企业的短期偿债能力时,了解流动资产与流动负债之间的相互关系十分关键,因为一般偿还流动负债需要动用现金,而现金主要产生于流动资产。

短期偿债能力是企业任何利益相关者都应该重视的问题,它的强弱并不完全取决于企业盈利的多少,因为在权责发生制下,企业可能有很高的盈利,但却并不一定有很强的短期偿债能力,因为企业可能缺乏可立即动用的现金。

7.2.2 影响短期偿债能力的因素

1. 内部因素

(1)流动资产的数量与质量。

短期偿债能力是企业流动资产偿付流动负债的能力,是衡量企业当期财务能力,特别是流动资产变现能力的重要标志。一个企业短期偿债能力的大小,一方面要看流动资产和流动负债金额的多少,另一方面还要看流动资产和流动负债的质量如何。通常,流动资产越多,企业的短期偿债能力越强;流动负债越多,企业的短期偿债能力越弱。

流动资产的质量是指其"流动性"和"变现能力"。流动性,指流动资产转换为现金所需要的时间。资产转换为现金的时间越短,则资产流动性越强。变现能力,指资产能否很容易地转换为现金而不受损失。流动资产的预计出售价格与实际出售价格的差额越小,则变现能力越强。

不同流动资产项目的变现能力是不同的。表7-5说明了企业流动资产项目回收资金的质量。

表7-5 流动资产项目回收资金质量分析表

项目	流动性	收回时间	收回金额
货币资金	最好	稳定	稳定
交易性金融资产	好	回收快	价格变动大
应收票据	较好	确定	收款有保证
其他应收款	一般	不确定	部分不能收回
应收账款	一般	可延期	易拖欠
预付账款	较差	可延期	收回被动
存货	差	时间长	价格变动大

在整个流动资产中,变现能力最强的是货币资金,其次是交易性金融资产。各种应收款项在完成销售后就进入款项待收阶段,因此其变现能力大于尚未进入销售过程的存货资产。在应收款项中,应收票据不仅可以转让、贴现和抵押,而且由于其法律契约的性质,使之变现能力

必然强于应收账款和其他应收款。从理论上讲，存货因完成了购进过程，较之预付账款的流动性或变现能力要强一些，但是企业决定以预付账款方式购买商品，通常是以商品的市场销路极为畅销为前提的，否则，企业绝不会为账款预付冒风险。既然如此，由预付账款购入的存货通常是比较容易变现的，此外，即使所需的商品采购没有实现，企业一般也能立即将之收回，并形成货币资金。正是基于这种意义，预付账款的流动性或变现能力通常被视为强于存货资产。

(2)流动负债的数量与质量。

流动负债的数量是影响企业短期偿债能力的重要因素，因为流动负债的规模越大，企业在短期内需要偿还的债务负担就越重。

流动负债的质量对短期偿债能力也有非常重要的影响。一般来说，企业的所有债务都是要偿还的，但是并非所有债务都需要在到期时立即偿还。也就是说，有的债务存在固定支付日期，有的债务需要估计支付日期，因此债务偿还的强制程度和紧迫性被视为负债的"质量"。一般情况下，时间刚性强的债务会对企业造成实际的偿债压力，而时间刚性弱的债务会减轻企业的偿债压力。表7-6总结了流动负债中各项目还款时间及其他质量特点。

表7-6 主要流动负债项目特性分析表

项目	风险	偿还时间	偿还金额
应缴税费	最大	固定支付日	确定
短期借款	大	固定支付日	确定
应付职工薪酬	较大	固定支付日	确定
应付票据	一般	固定支付日	确定
应付账款	较小	弹性时间	确定
预收账款	小	弹性时间	确定
其他应付款	小	弹性时间	有弹性

(3)偿债企业的信誉。

偿债企业的信誉也是影响企业偿债能力的重要因素，当企业有良好的企业商业信用时，可以使企业与有关金融机构建立长期稳定的信贷关系，当企业短期偿债能力方面暂时出现困难时，可以在有效期内向银行拆借资金，或者通过发行股票或债券等方法来解决短期资金短缺，从而提高短期偿债能力。

(4)可动用的银行贷款指标。

可动用的银行贷款指标是指银行已经同意，企业尚未办理贷款手续的银行贷款指标。由于银行贷款指标可以随时增加企业的现金，这种信贷额度的存在往往是企业保持流动资产与流动负债动态平衡能力的重要内容，确定企业是否存在大量未使用的银行贷款额度，也说明企业还有一定的举债能力。

(5)企业关联关系。

企业间存在的关联关系也是影响短期偿债能力的重要因素，由于有共同的利益需求，当一方出现财务危机时，另一方一般会提供一定的资金支持，或通过其他途径，如债务重组、非货币性交易等，缓解对方资金紧张的矛盾或者直接提供担保取得银行贷款的支持。

(6)未做记录的或有负债(或有负债是有可能发生的债务)。

或有负债,按我国《企业会计准则》规定并不作为负债登记入账,也不在报表中反映,只有已办贴现的商业承兑汇票作为附注列示在资产负债表的下端。其他或有负债,包括出售产品可能发生的质量事故赔偿,尚未解决的税额争议可能出现的不利后果,诉讼案件和经济纠纷案可能败诉并需赔偿等。这些内容都没有在报表中反映,这些负债一旦成为事实上的负债,将会加大企业的短期偿债负担,企业应该单另设置说明账簿备查。

(7)担保责任引起的负债。

企业有可能以自己的一些流动资产为他人提供担保,如为他人向金融机构借款提供担保,为他人购物提供担保或履行有关经济责任提供担保等。这些担保有可能成为企业的负债,增加短期偿债负担。

2. 外部因素

(1)宏观经济形势。

当国家的经济持续稳定增长时,社会的有效需求也会随之稳定增长,产品畅销。由于市场条件良好,企业的产品可以较容易地通过销售转化为货币资金,从而提高企业的偿债能力。

(2)证券市场的发育与完善程度。

当企业投资有价证券作为资金调节手段时,证券市场的发育和完善程度对企业的短期偿债能力的影响就较为突出。

(3)银行的信贷政策。

为保证整个国民经济的健康发展,国家必然要采取宏观调控方法,利用金融、税收等宏观经济政策的制定来调整国家的产业结构和经济发展速度。企业产品如果是国民经济急需的,就会较容易地取得银行贷款,其偿债能力也会提高。此外,当国家采取宽松的信贷政策时,所有企业都会在需要资金时较容易地取得银行信贷资金,其实际偿债能力就会提高。

7.2.3 短期偿债能力分析的目的

短期偿债能力的强弱意味着企业承受财务风险的能力大小,短期偿债能力弱,企业获得商业信用的可能性降低,可能使企业无法得到供货商给予的折扣好处,特别是在短期偿债能力不足的情况下,企业为了还债,轻则被迫出售长期资产,直接影响企业正常的生产经营活动,重则使企业资不抵债,甚至导致企业破产。另外短期偿债能力分析对各利益相关者都有影响,具体影响见表7-7。

表7-7 短期偿债能力分析对各利益相关者的影响

利益相关者	短期偿债能力强	短期偿债能力弱
投资者	资产的流动性强、现金流入量大、企业投资机会多、获利水平高	获利水平降低、投资机会减少、企业的筹资能力减弱、筹资成本增大,影响投资者的获利能力和投资能力
债权人	本金和利息能按期收回	债权人本金与利息收回延迟或无法收回本金和利息
供应商	企业履行合同能力强	企业将无力履行合同,无法收回账款
企业职工	职工的生活保障程度较好	无法按时给职工发工资甚至无法发工资

7.2.4 短期偿债能力的评价指标

短期偿债能力的衡量主要是看企业是否拥有足够的现金以偿付其流动负债，满足当前经济业务的需要，因而短期偿债能力指标主要反映企业的流动资产与流动负债的比率关系。短期偿债能力的分析指标主要有营运资本、流动比率、速动比率、现金比率。其中，营运资本是反映短期偿债能力的绝对数指标，流动比率、速动比率、现金比率是反映短期偿债能力的相对数指标。

1. 评价指标的计算与分析

1）营运资本

（1）指标概念及计算公式。

营运资本或营运资金有广义和狭义之分，广义营运资本是指流动资产合计，狭义营运资本是指企业流动资产超过流动负债的剩余部分，也称净营运资本。通常我们使用狭义的营运资本进行计算。该指标是表现企业短期偿债能力的绝对数指标，其计算公式为：

$$营运资本＝流动资产－流动负债$$

计算营运资本所用的"流动资产"和"流动负债"，可以直接取自企业的资产负债表。

另外，根据"资产（流动资产＋非流动资产）＝负债（流动负债＋长期负债）＋所有者权益（股东权益）"这一平衡关系式可知，实际上营运资本等于企业以长期负债和股东权益为来源的那部分流动资产。因此其计算公式也可以是：

$$营运资本（流动资产－流动负债）＝长期负债＋所有者权益－非流动资产$$

（2）指标评价。

营运资本指标为绝对数指标，适合进行趋势分析。根据上述公式可以看出，当流动资产大于流动负债时，营运资金出现溢余，营运资本越多，企业短期偿债越有保障，偿债的风险越低。当流动资产小于流动负债时，说明营运资金出现短缺，营运资金数额负值越大，则企业短期偿债能力越弱，偿债的风险越大。

由于营运资金是个绝对数指标，企业之间规模相差很大，因此，难以确定数额多少为最佳，应该以不同行业营运资金规模进行行业对比分析。

一般来讲，制造业一般为正的营运资金，营运资金应当相当于1~3个月的营业收入（具体合理数值视行业标准而定），才算比较合理安全，低于这个标准就应考虑筹资，高于这个标准就要考虑对外投资立项，具体数额差别很大，与该企业的营运资金与经营规模有关。

零售企业的营运资金较多，因为它除了流动资产外没有更多的固定资产用于偿债。信誉好的服务业企业营运资金很少，有时甚至是一个负数，因为其稳定的收入可以偿还同样稳定的流动负债。所以，不但同一行业不同企业之间的营运资金难以对比，就是同一企业不同时期的营运资金也缺乏可比性，因此，建议企业以行业平均水平或者选择同行业其他相类似规模的优秀企业为对标企业进行分析。

营运资本并非越多越好。债权人希望营运资本越多越好，这样就可以减少贷款风险。但是，过高的营运资本意味着流动资产过多而流动负债较少，可能导致大量资金闲置，丧失产生更多经济利益的机会。同时也说明企业可能缺乏投资机会，因而其发展潜力可能受到限制。因此，企业应该保持适当的营运资本，以平衡财务风险和发展机会。

(3)分析时的注意事项。

利用营运资金指标进行短期偿债能力分析时,不能单独用营运资金来分析,要考虑营业收入因素,同时还要把营运资金和短期偿债能力的相对指标结合才能达到分析的效果。

根据表4-2和表5-1数据可以编制JXKJ股份有限公司营运资金与营业收入对照表,见表7-8。

表7-8 营运资金与营业收入对照表

编制单位:JXKJ股份有限公司　　　　　　　　　　　　　　　　　　　　　　　单位:万元

项目	2019年	2018年
流动资产合计	16 240.00	15 960.00
流动负债合计	5 460.00	4 872.00
营运资金	10 780.00	11 088.00
营业收入	84 000.00	77 000.00

根据表7-8可以计算出企业的营运资金

2019年营运资金=流动资产-流动负债=16 240-5 460=10 780(万元)

2018年营运资金=流动资产-流动负债=15 960-4 872=11 088(万元)

综合分析企业两年的营运资金和营业收入可以看出,企业2019年的营运资金10 780万元,小于2018年的营运资金11 088万元,从数额上看好像企业的短期偿债能力有所下降,但2019年营业收入为84 000万元,高于2018年的营业收入77 000万元,综合分析说明企业整体销售状况好于上年,偿债能力增强。

2)流动比率

(1)指标概念及计算公式。

流动比率是流动资产与流动负债的比值,表示每1元的流动负债有多少流动资产可以作为偿还保障,反映企业可在短期内转变为现金的流动资产偿还到期流动负债的能力。流动比率是相对数指标,不受企业的规模影响。流动比率的计算式如下:

$$流动比率 = \frac{流动资产}{流动负债}$$

(2)指标评价。

通常认为,流动比率越高,企业的短期偿债能力越强,短期债权人利益的安全程度也越高;流动比率过低,则难以如期偿还债务。流动比率并不是越高越好,流动比率过高,表示流动资产的闲置,进而影响企业盈利能力。

一般认为,流动比率的下限为1,适当或合理的流动比率为2,即流动资产与流动负债之比为2:1,它表示企业财务状况稳定可靠,除了满足日常生产经营的流动资金需要外,还有足够的财力偿还短期债务。这个"二比一的原则"源于美国,其理论依据可能是:流动负债要用流动资产来偿还,而流动资产中含有存货,根据经验,一般企业的存货约占流动资产的一半左右。

(3)分析时的注意事项。

在分析一个企业的流动比率时,应当将其与该行业的平均流动比率进行对比,因为在某些行业,流动比率低于2被认为是正常的,但在另一些行业则要求流动比率必须大于2。一般而言,营业周期越短,流动比率应越低;营业周期越长,流动比率应越高。

在比较流动比率时，应同时计算出应收账款周转率和存货周转率，通过计算能够帮助分析了解企业流动性问题存在于应收账款或存货方面的原因。如果应收账款或存货的流动性存在问题，则要求流动比率应更高些。

较高的流动比率仅仅说明企业有足够的可变现流动资产用来偿还债务，并不能表明企业有足够的现金来偿债，因为流动比率高也可能是存货积压、应收账款增多且收账期延长，以及待处理财产损失增加所致。所以，企业应在分析流动比率的基础上，进一步对流动资产和流动负债的构成加以分析。

考虑到预收账款的特殊性，在计算流动比率时，预收账款应作为分子中存货的减项，而不应作为分母的一部分。

流动比率是一个静态指标，只反映某一时点的财务数据，比较好进行人为调整，在企业的流动比率大于1的情况下，如果分子的流动资产和分母的流动负债同时增加相同数额，则流动比率会降低；相反，流动资产与流动负债同时减少相同数额，则流动比率会升高。在企业流动比率小于1的情况下，操纵手段正好相反。因此，在分析时应观察期末的经济业务没有异常后，再进行计算。

根据表7-8数据可以算出企业2019年和2018年的流动比率如下：

2019年流动比率＝ 流动资产÷流动负债＝16 240÷5 460＝297.44%

2018年流动比率＝ 流动资产÷流动负债＝15 960÷4 872＝327.59%

从计算结果的数值来看，JXKJ股份有限公司2018年流动比率为327.59%，说明该企业每1元流动负债有327.59元流动资产作为偿还保证，明显高于公认的流动比率为2的标准，表面上看短期偿债能力比较强，但我们在分析时应结合该行业的平均值及该企业指标值的变动情况进行比较，才能加以说明。

3）速动比率

(1)指标概念及计算公式。

速动比率又称酸性试验比率，是用于更加准确地评价企业资产的流动性及其偿还短期负债能力的指标，表示企业每1元流动负债有多少速动资产作为偿还保障。速动资产是指流动资产减去变现能力较差且不稳定的存货、预付账款、1年内到期的非流动资产和其他流动资产等之后的余额。如果报表中有应收利息和应收股利项目，可视情况归入速动资产项目。速动比率的计算式如下：

$$速动比率 = \frac{速动资产}{流动负债}$$

$$速动比率 = \frac{货币资金＋交易性金融资产＋应收账款＋应收票据＋其他应收款}{流动负债}$$

$$速动比率 = \frac{流动资产－存货－预付账款－1年内到期的非流动资产－其他流动资产}{流动负债}$$

(2)指标评价

速动比率是静态指标，只反映期末速动资产(quick assets)与流动负债的比率关系，不代表企业整个期间的偿债能力。

一般情况下，速动比率越高，说明企业偿还流动负债的能力越强，国际上通常认为速动比率标准等于1时较为适当，如果速动比率小于1，可能使企业面临很大的偿债风险。如果速动比率大于1，则企业偿还债务的安全性较高，但却会因企业现金及应收账款占用过多而大大增加企业的机会成本。但是不同行业和不同规模的企业指标判定不是绝对的,对不同行业、不同规模的企业需对标行业基准具体分析。

(3)分析时注意的事项。

即便企业的速动比率大于1,也不能说明企业的偿债能力强,还应注意速动资产中应收账款的比例、应收账款的账龄和可回收性。在速动比率相同的条件下,应收账款所占比率越低,账龄越短,则速动比率质量越好,分析时可同时分析应收账款周转率来确定企业的短期偿债能力。

根据流动资产构成表(见表7-9)的资料对企业的速动比率进行计算和分析。

表7-9 资产负债表

编制单位:JXKJ股份有限公司　　　2019年12月31日　　　　　　　　　　单位:万元

资产	2019年	2018年	负债和股东权益	2019年	2018年
流动资产:			流动负债:		
货币资金	1 750.00	700.00	短期借款	1 400.00	1 050.00
交易性金融资产	140.00	280.00	交易性金融负债	0.00	0.00
应收票据	210.00	280.00	应付票据	140.00	105.00
应收账款	10 500.00	5 600.00	应付账款	2 800.00	2 940.00
预付款项	560.00	140.00	预收款项	280.00	140.00
应收利息	0.00	0.00	应付职工薪酬	70.00	35.00
应收股利	0.00	0.00	应缴税费	140.00	112.00
其他应收款	280.00	560.00	应付股利	0.00	0.00
存货	2 800.00	8 400.00	其他应付款	630.00	490.00
一年内到期的非流动资产	0.00	0.00	一年内到期的非流动负债	0.00	0.00
其他流动资产	0.00	0.00	其他流动负债	0.00	0.00
流动资产合计	16 240.00	15 960.00	流动负债合计	5 460.00	4 872.00

2019年速动比率= 速动资产÷流动负债
　　　　　　　=(1 750+140+210+10 500+280)÷5 460 = 2.36
2018年速动比率= 速动资产÷流动负债
　　　　　　　=(700+280+280+5 600+560)÷4 872 = 1.52

从计算结果的数值来看,2018年的速动比率为1.52,2019年的速动比率为2.36,2019年数据远高于2018年,说明该企业每1元流动负债有2.36元速动资产作为偿还保障。明显高于公认的速动比率标准,短期偿债能力比较强。但是值得注意的是,在分析时还应考虑速动资产的质量,要结合该行业的平均值及该企业指标值的变动情况进行比较,才能够准确分析企业状况。

4)现金比率

(1)指标概念及计算公式。

现金比率是指现金类资产与流动负债的比率,它表示企业每1元流动负债有多少现金资产作为偿还保障。其中,现金类资产是指速动资产扣除应收款项后的余额,它能反映企业的立即偿债能力,是流动比率和速动比率的补充和延伸,是对企业短期资产的流动性、变现力及偿债能力更为严格的计量,是比流动比率和速动比率更加直接、更为严格的指标。反映在面临财务危机时企业对短期债务的应变能力。现金比率的计算式如下:

$$现金比率 = \frac{现金资产}{流动负债} = \frac{货币资金 + 交易性金融资产}{流动负债}$$

(2)指标评价。

在企业的流动资产中,现金及交易性金融资产的变现能力最强,一般可以百分之百地保证相等数额短期负债的偿还。现金比率越高,表明企业可立即用于支付债务的现金类资产越多,对到期流动负债的偿还越有切实的保障。但企业的现金比率不能过高,现金比率过高说明该企业的现金没有发挥出最大效益,没有将现金运用于企业的经营过程中;现金比率也不能过低,现金比率过低表明企业不能支付即付款项。一般认为这一比率应在 0.3 左右。当然,在给企业现金比率的高低下结论之前,应对企业的经营状况有一个细致的了解,同时要了解企业资金的预算规划。

(3)分析时的注意事项。

在评价企业短期偿债能力时,应关注企业的应收账款和存货的变现能力是否存在问题,如果企业的应收账款和存货的变现能力有问题,那么现金比率就显得尤为重要了。

具有特殊用途的货币资金不能作为可偿债资产,比如,银行限制性条款中规定的最低存款余额等。

如果用现金净流量对流动负债比,或者经营活动净流量对流动负债比这样的动态指标来评价一个企业的即期债务的偿还能力,其计算公式分别为:

$$现金净流量与流动负债比率 = \frac{现金净流量}{流动负债}$$

$$经营活动现金流量与流动负债比率 = \frac{经营活动现金净流量}{流动负债}$$

这两种指标数值越高,企业随时可以偿还债务的能力越大,说明企业立即变现能力越强。但是过高的比率虽然能证明企业具有足够的偿债能力,也说明企业没有充分有效地利用资金,容易造成资源的浪费;而如果该指标过低,会使企业陷于财务困境,支付能力不足,债务偿还缺乏保证。所以,该指标过高或过低都是不正常的情况。因此,运用现金净流量对流动负债比指标时应结合行业的特点、经营状况和信用状况做进一步具体分析。

根据流动资产构成表(见表 7-9)的资料对企业的现金比率进行计算和分析。

2019 年现金比率 = 现金资产÷流动负债

= (1 750+140)÷5 460 = 0.35

2018 年现金比率 = 现金资产÷流动负债

= (700+280)÷4 872 = 0.2

从计算结果的数值来看,2018 年的现金比率为 0.2,2019 年的现金比率为 0.35,2019 年的比率远高于 2018 年的比率,说明该企业每 1 元流动负债有 0.35 元现金资产作为偿还保证。基本符合支付能力标准,但要确定企业的现金比率是高是低,在分析时应结合企业的历史水平和该行业的平均值来加以判断。

2. 反应资产变现速度的指标

流动比率、速动比率和现金比率都是静态指标,是某一时点上的企业短期偿债能力的体现,没有考虑流动资产的流动性和偿还期限。流动资产的变现速度和流动负债的偿还期限同样影响了企业的偿债能力。因此就需要对流动资产和流动负债的流动性进行分析,从而正确评价企业的短期偿债能力。

(1)流动资产的流动性。

流动资产的流动性分析就是对流动资产的变现能力分析,具体来说就是对企业应收账款和存货的变现能力分析。评价的指标包括:应收账款周转率、应收账款周转天数、存货周转率、存货周转天数。这些指标的介绍将在营运能力章节中进行详细分析和介绍。

(2)流动负债的流动性。

流动负债的流动性指的是流动负债的偿还时间和短期内必须偿还的可能性,偿还时间越短,企业偿债的压力就越大。在流动负债中短期借款、应付票据、应缴税费、应付职工薪酬这些项目的还款时间都是固定的,但是应付账款项目的还款时间却是不确定的,流动负债的流动性分析就是对应付账款的评价分析,具体指标包括应付账款周转率和应付账款周转天数。这两个指标的介绍在营运能力章节中进行详细分析和解读。

7.3 长期偿债能力

7.3.1 长期偿债能力的概念

长期偿债能力是指企业偿还长期负债的能力。企业借入长期负债的目的是通过借入资产的运营实现盈利与增值,来保障长期负债的偿还,因此分析企业长期偿债能力除了需要关注企业资产和负债的规模与结构外,还需要关注企业的盈利能力,考察企业长期偿债能力主要有以下三方面。

1. 分析债务总额与企业资本结构规模之间的关系

按照资产负债表所反映的数据考察企业的长期偿债能力,涉及的指标有资产负债率和产权比率等。通过这些指标,可以分析出由债权人所提供的资金数额与企业所有者所提供的资金数额之间的关系。如果企业财力的绝大部分是由外部债权人提供的,则表明企业经营的风险实际上已经转移给了外部债权人。当然,如果资本结构中债务所占比例很大,就会增加不能偿还债务本金和利息的风险,因为企业可能无法获得足够偿还债务的资金。

2. 分析负债总额与企业资产结构规模之间的关系

反映企业资产结构和资产配置是否适当的指标主要有流动资产对总资产的比率、固定资产对总资产的比率、固定资产与所有者权益的比率、固定资产与长期资产的比率。

3. 收益与负债的对比关系

长期偿债能力与获利能力密切相关,企业能否有充足的现金流入偿还非流动负债在很大程度上取决于企业的获利能力。企业长期盈利水平和经营活动产生的现金流量是企业偿还债务本金和利息最稳定、最可靠的来源。按照利润表所反映的数据考察企业的长期偿债能力,涉及的指标主要有利息保障倍数等。从长期来看,采用权责发生制基础,会计所得出的报告收益与企业偿还长期债务的能力是相联系的,虽然从短期看,报告收益并不等于可运用的现金,但收入和费用最终会导致现金的流动。由于报告收益与企业偿还长期债务能力之间关系密切,因此,企业的获利能力是决定企业长期偿债能力的一个非常重要的因素。

长期偿债能力分析与短期偿债能力分析有一定的差别。一般情况下,短期偿债能力分析主要着眼于企业所拥有的流动资产对流动负债的保障程度,因此要关注流动资产和流动负债的规模与结构,同时还要关注流动资产的周转情况;而对于长期负债来说,一个企业的长期偿债能力的强弱,要看企业资产和负债的规模与结构,同时还要看企业的获利能力。一般来讲,企业获利能力越强,长期偿债能力越强;反之则越弱。

7.3.2 影响长期偿债能力的因素

1. 主要因素

(1)企业的资本结构。

资本结构是指企业负债和所有者权益之间的比例关系,从财务风险的角度考虑,企业通过负债所筹集的资金所占比例越小,企业自有资金对债务的保障程度就越高,债务到期无法足额偿付的可能性就越小,财务风险就越小。企业负债的比重越高,财务风险就越大,不能如期偿还债务本金、支付债务利息的可能性就越大。从成本方面考虑,负债的比重越高,企业的资本成本就越低,收益就越高;相反,所有者权益的比重越高,企业的资本成本就越高,收益就越低。所以企业资本结构对企业长期偿债能力也有着非常重要的影响。

(2)企业的资产结构。

资产结构是指企业总资产的构成,反映企业各项资产的比重关系,通常用资产负债表中的各种资产占总资产的百分比表示。通常,流动性大的资产,盈利能力越低,变现的风险比较小;流动性越小的资产,盈利能力越强,变现的风险比较大。如果企业的流动资产比重大,表示有较强的流动性,但是对企业盈利能力和偿债能力不利。相反,企业的非流动资产比例较大,则有助于提高企业的盈利能力和长期偿债能力。

(3)企业的盈利能力。

企业的盈利能力是指企业在一定时期获取利润的能力,企业长期偿债能力与盈利能力密切相关。企业长期的盈利水平和经营活动产生的现金流量才是偿付债务本金和利息最稳定、最可靠的来源。较强的盈利能力不仅可以使企业从经营活动中获取足够的现金流入量,也可以吸引投资者和债权人,随时筹集到企业所需资金,用以偿还到期债务的本金和利息。

2. 其他因素

(1)长期租赁。

当企业急需某种设备而又缺乏资金购买时,就会发生设备租赁的情况,通常设备租赁分为融资租赁和经营租赁。融资租赁相当于承租人分期付款购买设备,承租方将租入的设备视同自有资产入账,融资租赁费用作为长期负债反映在资产负债表中。经营租赁的资产和租赁费均不列入资产负债表,只出现在利润表的相关费用中,因此,如果企业的经营租赁份额资产较多,租赁期较长就形成了企业的一种长期性债务,企业应当考虑租赁费用对企业长期偿债能力的影响。

(2)长期资产价值。

长期资产是企业长期偿债能力的物质保证,但长期资产一般具有一定的专用性,因此对于债权人来说,在债务到期时需要企业用现金来偿还负债,而不是直接获得企业的长期资产。如果企业大部分长期资产在面临债务偿还时变现能力过低,可能会导致企业即使拥有很多长期资产也无法足额偿付债务。因此,需要特别关注企业长期资产的保值程度。

7.3.3 长期偿债能力分析的目的

对长期偿债能力的分析能让经营者了解资金结构的状况,掌握企业的财务风险大小,进一步优化资金结构,提高企业价值,为投资者提供判断企业投资的安全性和盈利性的数据基础,企业偿债能力越强,投资者的安全性越高,适度负债可以增加盈利。为债权人提供企业是否能按期支付本金及利息的数据资料,长期偿债能力强,债权的安全性强,反之则债权的安全性差。

7.3.4 评价长期偿债能力的指标

分析企业长期偿债能力应关注企业资产和负债的规模与结构外,还需要关注企业的盈利能力情况。因此,利用企业资产负债表分析企业的长期偿债能力主要是对企业的资本结构和资产结构进行分析包括的指标有资产负债率、产权比率、有形资产负债率、长期资本负债率、有形资产回报率等。利用利润表分析长期偿债能力主要是对企业的收益和负债进行比对分析,包括利息保障倍数和固定支出保障倍数等指标。

1. 运用资产负债表分析的指标

通过资产负债表数据对企业的长期负债进行分析的指标包括:资产负债率、权益乘数、有形资产负债率。

1)资产负债率

(1)指标概念和计算。

资产负债率也称债务比率,是指企业的全部负债与企业的全部资产总额之比。它表示企业从债权人处所筹集的资金占总资产的百分比,说明债权人权益的受保障程度,是企业长期偿债能力的核心指标。

有关资产负债率的计算公式有两种意见,一种认为应排除短期负债,因为短期负债不是长期资金的来源,如果不排除,就不能恰当地显示企业的债务状况;另一种意见认为,从长期来看,短期资金已经变成外部资金来源总额的一部分,故债务应包括短期负债。按后一种意见的债务比率,计算公式为:

$$资产负债率 = \frac{负债总额}{资产总额} \times 100\%$$

(2)指标评价。

通常,资产负债率越低,说明企业债务偿还的稳定性、安全性越强,财务弹性也越大,但比率太低,则负债的财务杠杆效应利用太少,不利于实现企业价值和投资者财富最大化。如果资产负债率过大,则表明企业的债务负担重,企业资金实力不强,有濒临破产的危险。对债权人而言,资产负债率反映债权人向企业提供信贷资金的风险程度,资产负债率越低,企业的负债越安全、财务风险越小;而对所有者来说,只要企业为负债所支付的利息率小于投资报酬率,举债越多越有利,因此当全部资本利润率高于借款利息率时,负债比例越高越好;反之,则负债比例越低越好。从经营者的角度来看,他们尽可能地把资产负债率控制在适度的水平来降低财务风险,在预期的利润和增加的风险之间进行权衡。

通常资产负债率适宜水平在40%~60%之间,保守观点认为最好不要高于50%。但是,资产负债率根据企业所处行业不同,其适宜水平也有所不同,交通、运输、电力等基础行业的资产负债率平均为50%,加工业为65%,商贸业为70%,同时不同地域该指标的判断标准也有所不同。

(3)注意事项。

适度的资产负债率水平要综合考虑若干因素来确定,主要包括宏观经济水平、行业特点和资本市场情况三个因素。

宏观经济向好的情况下,举债可以增加企业的发展能力和盈利能力;反之,举债则容易增加风险和债务危机。从行业特点来看,资产流动性强的行业其周转能力和变现能力较强,可容许的资产负债率的适度规模也较大;经营风险比较高的行业,其资产负债率就会相应较低;资金密集性行业其资产负债率较高。从资本市场看,企业融资能力强时,企业的资产负债率可能较低。我国上市公司的资产负债率水平远低于非上市公司。

2)权益乘数

(1)指标概念和计算。

权益乘数又称产权比率或所有者权益负债率,是企业资产总额与所有者权益总额的比率,通过企业资产与所有者权益进行对比来反映企业资金来源的结构比例关系,反映企业所有者权益对债权人的保障程度,主要用于衡量企业的财务结构的风险性以及所有者权益对偿债风险的承受能力,是资产负债率指标的必要补充。权益乘数的计算公式为:

$$权益乘数 = \frac{资产总额}{所有者权益总额} \times 100\%$$

(2)指标评价。

企业在评价权益乘数时,应从提高获利能力和增强偿债能力两个方面综合进行,即在保障债务偿还安全的前提下,应尽可能提高产权比率。通常,权益乘数越低,说明企业长期偿债能力越强,债权人权益的保障程度越高、承担的风险越小,权益乘数低是低风险、低报酬的财务结构,但企业不能充分发挥负债的财务杠杆效应;权益乘数高是高风险、高报酬的财务结构。当资产负债率在40%~60%之间时,权益乘数就应当维持在70%~150%之间。在经济繁荣时,多借债可获得额外利润;在经济萎缩时,少借债可以减少利息负担和财务风险。

(3)注意事项。

首先,权益乘数侧重于揭示财务结构的稳健程度及股东权益对偿债风险的承受能力,而资产负债率侧重于分析债务偿付安全性的物质保障程度;其次,权益乘数指标分析存在显著的行业差异,分析时要注意与行业平均水平进行比较分析。最后,权益乘数所反映的偿债能力是以净资产为物质保障的,但净资产中的某些项目价值具有极大的不确定性,且不易形成支付能力。因此,为更加切实可靠地评价企业资本对债务的承受能力与物资保障程度,也可设置债务与有形净值比率。

3)有形资产负债率

(1)指标概念和计算。

有形资产负债率是更加保守的权益负债率,用于测定企业长期偿债能力的比率,这一比率显示债权人在企业破产时的被保护程度。但有形资产负债率更保守,这一比率将无形资产从净资产中扣除,因为从保守的观点来看,这些资产不会提供给债权人任何资源。其计算公式为:

$$有形资产负债率 = \frac{负债总额}{所有者权益总额 - 无形资产} \times 100\%$$

(2)指标评价。

从长期偿债能力角度看,这一比率越低越好。该指标越低说明企业可用于抵债的有形资产越多,债权人利益越有保障,企业的有效偿债能力越强。

根据表7-10中的数据,计算企业的资产负债率、权益负债率、有形资产负债率。

表 7-10 资产负债表

编制单位:JXKJ股份有限公司　　　　2019年12月31日　　　　　　　　　　单位:万元

资产	2019年	2018年	负债和股东权益	2019年	2018年
流动资产合计	16 240.00	15 960.00	流动负债合计	5 460.00	4 872.00
非流动资产:	0.00	0.00	非流动负债:	0.00	0.00
其他权益工具投资	0.00	0.00	长期借款	14 000.00	8 400.00
债券投资	0.00	0.00	应付债券	0.00	0.00
长期应收款	0.00	0.00	长期应付款	1 400.00	1 680.00
长期股权投资	700.00	0.00	专项应付款	0.00	0.00
投资性房地产	0.00	0.00	预计负债	0.00	0.00
固定资产	35 000.00	28 000.00	递延所得税负债	0.00	0.00
在建工程	560.00	1 050.00	其他非流动负债	0.00	0.00
工程物资	0.00	0.00	非流动负债合计	15 400.00	10 080.00
固定资产清理	0.00	0.00	负债合计	20 860.00	14 952.00
无形资产	210.00	280.00	股东权益:	0.00	0.00
开发支出	0.00	0.00	股本	14 000.00	14 000.00
商誉	0.00	0.00	资本公积	4 200.00	2 800.00
长期待摊费用	0.00	0.00	减:库存股	0.00	0.00
递延所得税资产	0.00	0.00	盈余公积	7 700.00	5 600.00
其他非流动资产	0.00	0.00	未分配利润	5 950.00	7 938.00
非流动资产合计	36 470.00	29 330.00	股东权益合计	31 850.00	30 338.00
资产总计	52 710.00	45 290.00	负债和股东权益总计	52 710.00	45 290.00

$$2019年资产负债率 = \frac{负债总额}{资产总额} \times 100\% = \frac{20860.00}{52710.00} = 39.58\%$$

$$2018年资产负债率 = \frac{负债总额}{资产总额} \times 100\% = \frac{14952.00}{45290.00} = 33.01\%$$

$$2019年权益乘数 = \frac{资产总额}{所有者权益总额} \times 100\% = \frac{52710.00}{31850.00} = 165.49\%$$

$$2018\text{年权益乘数} = \frac{\text{资产总额}}{\text{所有者权益总额}} \times 100\% = \frac{45290.00}{30338.00} = 149.28\%$$

$$2019\text{年有形资产负债率} = \frac{\text{负债总额}}{\text{所有者权益总额} - \text{无形资产}} \times 100\%$$

$$= \frac{20860.00}{31850.00 - 210.00} = 65.93\%$$

$$2018\text{年有形资产负债率} = \frac{\text{负债总额}}{\text{所有者权益总额} - \text{无形资产}} \times 100\%$$

$$= \frac{14952.00}{30338.00 - 280.00} = 49.74\%$$

依据上述计算可以看出,该企业资产负债率由2018年的33.01%上升到2019年的39.58%;权益乘数由2018年的149.28%上升到2019年的165.49%;有形资产负债率由2018年的49.74%上升到2019年的65.93%,综合这些数据指标的变化可以看出,该企业的长期偿债能力减弱了,从指标的绝对值来看上述三个指标都低于经验值,总体还在可控范围内,但要真正评价企业的长期偿债能力的强弱,还应比对行业标准及其他因素才能加以说明。企业此时应该开始关注和跟踪企业长期负债情况,不能让企业的长期负债能力进一步减弱。

2. 运用利润表分析的指标

上述各项指标利用的数据均来自资产负债表,只是反映了企业某一时间点的财务状况,利用利润表所做的分析,可以获得企业收益的详细数据,因为企业取得资产的目的是利用资产进行经营,以获取收益,所以债务的借入和清偿活动都是为了增加企业的生产和产品销售。由此可见盈利能力对偿债能力的影响更为重要。通过利润表数据对企业的长期负债进行分析的指标包括:利息保障倍数和经营现金流量负债率。

1)利息保障倍数

(1)指标概念和计算。

利息保障倍数是指企业一定时期息税前利润与利息支出的比率,反映了获利能力对债务偿付的保证程度。如果利息保障倍数适当,表明企业不能偿付其利息债务的风险很小,当本金到期时企业也就能够重新筹集到资金。如果各年都有较高的、稳定的偿付利息的能力,表明企业有良好的记录,而保持良好记录的企业就能够筹集到与其股东权益相比更高比例的债务,也比较容易获得较优的借款条件,筹资成本就较低。但若各年偿付利息的能力较低且波动,则说明企业难以保证用经营所得来按时支付债务利息,这必将引起债权人的担心。利息保障倍数计算公式为:

$$\text{利息保障倍数} = \frac{\text{息税前利润}}{\text{利息费用}} = \frac{\text{利润总额} + \text{利息费用}}{\text{利息费用}}$$

公式中的"息税前利润"是指利润总额与利息支出的合计数,"利息费用"是指本期发生的全部应付利息,不仅包括计入财务费用的利息费用,还应包括资本化利息。即指计入固定资产成本的利息,也就是企业为购建或自行建造某项固定资产而借入的专门借款所发生的利息。这部分利息将作为固定资产的增加额,而不是作为费用处理。虽然资本化利息不在利润表中作为费用扣除,但也是企业的一项负债,将来也要偿还。

(2)指标评价。

利息保障倍数越大,则说明企业支付偿还债务和利息的能力越强,债权人权益的保障程度越高;利息保障倍数越低,则企业没有足够资金来偿还债务利息。但是对于企业和投资者来讲,如果企业利息保障倍数较高不是由高利润带来的,而是由其他原因造成的,比如,由低利息导致的,则说明企业的财务杠杆程度很低,说明企业没有能够充分利用举债经营的优势。

通常公认的利息保障倍数标准为3,我国国有企业平均利息保障倍数标准应大于1,从统计上看,不同国家利息保障倍数一般在3~5之间,不过有时企业的利息保障倍数低于1,并不能说明企业就无法偿债,企业可以利用非付现的摊销和折旧费用来支付利息,也可以采取借新债还旧债的方式来进行付息。通常运用利息保障倍数来了解企业长期偿债能力需要比较企业连续几年的利息保障倍数指标,同时将企业的利息保障倍数与同行业平均水平进行比较来评价本企业的利息保障倍数指标水平。

(3)注意事项。

该指标的评价存在一定的局限性,该指标仅衡量了支付利息的能力,而偿债能力应包括归还本金和利息的能力,因此指标衡量是不全面的;另外即便利息保障倍数数值高也不能完全说明企业有足够的现金支付利息费用。

2)经营现金流量负债率

(1)指标概念和计算。

将经营现金流量与负债总额进行比对,可以了解企业用每年的经营活动现金净流入量偿付所有债务利息的能力。其计算公式为:

$$经营现金流量负债率 = \frac{经营活动现金净流入量}{全部负债平均余额} \times 100\%$$

$$= \frac{经营活动现金净流入量}{(期初负债总额 + 期末负债总额) \div 2} \times 100\%$$

(2)指标评价。

该指标越高越好,说明企业偿付债务总额的能力越强,根据统计经验,该指标应该维持在20%左右。

表 7-11 利润表

编制单位:JXKJ 股份有限公司　　　　　2019 年度　　　　　　　　　　　单位:万元

项目	2019 年度	2018 年度
一、营业收入	84 000.00	77 000.00
减:营业成本	70 000.00	66 500.00
税金及附加	840.00	700.00
销售费用	595.00	560.00
管理费用	1 260.00	1 120.00
财务费用	2 800.00	2 380.00
资产减值损失	0.00	0.00
加:公允价值变动收益	0.00	0.00
投资收益	140.00	70.00
其中:对联营企业和合营企业的投资收益	0.00	0.00

续表

项 目	2019年度	2018年度
二、营业利润	8 645.00	5 810.00
加:营业外收入	1 400.00	5 670.00
减:营业外支出	245.00	70.00
其中:非流动资产处置损失	0.00	0.00
三、利润总额	9 800.00	11 410.00
减:所得税费用	2 450.00	2 852.50
四、净利润	7 350.00	8 557.50
五、每股收益	0.00	0.00
经营活动产生的现金流入量	77 000.00	63 000.00

根据表7-11中的数据,计算企业的利息保障倍数和经营现金流量负债率,并根据计算进行分析。

$$2019 年利息保障倍数 = \frac{利润总额 + 利息费用}{利息费用} = \frac{9800.00 + 2800.00}{2800.00} = 4.5$$

$$2018 年利息保障倍数 = \frac{利润总额 + 利息费用}{利息费用} = \frac{11410.00 + 2380.00}{2380.00} = 5.79$$

$$2019 年经营现金流量负债率 = \frac{经营活动现金净流入量}{(期初负债总额 + 期末负债总额) \div 2} \times 100\%$$

$$= \frac{77000.00}{(14952.00 + 20860.00) \div 2} \times 100\% = 430\%$$

$$2018 年经营现金流量负债率 = \frac{经营活动现金净流入量}{(期初负债总额 + 期末负债总额) \div 2} \times 100\%$$

$$= \frac{63000.00}{(12736.00 + 14952.00) \div 2} \times 100\% = 455\%$$

从计算结果的数值来看,利息保障倍数由2018年的5.79下降到2019年的4.5且高于一般公认的利息保障倍数3,说明企业支付利息的保障程度下降了,但是还在正常指标范围内,长期偿债能力较强。从经营现金净流量的角度看,该公司的长期偿债能力较强,但要真正了解企业长期偿债能力的强弱,还应考虑行业标准及其他因素才能加以说明。2018年经营现金流量负债率为455%,2019年的经营现金流量负债率下降到430%,综合利息保障倍数指标可以看出企业的偿债能力在减弱,但是整体偿债能力还是比较强的,在今后的运营中还应该持续关注企业的偿债能力水平。

7.4 本章小结

偿债能力是指企业对债务清偿的承受能力或保障程度,即企业偿还全部到期债务的现金保障程度。企业偿债能力分析通常分为短期偿债能力分析和长期偿债能力分析。

影响企业短期偿债能力的因素主要包括内部因素和外部因素,内部因素包括流动资产的数量和质量、流动负债的规模与质量、偿债能力的信誉、可动用的银行贷款指标、企业关联关系、未做记录的或由负债和担保责任引起的负债。外部因素包括宏观经济形势、证券市场的发育与完善程度和银行的信贷政策等因素。衡量短期偿债能力的指标主要包括营运资金、流动比率、速动比率、现金比率等。

影响企业长期偿债能力的因素主要包括企业的资本结构、资产结构、盈利能力等。衡量长期偿债能力的指标主要包括资产负债率、权益乘数、有形资产负债率、利息保障倍数、经营现金流量负债率等。

7.5　课后练习题

一、单选题

1. 产权比率与权益乘数的关系是（　　）。
   A. 产权比率＝1－权益乘数　　　　　B. 权益乘数＝1/产权比率
   C. 权益乘数＝（产权比率－1）/产权比率　D. 权益乘数＝1＋产权比率

2. 若某公司的利润总额为90万元，所得税税率为25%，利息费用25万元，则该公司的利息保障倍数为（　　）。
   A. 3.65　　　　B. 4　　　　C. 4.6　　　　D. 0.95

3. 较高的流动比率一方面会使企业资产的流动性增强，另一方面也会带来（　　）。
   A. 利息的增加　　B. 市场占有率的提升　　C. 机会成本的增加　　D. 储存更多的存货

4. 某公司2018年流动比率为3.5，速动比率为0.9；2019年流动比率为3.7，速动比率为0.8，发生这种情况的原因可能是（　　）。
   A. 存货增加　　B. 预收账款增加　　C. 应付账款增加　　D. 应收账款增加

5. 衡量企业偿还到期债务能力的直接标志是（　　）。
   A. 有充足的固定资产　B. 有充足的存货　　C. 有充足的流动资产　D. 有充足的现金

二、多选题

1. 下列关于资产负债率的表述中，正确的有（　　）。
   A. 资产负债率越高，则企业应变能力越强　　B. 反映了项目的财务风险程度
   C. 房地产开发企业的资产负债率一般较高　　D. 属于长期偿债能力指标
   E. 反映企业的货币资金水平

2. 利息保障倍数指标所反映的企业财务层面包括（　　）。
   A. 获利能力　　B. 长期偿债能力　　C. 举债程度　　D. 发展能力　　E. 盈利能力

3. 下列关于流动比率的表述中，正确的有（　　）。
   A. 在流动比率大于1的情况下，分子分母增加相同数额，则流动比率会上升
   B. 在流动比率大于1的情况下，分子分母增加相同数额，则流动比率会降低
   C. 在流动比率大于1的情况下，分子分母减少相同数额，则流动比率会上升
   D. 在流动比率大于1的情况下，分子分母减少相同数额，则流动比率会降低
   E. 以上都不正确

4. 如果某企业速动比率很小，下列结论不能成立的有（　　）。
   A. 企业长期偿债能力很强　　B. 企业固定资产占用过多
   C. 企业资产流动性很强　　　D. 企业短期偿债风险很大
   E. 企业盈利能力强

5.下列关于权益乘数的表述中,正确的有( )。

A.权益乘数是负债总额与流动资产总额之间的比率

B.从股东来看,在通货膨胀加剧时期,企业多借债可以把损失和风险转嫁给债权人;在经济繁荣时期,企业多借债可以获得额外的利润;在经济萎缩时期,少借债可以减少利息负担和财务风险

C.权益乘数高,是高风险、高报酬的财务结构;权益乘数低,是低风险、低报酬的财务结构

D.资产负债率与权益乘数具有相同的经济意义,两个指标可以相互补充

E.以上都不正确

三、判断题

1.一般认为,流动比率的下限为1,适当或合理的流动比率为2。( )

2.若速动比率大于1,可能使企业面临很大的偿债风险。( )

3.现金比率越高,表明企业可立即用于支付债务的现金类资产越多,对到期流动负债的偿还越有切实的保障。( )

4.资产负债率越高,说明企业债务偿还的稳定性、安全性越强,财务弹性也越大。( )

5.有形资产负债率,从长期偿债能力角度看,这一比率越高越好。该指标越高说明企业可用于抵债的有形资产越多,债权人利益越有保障,企业的有效偿债能力越强。( )

四、简答题

1.简述偿债能力分析的目的。

2.简述偿债能力分析的内容。

3.简述短期偿债能力与长期偿债能力的联系。

4.简述短期偿债能力的评价指标有什么。

5.简述长期偿债能力的评价指标有什么。

五、案例分析题

案例资料:沿用第4章、第5章、第6章练习题中的资产负债表、利润表、现金流量表的数据。

要求:

(1)计算企业的长期偿债能力和短期偿债能力指标;

(2)对企业的偿债能力进行分析评价。

第8章 营运能力和发展能力分析

知识目标

(1)理解营运能力分析的概念、内容及意义；
(2)掌握流动资产营运能力分析；
(3)掌握非流动资产营运能力分析；
(4)掌握总资产营运能力分析；
(5)掌握企业发展能力指标的概念和公式。

能力目标

(1)周转能力的指标计算及运用；
(2)获现能力的指标计算及运用。

任务导入

表8-1是ZAS公司运营能力比较表，请根据表格内的数据分析该企业的运营能力。

表8-1 ZAS公司运营能力比较表

比较项目	2019年	2018年
应收账款周转率/%	10.16	10.93
存货周转率/%	4.13	4.03
流动资产周转率/%	2.71	2.87
流动资产占总资产比重/%	26.53	25.28
流动资产占固定资产比重/%	53.06	47.70
存货占流动资产的比重/%	42.31	45.66
总资产周转次数/次	1.02	1.18

本章所要介绍的就是企业经过计算各项指标值后，对指标进行相应的分析，从而分析企业的具体情况，得出企业营运能力综合评价的结论。

8.1 营运能力分析的概念、目的及内容

8.1.1 营运能力分析的概念

营运能力反映了资产运用的效果，是企业管理资产的效率与效益的体现，是企业在生产经营过程中实现资本增值的能力，营运能力关系企业生产经营的成败。资产营运的效率是用资

产所创造的收入来衡量的,资产增加收入的方式不一样,流动资产能直接取得收入,非流动资产只能间接为营业收入服务。

资产营运的效益是指资产被充分使用的程度,被投入生产用于创造收入活动的频率越高,资产在营运周转运用中才越能产生价值增值。企业营运能力与偿债能力和盈利能力之间有着密切的联系,资金周转的快慢直接影响着企业资产的流动性。资产营运能力的强弱关键在于周转速度。一般来说,周转速度越快,资产使用效率越高,则资产营运能力越强;反之,资产营运能力越差。

8.1.2 营运能力分析的目的和内容

1. 营运能力分析的目的

营运能力分析主要用于衡量企业资产管理和运营的效率,其实质是以尽可能少的资产占用和尽可能短的时间周转,生产尽可能多的产品,创造尽可能多的收入。对企业进行营运能力分析的目的是评价企业运用各种资产创造收入的能力,通常用年度内每1元资产可以创造多少营业收入来衡量。单位资产创造的营业收入越多,说明资产的使用效率越高,企业营运能力越强;反之,则说明企业营运能力较弱。企业营运能力的强弱会影响企业的偿债能力和盈利能力。具体的分析目的包括以下内容。

(1)衡量企业资产投资水平,促进资产的合理配置。

对企业内部管理者而言,在追求企业价值最大化的过程中,不仅要清楚企业的盈利水平,还要关心盈利的原因和过程。通过营运能力分析,可以了解企业生产经营对资产的需求状况,发现与企业整体经营水平不相适应的资产使用状况,从而进一步加强管理,并据此调节资产结构比例,促进资产的合理配置,最终改善财务状况,提高资金周转的速度。

(2)判断企业的盈利能力,评估企业价值。

企业存量资产的周转速度越快,实现收益的能力越强。另外,企业净利润的增加,并不一定反映为现金净流量的增加,这就是所谓的收益质量不佳。通过获利能力分析,可以对收益的质量做出评价,从而进一步合理评估企业价值。

(3)评价企业的偿债能力和支付能力,保证企业财务的安全性。

短期偿债能力指标都是基于流动资产存量的静态指标,而通过分析流动资产的获益能力和获利能力则可以了解这些资产的质量,并进一步显示短期偿债能力的质量。当企业的资产能够在周转中创造较高的收益,并产生较多的现金流量净额时,就表明企业具有较强的偿债能力和支付能力,企业的财务风险就会较低。

2. 营运能力分析的内容

1)营运能力分析的内容

企业的营运能力分析实际上就是对企业的总资产及其各组成要素的比率分析,企业的经营资产分为流动资产和非流动资产两大类,因此,企业营运能力分析包括流动资产营运能力分析、非流动资产营运能力分析和全部资产营运能力分析。流动资产营运能力分析是反映主要流动资产项目和全部流动资产的利用效率,衡量企业在经营活动中运用流动资产的能力,主要指标有应收账款周转、存货周转率、流动资产周转率。非流动资产营运能力分析着重分析非流动资产中占比较大的固定资产的使用情况和周转速度。全部资产营运能力分析主要是通过计算总资产周转率指标来衡量企业对全部资产的利用效率。

营运能力也可以分为资金周转能力和获取现金的能力。周转能力分析主要是以利润表为主要依据,衡量企业运用资产创造销售收入的有效程度;而获取现金的能力分析则主要是以现金流量表为主要依据,以衡量企业营运能力的质量,强调企业在创造利润的同时,还应该创造等量的现金流量。

2)影响企业营运能力分析的因素

(1)不同报表使用人对营运能力指标的分析有着不同的理解。

对于投资者,通过营运能力指标分析可以看出,企业财务安全性与营运能力是密切相关的。企业营运能力越强,资产的变现能力越高,企业遭遇现金短缺的可能性就越低,企业的财务安全性就越高,资产的质量也就越好,企业实现了以最少的资产占用获取最大的经济收益。因此,营运能力分析有助于及时了解企业资产的质量和资产的收益能力,判断企业财务安全性及资产的获利能力,有助于企业进行投资决策。

对于债权人,通过营运资金分析,可以帮助债权人判断债权的保障程度和安全程度,进而为信用决策提供决策依据。通常,营运能力越强,资产的变现能力越强,资产的周转速度越快,债权人的保障程度就越高。

对于企业管理者,通过营运能力指标分析可以发现企业资产配置和资产管理中存在的问题,采取相应的调整措施,提高资产利用效率,优化资产结构。

(2)影响企业营运能力分析的因素。

根据以上分析可以得出,影响企业营运能力分析的因素包括企业的行业特性与经营背景、企业的经营周期、企业资产的结构及质量。不同的行业具有不同的经营特征,资产占用的规模呈现较大的差异。企业的经营背景不同,其营运能力也会有差异。不同的行业也具备不同的经营周期,企业流动资产与非流动资产之间的比率,必然会影响流动资产和非流动资产的周转情况。资产的质量同样也会影响企业的营运能力。

(3)营运能力分析的方法。

在分析资金周转情况的过程中,反映企业资金周转快慢的指标一般有周转率(又叫周转次数)和周转期(又叫周转天数)两种形式,分别代表一定时期内资产完成的循环次数和资产完成一次循环所需要的天数。在进行分析的时候,可以对企业拥有的整体资产的周转情况进行分析,同时也可以对单项资产的周转情况进行分析。在计算不同资产的周转率时,通常在计算总资产周转率和分类资产周转率时,选用"营业收入"作为"资金周转额";而单项资产周转率有两种计算方法:一种是以营业收入为周转额,另一种是以营业成本为周转额。企业可以根据自身情况进行指标计算的选取工作。具体的计算公式如下:

$$周转率(次数) = \frac{计算期的资金周转额}{计算期资产平均占用额}$$

$$周转期(天数) = \frac{计算期天数}{资产周转率(次数)}$$

8.2 流动资产营运能力分析

8.2.1 流动资产营运能力分析的主要指标

流动资产包括货币资金、交易性金融资产、应收及预付账款、存货等。这部分资产具有周转速度快、变现能力强的特点。流动资产营运能力分析包括计算和分析应收账款周转率、存货周转率、流动资产周转率等指标。分析流动资产的周转情况可以了解企业流动资产利用的效率,控制企业在经营管理中运用流动资金的能力。

1. 应收账款周转指标分析

1) 指标概念和计算

应收账款周转率是指企业在一定时期内的营业收入(赊销净额)与应收账款平均余额的比值。主要反映企业应收账款的流动性及质量,该指标可分别用两个指标来表示:一个是应收账款周转次数(应收账款周转率);另一个是应收账款周转天数(应收账款周转期)。这两个指标的计算公式如下:

$$应收账款周转率(周转次数) = \frac{营业收入(或赊销收入)}{应收账款平均余额}$$

$$应收账款周转期(周转天数) = \frac{计算期天数}{应收账款周转率} = \frac{应收账款平均余额 \times 360}{营业收入}$$

$$应收账款平均余额 = \frac{应收账款期初余额 + 应收账款期末余额}{2}$$

2) 指标评价

(1) 一定时期内,应收账款周转率越高,应收账款周转天数越短,说明应收账款收回得越快,应收账款的流动性越强,同时应收账款发生坏账的可能性也就越小。反之亦然。

(2) 如果一个企业的应收账款周转率过高,则可能是由于企业的信用政策过于苛刻所致,这样又可能会限制企业销售规模的扩大,损害企业的市场占有率,影响企业长远的盈利能力。因此,对应收账款周转率和应收账款周转天数不能片面地分析,应结合企业具体情况深入了解原因,以便做出正确的决策。

3) 注意事项

(1) 对企业进行内部分析时,为了准确分析,应使用赊销净额;进行外部分析时,由于各个企业公开的财务报表很少标明赊销收入金额,因而难以取得企业赊销收入的数据,且可以假设现金销售是收款期为零的应收账款,因此只要保持计算口径的历史一致性,使用销售净额不影响分析。"赊销收入"数据直接使用利润表中的"营业收入"。

(2) 会计年度应为365天,简化起见用360天。

(3) 应收账款是特定时间点指标,容易受季节性、偶然性和人为因素的影响,分析时应注意该指标被严重高估或低估的现象。为消除季节性的影响,最好使用多个时间点的平均数。应收账款最好采用月度平均余额计算,即先计算月度平均余额,然后相加并除以12计算出年度平均余额。

(4)公式中的应收账款包括资产负债表中的应收账款和应收票据两部分内容,因为应收票据是销售形成的应收款项的另一种形式。

(5)应收账款应为未扣除坏账准备的金额。应收账款在财务报表上按净额列示,计提坏账准备会使财务报表上列示的应收账款金额减少,而营业收入不变。其结果是,计提坏账准备越多,应收账款周转率越高,对应收账款实际管理欠佳的企业反而会得出应收账款周转情况更好的错误结论。

2. 存货周转指标分析

在流动资产中,存货所占比重较大,存货的流动性将直接影响企业的流动比率。存货周转情况分析同样可以通过存货周转率(周转次数)和存货周转期(周转天数)反映。它和应收账款周转率反映应收账款流动性及其质量很相似,也可分别用两个指标来表示:存货周转次数和存货周转天数。

1)指标概念和计算

存货周转率又叫存货周转次数,是反映企业存货的流动性及质量的指标,也是衡量和评价企业购入存货、投入生产、销售收回等各环节管理效率的综合性指标。指标计算是企业一定时期内营业成本(或销售成本)与存货平均余额的比率。

存货周转期又称存货周转天数,是反映存货周转情况的另一个重要指标,它是计算期天数与存货周转率之比。上述两个指标的计算公式为:

$$存货周转率(周转次数) = \frac{营业成本}{存货平均余额}$$

$$存货周转期(周转天数) = \frac{计算期天数}{存货周转率} = \frac{存货平均余额 \times 360}{营业成本}$$

$$存货平均余额 = \frac{存货期初余额 + 存货期末余额}{2}$$

2)指标评价

通常,如果销货成本不变,存货周转率越高,表明存货周转速度越快,存货变现能力越强,资金占用水平越低。该指标过高表示有可能存货水平太低;采购过于频繁,批量太小;可能出现停工待料等现象。不同行业存货周转率指标可能有较大差异,应结合行业标准进行评价。另外,不同企业存货计价方法不一样,也可能会造成指标差异。

如果存货周转率恶化,则可能由以下原因造成:低效率的存货控制和管理导致存货的过度购置;销售困难导致存货积压或不适当的销售政策导致销售不畅;预测存货将升值而增加存货。

3)注意事项

(1)在计算时应注意该指标分子和分母数据时间上的对应性。

(2)周转率的每一项指标都至少由两个因素构成,提高还是降低,是两个因素互动的结果。应该注意的是,如果企业是季节性经营,则根据年初和年末存货计算的平均存货将导致误解。解决这个问题的办法就像计算应收账款周转率那样,使用月度(或天)平均存货。

(3)如果是因为存货或销货成本的金额数据不合理,而影响存货周转次数指标的合理性时,可以采用实物数量指标代替金额指标。另外,应同样关注"存货跌价准备"的数额。

3. 流动资产周转指标分析

(1) 指标概念和计算。

流动资产周转指标分析主要是计算流动资产周转率,评价企业对全部流动资产的使用效率。

流动资产周转率(周转次数)是反映流动资产总体周转情况的重要指标,是指一定时期内流动资产的周转额(营业收入)与流动资产的平均余额之间的比率,一般情况下选择以一定时期内取得的营业收入作为流动资产周转额的替代指标。该指标表示企业流动资产在一定时期内周转几次。

流动资产周转期(周转天数)表示流动资产周转一次所需要的平均天数。

其计算公式为：

$$流动资产周转率(周转次数) = \frac{营业收入}{流动资产平均余额}$$

$$流动资产周转期(周转天数) = \frac{计算期天数}{流动资产周转率} = \frac{流动资产平均余额 \times 360}{营业收入}$$

$$流动资产平均余额 = \frac{流动资产期初余额 + 流动资产期末余额}{2}$$

(2) 指标评价。

企业流动资产周转率越高,流动资产周转天数越短,表明企业以相同的流动资产占用实现的销售收入越多,企业流动资产的运用效率越好,进而使企业的偿债能力和盈利能力均得以增强。反之,则表明企业利用流动资产进行经营活动的能力较差,营运效率较低。

在一定时期内,流动资产周转次数越多,或周转一次所需要的天数越少,说明流动资产周转速度越快,流动资产使用效率越高,等于相对节约了流动资产的占用,提高了企业的盈利能力。

(3) 注意事项。

由于流动资产是企业短期偿债能力的基础,企业应该有一个比较稳定的流动资产数额,并以此提高使用效率,应防止企业以大幅度降低流动资产为代价追求高周转率。

8.2.2 流动资产营运能力的案例分析

根据以上对指标的介绍,现以 JXKJ 股份有限公司的财务数据为例,计算该企业流动资产的营运能力并进行分析。具体数据见表 4-2、表 5-1、表 6-2。

假设 2018 年该企业年初的应收账款为 3 200 万元,应收票据为 120 万元。存货年初余额为 5 500 万元。流动资产年初余额为 13 470 万元。

$$2018 年应收账款平均余额 = \frac{应收账款期初余额 + 应收账款期末余额}{2}$$

$$= \frac{3\,200.00 + 120.00 + 5\,600.00 + 280.00}{2} = 4\,600.00(万元)$$

$$2018 年应收账款周转率(周转次数) = \frac{营业收入(或赊销收入)}{应收账款平均余额}$$

$$= \frac{77\,000.00}{4\,600.00} = 16.74(次)$$

2018 年应收账款周转期(周转天数) = $\dfrac{\text{计算期天数}}{\text{应收账款周转率}}$

= $\dfrac{\text{应收账款平均余额} \times 360}{\text{营业收入}} = \dfrac{4600.00 \times 360}{77000.00} = 21.51(天)$

2019 年应收账款平均余额 = $\dfrac{\text{应收账款期初余额} + \text{应收账款期末余额}}{2}$

= $\dfrac{10500.00 + 210.00 + 5600.00 + 280.00}{2} = 8295.00(万元)$

2019 年应收账款周转率(周转次数) = $\dfrac{\text{营业收入}}{\text{应收账款平均余额}}$

= $\dfrac{84000.00}{8295.00} = 10.13(次)$

2019 年应收账款周转期(周转天数) = $\dfrac{\text{计算期天数}}{\text{应收账款周转率}} = \dfrac{\text{应收账款平均余额} \times 360}{\text{营业收入}}$

= $\dfrac{8295.00 \times 360}{84000.00} = 35.55(天)$

该企业 2019 年应收账款周转率为 10.13 次,平均约 35.55 天周转一次,对该企业周转速度的评价总体是企业的应收账款周转率基本正常,完全能够保持企业正常运行,具体的评价可以根据企业所在行业的平均值或者企业对标企业的应收账款周转率值进行评价。也可以根据企业的历年平均应收账款回收期进行评价,如果该企业的应收账款回收期大于历年的应收账款回收期,或者行业平均值,那企业的应收账款回收期就不是一个值得肯定的数字,说明应收账款的实际收回时间比应该收回的时间长;反之,则说明应收账款的营运能力很强。

相较于 2018 年企业应收账款周转率为 16.74 次,平均约 21.51 天周转一次来看,企业应收账款周转率有所下降,但 2019 年应收账款周转天数在 3 个月以内,该企业的应收账款的管理效率还是比较高的。

2018 年存货平均余额 = $\dfrac{\text{存货期初余额} + \text{存货期末余额}}{2}$

= $\dfrac{5500.00 + 8400.00}{2} = 6950.00(万元)$

2018 年存货周转率(周转次数) = $\dfrac{\text{营业成本}}{\text{存货平均余额}}$

= $\dfrac{66500.00}{6950.00} = 9.57(次)$

2018 年存货周转期(周转天数) = $\dfrac{\text{计算期天数}}{\text{存货周转率}} = \dfrac{\text{存货平均余额} \times 360}{\text{营业成本}}$

= $\dfrac{6950.00 \times 360}{66500.00} = 37.62(天)$

2019 年存货平均余额 = $\dfrac{\text{存货期初余额} + \text{存货期末余额}}{2}$

= $\dfrac{8400.00 + 2800.00}{2} = 5600.00(万元)$

2019 年存货周转率(周转次数) = $\dfrac{\text{营业成本}}{\text{存货平均余额}}$

$$= \frac{70000.00}{5600.00} = 12.5(次)$$

2019年存货周转期(周转天数) $= \frac{计算期天数}{存货周转率} = \frac{存货平均余额 \times 360}{营业成本}$

$$= \frac{5600.00 \times 360}{70000.00} = 28.8(天)$$

该企业2019年存货周转率为12.5次,平均约28.8天周转一次。对该企业周转速度的评价应结合同行业平均存货周转率来确定,因为不同行业存货周转率不同。如一些工业企业存货周转天数就比较长,而商业企业存货周转天数就比较短。如果企业的平均存货周转期大于行业平均值,就不是一个值得肯定的数字,因为它超过了行业存货的平均周转期,说明存货占用时间过长,存货的利用效率不高。反之,则说明存货的营运能力很强。

相较于2018年,企业存货周转率为9.57次,平均约37.62天周转一次,相较于2019年企业存货周转率12.5次有所上升。整体来说,2019年和2018年企业存货周转天数在三个月以内,该企业的存货的内部管理效率还是比较良好的,建议进一步与行业平均值进行比较判断。

2018年流动资产平均余额 $= \frac{流动资产期初余额 + 流动资产期末余额}{2}$

$$= \frac{13470.00 + 15960.00}{2} = 14715.00(万元)$$

2018年流动资产周转率(周转次数) $= \frac{营业收入}{流动资产平均余额}$

$$= \frac{77000.00}{14715.00} = 5.23(次)$$

2018年流动资产周转期(周转天数) $= \frac{计算期天数}{流动资产周转率} = \frac{流动资产平均余额 \times 360}{营业收入}$

$$= \frac{14715.00 \times 360}{77000.00} = 69(天)$$

2019年流动资产平均余额 $= \frac{流动资产期初余额 + 流动资产期末余额}{2}$

$$= \frac{16240.00 + 15960.00}{2} = 16100.00(万元)$$

2019年流动资产周转率(周转次数) $= \frac{营业收入}{流动资产平均余额}$

$$= \frac{84000.00}{16100.00} = 5.22(次)$$

2019年流动资产周转期(周转天数) $= \frac{计算期天数}{流动资产周转率} = \frac{流动资产平均余额 \times 360}{营业收入}$

$$= \frac{16100.00 \times 360}{84000.00} = 69(天)$$

2019年企业流动资产周转率为5.22次,平均约69天周转一次,企业周转速度的评价应结合企业的历史资料或同行业平均水平相比较才能加以说明。对比2018年企业流动资产周转率5.23次,平均约69天周转一次来看,企业2019年和2018年流动资产周转率基本持平,究其原因是企业在2019年存货数量大幅下降,存货周转率指标有所提升,所以尽管2019年应收账款周转率比2018年下降了,但是两项指标相抵,所以企业流动资产周转率两年基本持平。

8.3 非流动资产营运能力分析

8.3.1 非流动资产营运能力分析的概念

非流动资产也称长期资产,是指流动资产以外的企业资产,包括固定资产、无形资产、长期股权投资等。这部分资产在总资产中占较大比重,尤其是固定资产的生产能力,关系到企业产品的产量与质量。非流动资产是创造企业利润的动力源泉,企业的非流动资产营运能力直接影响着企业的盈利能力。企业的非流动资产中固定资产占了非常重要的一部分,所以,固定资产营运效率如何,对企业至关重要。

8.3.2 非流动资产营运能力分析的指标分析

1. 固定资产周转指标

1)指标概念和计算

非流动资产营运能力分析的指标就是对固定资产周转情况的分析,一般通过固定资产周转率与固定资产周转天数两个财务指标进行分析。固定资产周转率是指企业一定时期的营业收入与固定资产平均净值的比率。在计算固定资产周转率时,也可以计算固定资产周转天数,但是由于固定资产周转速度较慢,因此,在实际工作中较少使用固定资产周转天数指标。这两个指标的计算公式如下:

$$固定资产周转率(周转次数) = \frac{营业收入}{固定资产平均净值}$$

$$固定资产周转期(周转天数) = \frac{计算期天数}{固定资产周转率} = \frac{固定资产平均净值 \times 360}{营业收入}$$

$$固定资产平均余额 = \frac{固定资产期初净值 + 固定资产期末净值}{2}$$

指标的分母采用的是固定资产净值,因此指标的比较会受到折旧方法和折旧年限的影响,应注意其可比性问题。

2)指标评价

固定资产周转率越高,周转天数越少,表明企业固定资产利用越充分,同时也说明企业固定资产投资得当,固定资产结构分布合理,能够较充分地发挥固定资产的使用效率,营运能力较强。

企业要想提高固定资产周转率,就应加强对固定资产的管理,做到固定资产投资规模得当、结构合理。因为,固定资产规模过大会造成设备闲置,固定资产使用效率下降。固定资产规模过小会造成企业生产能力弱,不能形成规模效益。

3)注意事项

(1)固定资产减值准备的计提会影响固定资产周转率。
(2)宏观经济会影响企业的非流动资产营运能力分析。

企业的固定资产一般采用历史成本入账,在企业的固定资产、销售量没有发生变化的情况下,可能会由于通货膨胀的影响导致物价上涨,使销售收入增加,固定资产周转率会提高,但此时固定资产效能并没有增加。

(3)企业的财务政策会影响企业的非流动资产营运能力分析。

资产管理力度大,拥有合理的资产结构和优良的资产质量,资产周转率就越快,反之就越慢。企业所采用的财务政策,决定着企业资产的账面占用总量。当企业财务政策收紧、企业其他资产不变时,采用快速折旧政策可减少固定资产账面净值,从而提高资产周转率。企业如果采用宽松的信用政策,导致应收账款的占用越多,资产的周转速度就会放慢。

(4)企业经营周期长短不同会影响企业营运能力。

经营周期越短,资产的流动性越强,在同样时期内实现的销售次数就越多,资金周转就越快。反之,经营周期越长,资产的流动性越弱,在同样时期内实现的销售次数就越少,资金周转就越慢。

(5)企业所处行业不同会影响企业营运能力。

不同的行业有不同的资产占用,生产型企业占用生产资料较服务业较大,因此由于资产占用量大,资产周转速度就相对缓慢。

2. 非流动资产周转指标分析

(1)指标的概念和计算。

非流动资产周转指标分析主要是计算企业非流动资产周转率,评价企业对全部非流动资产的使用效率。

非流动资产周转率(周转次数)是反映非流动资产总体周转情况的重要指标,是指一定时期内非流动资产的周转额(营业收入)与非流动资产的平均余额之间的比率,一般情况下选择以一定时期内取得的营业收入作为非流动资产周转额的替代指标。该指标表示企业非流动资产在一定时期内周转几次。

非流动资产周转期(周转天数)表示非流动资产周转一次所需要的平均天数。

其计算公式为:

$$非流动资产周转率(周转次数) = \frac{营业收入}{非流动资产平均余额}$$

$$非流动资产周转期(周转天数) = \frac{计算期天数}{非流动资产周转率} = \frac{非流动资产平均余额 \times 360}{营业收入}$$

$$非流动资产平均余额 = \frac{非流动资产期初余额 + 非流动资产期末余额}{2}$$

(2)指标评价。

企业非流动资产周转率越高,非流动资产周转天数越短,表明企业以相同的非流动资产占用实现的销售收入越多,企业非流动资产的运用效率越好,进而使企业的偿债能力和盈利能力得以增强。反之,则表明企业利用非流动资产进行经营活动的能力较差,营运效率较低。

在一定时期内,非流动资产周转次数越多,或周转一次所需要的天数越少,说明非流动资产周转速度越快,非流动资产使用效率越高,相对节约了非流动资产的占用,提高了企业的盈利能力。

(3)注意事项。

非流动资产周转率公式中分母是指企业长期资产的总和,包括企业购买的其他公司的股票、债券和长期股权投资、直接参股形式的投资,以及固定资产、无形资产。其中对外投资产生的收益计入投资收益,不会增加主营业务收入,所以公式中的分子与分母的口径并不一致,进而导致这一指标受企业对外投资资产的影响而缺乏可比性。

8.3.3 非流动资产营运能力分析的案例分析

根据以上对指标的介绍,现以 JXKJ 股份有限公司的财务数据为例,计算该企业非流动资产的营运能力并进行分析。假设 2018 年期初固定资产余额为 26 300 万元,2018 年非流动资产余额 26 450 万元,具体数据见表 4-2、表 5-1、表 6-2。

$$2018 \text{ 年固定资产周转率(周转次数)} = \frac{\text{营业收入}}{\text{固定资产平均净值}} = \frac{77000.00}{27150.00} = 2.84(\text{次})$$

$$2018 \text{ 年固定资产周转期(周转天数)} = \frac{\text{计算期天数}}{\text{固定资产周转率}} = \frac{\text{固定资产平均净值} \times 360}{\text{营业收入}}$$

$$= \frac{27150.00 \times 360}{77000.00} = 126.94(\text{天})$$

$$2018 \text{ 年固定资产平均余额} = \frac{\text{固定资产期初净值} + \text{固定资产期末净值}}{2} = \frac{26300.00 + 28000.00}{2} = 27150.00(\text{万元})$$

$$2019 \text{ 年固定资产周转率(周转次数)} = \frac{\text{营业收入}}{\text{固定资产平均净值}} = \frac{84000.00}{31500.00} = 2.67(\text{次})$$

$$2019 \text{ 年固定资产周转期(周转天数)} = \frac{\text{计算期天数}}{\text{固定资产周转率}} = \frac{\text{固定资产平均净值} \times 360}{\text{营业收入}}$$

$$= \frac{31500.00 \times 360}{84000.00} = 135(\text{天})$$

$$2019 \text{ 年固定资产平均余额} = \frac{\text{固定资产期初净值} + \text{固定资产期末净值}}{2} = \frac{28000.00 + 35000.00}{2} = 31500.00(\text{万元})$$

该企业 2019 年固定资产周转率为 2.67 次,平均约 135 天周转一次,对该企业固定资产周转速度的评价还应结合企业 2018 年或历史数据相比较才能加以说明,因此,比对 2018 年数据,企业固定资产周转率为 2.84 次,平均约 126.94 天周转一次,这样可以看出企业固定资产利用效果有所下降,需要进一步关注固定资产周转速度。

$$2018 \text{ 年非流动资产平均余额} = \frac{\text{非流动资产期初余额} + \text{非流动资产期末余额}}{2}$$

$$= \frac{26450.00 + 29330.00}{2} = 27890.00(\text{万元})$$

$$2018 \text{ 年非流动资产周转率(周转次数)} = \frac{\text{营业收入}}{\text{非流动资产平均余额}} = \frac{77000.00}{27890.00} = 2.76(\text{次})$$

$$2018 \text{ 年非流动资产周转期(周转天数)} = \frac{\text{计算期天数}}{\text{非流动资产周转率}}$$

$$= \frac{\text{非流动资产平均余额} \times 360}{\text{营业收入}} = \frac{27890.00 \times 360}{77000.00} = 130.39(\text{天})$$

2019 年非流动资产平均余额 $= \frac{\text{非流动资产期初余额} + \text{非流动资产期末余额}}{2} =$

$\frac{29330.00 + 36470.00}{2} = 32900.00(\text{万元})$

2019 年非流动资产周转率（周转次数）$= \frac{\text{营业收入}}{\text{非流动资产平均余额}} = \frac{84000.00}{32900.00} = 2.55(\text{次})$

2019 年非流动资产周转期（周转天数）$= \frac{\text{计算期天数}}{\text{非流动资产周转率}}$

$= \frac{\text{非流动资产平均余额} \times 360}{\text{营业收入}} = \frac{32900.00 \times 360}{84000.00} = 141(\text{天})$

2019 年企业非流动资产周转率为 2.55 次,平均约 141 天周转一次,企业周转速度的评价应结合企业的历史资料或同行业平均水平相比较才能加以说明。对比 2018 年企业非流动资产周转率 2.76 次,平均余额 130.39 天周转一次来看,企业 2019 年比 2018 年非流动资产周转率有所下降,企业应首先与行业数据相对比,再与该企业的对标企业进行比对,然后再对企业目前数据进行评价。

8.4　全部资产营运能力分析

8.4.1　全部资产营运能力分析的概念

总资产是企业所拥有或控制的能以货币计量,并能够给企业带来未来经济利益的经济资源。总资产周转情况的分析实际上就是对企业的总资产及其构成要素的营运能力的分析,一般通过总资产周转率和总资产周转天数两个指标进行分析。总资产周转率反映了企业的总资产在一定时期内实现的营业收入的多少。

8.4.2　全部资产营运能力分析的指标分析

1. 全部资产营运能力指标

(1)指标概念和计算。

总资产周转率是指企业一定时期内的营业收入与平均资产总额的比率,它反映企业的总资产在一定时期内(通常为 1 年)周转的次数。总资产周转天数是反映企业所有资金周转情况的一个重要指标,它等于计算期天数与总资产周转率之间的比率,其计算公式为:

$$\text{总资产周转率（周转次数）} = \frac{\text{营业收入}}{\text{全部资产平均余额}}$$

$$\text{总资产周转期（周转天数）} = \frac{\text{计算期天数}}{\text{全部资产周转率}} = \frac{\text{全部资产平均余额} \times 360}{\text{营业收入}}$$

$$\text{全部资产平均余额} = \frac{\text{全部资产期初余额} + \text{全部资产期末余额}}{2}$$

(2) 指标评价。

通常，总资产周转率越高，表明企业全部资产的使用效率越高；总资产周转天数越短，说明企业所有资金周转得越快，资产取得的收入越多，资产的管理水平越高，也表明企业的偿债能力和获利能力强。反之，如果总资产周转率较低，表明企业利用全部资产进行经营的效率较差，企业的获利能力就会下降。如果企业总资产周转率长期处于较低的状态，企业应采取适当措施提高各项资产的利用效率。

总资产周转率的高低取决于营业收入和总资产两个因素，增加收入或减少资产，都可以提高总资产周转率。具体可以通过提高销售收入或及时处理那些确实无法提高利用率的多余、闲置资产。

(3) 注意事项。

总资产是各项资产的总和，包括流动资产、长期股权投资、债权投资、固定资产、无形资产等。由于总资产中的对外投资产生的收益计入投资收益，不会增加主营业务收入，所以公式中的分子与分母的口径并不一致，进而导致这一指标受企业对外投资资产的影响而缺乏可比性。

总资产周转率集中反映了各单项资产周转率的综合水平，总资产周转率可以按资产项目分解成分类资产周转率进行分析，在分析提高总资产周转率时，要对营业收入和总资产进行分解，由于营业收入不能分解，而资产可以分为流动资产和固定资产，流动资产还可进一步分解为应收账款和存货等项目。所有单项指标的不足之处，都会影响总资产周转率的计算。比如，企业突然报废大量固定资产，会使当期总资产周转率大幅度上升，此时该指标就不具有可比性。

2. 营业周期指标

(1) 指标概念和计算。

营业周期是指从外购商品或接受劳务从而承担付款义务开始，到收回因销售商品或提供劳务并收取现金之间的时间间隔。营业周期分析可以用于考察企业资产的使用效率和管理水平，补充说明和评价企业的流动性。从前面的分析中我们知道，存货周转天数与应收账款周转天数之和就等于从购入存货到售出存货并收取现金需要的平均天数。

营业周期 = 存货周转天数 + 应收账款周转天数

而如果企业购进存货和支付货款的时间不一致，则营业周期的计算公式为：

营业周期 = 应收账款周转天数 + 存货周转天数 − 应付账款周转天数

(2) 指标评价。

通常，营业周期越短，说明企业完成一次营业活动所需的时间越短，企业的存货流动越顺畅，账款收取越迅速。营业周期的长短决定了企业流动资产的需求水平，营业周期越短的企业，流动资产的数量也往往比较少，其流动比率和速动比率往往保持在较低的水平；相反，如果企业的营业周期很长，那么有可能是应收账款或存货占用资金过多，并且变现能力很差。虽然这家企业流动比率和速动比率都可能很高，但企业的流动性却可能很差。因此，营业周期可以作为分析企业短期偿债能力的补充指标。

8.4.3 全部资产营运能力分析的案例分析

根据以上对指标的介绍，现以 JXKJ 股份有限公司的财务数据为例，计算该企业全部资产的营运能力并进行分析。假设 2018 年期初全部资产余额为 39 920 万元，具体数据见表 4-2、

表 5-1、表 6-2。

$$2018年总资产周转率（周转次数）=\frac{营业收入}{全部资产平均余额}=\frac{77000.00}{42605.00}=1.81（次）$$

$$2018年总资产周转期（周转天数）=\frac{计算期天数}{全部资产周转率}=\frac{全部资产平均余额\times360}{营业收入}$$

$$=\frac{42605.00\times360}{77000.00}=199.19（天）$$

$$2018年全部资产平均余额=\frac{全部资产期初余额+全部资产期末余额}{2}$$

$$=\frac{39920.00+45290.00}{2}=42605.00（万元）$$

$$2019年总资产周转率（周转次数）=\frac{营业收入}{全部资产平均余额}=\frac{84000.00}{49000.00}=1.71（次）$$

$$2019年总资产周转期（周转天数）=\frac{计算期天数}{全部资产周转率}=\frac{全部资产平均余额\times360}{营业收入}$$

$$=\frac{49000.00\times360}{84000.00}=210（天）$$

$$2019年全部资产平均余额=\frac{全部资产期初余额+全部资产期末余额}{2}$$

$$=\frac{45290.00+52710.00}{2}=49000.00（万元）$$

通过计算可以看出，该企业 2019 年总资产周转率为 1.71 次，平均约 210 天周转一次，相较于 2018 年数据该企业周转速度有所放缓，2018 年总资产周转率为 1.81 次，平均约 199.19 天周转一次，因此，企业资金利用效果还是有待改进的。

根据上述计算资料，可以计算出企业各年的营业周期。

2018 年营业周期 = 存货周转天数 + 应收账款周转天数 = 37.62 + 21.51 = 59.13（天）

2019 年营业周期 = 28.8 + 35.55 = 64.35（天）

计算结果表明，该企业的营业周期呈明显上升趋势，说明其应收账款和存货的管理效率正在逐步下降。但营业周期是否偏高，还应进行具体分析。

8.5 发展能力分析

8.5.1 发展能力分析的概念

企业发展能力是指企业未来生产经营活动的整体发展趋势和发展潜能，也称为企业增长能力。企业的发展能力的形成主要是通过自身的生产经营活动，不断扩大积累而形成的，主要依托于不断增长的销售收入、不断增加的资金投入和不断积累的利润等。一个发展能力强的企业，能够不断为股东创造财富，不断增加企业价值。

目前企业财务报表的列示对企业发展能力分析未能给予充分的分析,财务报表仅从静态的角度出发来分析企业的财务状况和经营成果。前面无论是增强企业的盈利水平和风险控制能力,还是提高企业的资产营运能力,都是为了提高企业的发展能力,为了企业未来的生存和发展的需要。因此,企业要从动态的角度出发,对企业的发展能力进行分析和预测。

8.5.2 发展能力分析的目的和内容

1. 发展能力分析的目的

企业持续发展对股东、潜在投资者、经营者及其他相关利益团体至关重要,因此有必要对企业的发展能力进行深入分析。发展能力分析的目的主要体现在:

(1)对于股东而言,可以通过发展能力分析衡量企业创造股东价值的程度,从而确定企业股东的投资决策,为采取下一步战略行动提供依据。

(2)对于潜在的投资者而言,可以通过发展能力分析评价企业的成长性,从而选择投资合适的时间、期限、数额,为投资决策做出正确的判断。

(3)对于经营者而言,可以通过发展能力分析、发现、影响、修正企业管理中存在的问题,确定企业未来发展的经营策略和财务策略,进一步提升企业的可持续发展能力。

(4)对于债权人而言,可以通过发展能力分析判断企业未来盈利能力,从而做出正确的信贷决策。

2. 发展能力分析的内容

1)企业竞争能力分析

企业竞争能力分析是企业发展能力分析的一项重要内容,集中表现为企业产品的市场占有情况和产品的竞争能力,同时在分析企业竞争能力时还应对企业所采取的竞争策略进行分析。

2)企业周期分析

企业的发展过程是呈现一定的周期特征的,处于不同周期阶段的企业的发展能力分析指标计算结果会有不同的表现形势。

3)企业发展能力财务比率分析

企业发展能力的分析是通过不同的财务指标表现的,因此可以通过财务状况来分析企业的发展能力。

(1)企业营业发展能力分析。

对销售增长的分析,销售是企业收入来源之本,企业只有保证销售的增长,才能为开发新产品,进行技术改造提供资金来源,从而促进企业的进一步发展。

企业资产是取得收入的保障,在总资产收益率固定的情况下,资产规模与收入规模之间存在正比例关系。因此对资产规模增长的分析也能揭示企业的发展能力。

(2)企业财务发展能力分析。

从财务角度看,企业发展的结果体现为利润、股利和净资产的增长,因此企业财务发展能力分析可以分为对净资产规模增长的分析、企业利润增长的分析和企业股利增长的分析三个方面。

在企业净资产收益率不变的情况下，企业净资产规模与收入之间存在正比例关系。净资产规模的增长反映着企业不断有新的资本加入，表明了所有者对企业有充足的信心，同时对企业进行负债筹资提供了保障，提高了企业的筹资能力，有利于企业获得进一步发展所需的资金。因此，对净资产规模增长的分析会反映出企业的发展情况。

企业的发展必然体现为利润的增长，通过对利润增长情况的分析，可以从企业利润的积累预测企业的发展能力。

企业所有者投资是为了从企业获得利益，企业的股利政策要考虑企业所面临的各方面因素，股利的持续增长是企业持续发展的重要而具体的表现，也是股东投资的决策依据。

8.5.3 企业发展能力指标分析

1. 营业增长率

(1) 指标的概念和计算。

营业增长率是指企业本年销售收入增长额同上年销售收入总额的比率。其计算公式为：

$$营业增长率 = \frac{本年销售收入增长额}{上年销售收入总额} \times 100\%$$

本年销售收入增长额 = 本年销售收入总额 - 上年销售收入总额

如果本年销售收入低于上年，本年销售增长额用"-"号表示。

(2) 指标的评价。

该指标若大于0，表明企业本年的销售收入有所增长，指标值越高，表明增长速度越快，企业市场前景越好；若该指标小于0，则表明企业或是产品不适销对路、质次价高，或是在售后服务方面存在问题，产品销售不出去，市场份额萎缩。但是，要具体判断企业在销售方面是否具有良好的成长性，必须分析销售增长是否具有效益性。如果销售收入的成长主要依赖于资产的相应增长，也就是销售增长率低于资产增长率，说明这种销售增长不具有效益性，同时也反映企业在销售方面可持续发展能力不强。正常情况下，企业的销售增长率应高于其资产增长率，只有在这种情况下，才能说明企业在销售方面具有良好的成长性。

(3) 注意事项。

必须将企业不同时期的销售（营业）增长率加以比较和分析才能全面、正确地分析和判断一个企业营业收入的增长趋势和增长水平。因为企业销售增长率仅仅就某个时期的销售情况而言，某个时期的销售增长率可能会受到一些偶然的和非正常的因素影响，而无法反映出企业实际的销售发展能力。

2. 三年营业平均增长率

(1) 指标概念和计算。

营业增长率可能通常会受到销售短期波动对指标产生的影响，如果上期因特殊原因而使销售收入特别小或者特别大，而本年则恢复到正常，这就会造成销售增长率因异常因素而偏高或者偏低。为消除这种影响，实务中一般计算三年营业平均增长率：

$$三年营业平均增长率 = \left(\sqrt[3]{\frac{年末营业收入总额}{三年前年末营业收入总额}} - 1 \right) \times 100\%$$

(2)指标评价。

该指标需要与企业历史水平和行业平均水平进行比对,利用该指标能够反映企业的营业增长趋势和稳定程度,较好地体现企业的发展状况和发展能力,避免因少数年份营业收入不正常增长而对企业发展潜力的错误判断。

3. 固定资产成新率

(1)指标概念和计算。

固定资产成新率是企业当期平均固定资产净值同平均固定资产原值的比率。该指标反映了企业所拥有的固定资产的新旧程度,体现了企业固定资产更新的快慢和持续发展的能力。其计算公式为:

$$\text{固定资产成新率} = \frac{\text{平均固定资产净值}}{\text{平均固定资产原值}} \times 100\%$$

(2)指标评价。

该指标的评价需要根据企业所处行业的行业水平进行参考评价。要注意不同折旧方法对固定资产成新率的影响,加速折旧法下的固定资产成新率要低于直线法折旧下的固定资产成新率。

(3)注意事项。

运用该指标分析固定资产新旧程度时,应剔除企业应提未提折旧对房屋、机器设备等对固定资产真实状况的影响。另外,固定资产成新率会受企业经营周期影响较大,处于发展期的企业与处于衰退期的企业的固定资产成新率会有明显不同。

4. 资本累积率

(1)指标概念和计算。

资本累积率是企业本年所有者权益增长额与年初所有者权益总额的比率。它反映企业当年资本的积累能力,是评价企业发展潜力的重要指标。其计算公式为:

$$\text{资本累积率} = \frac{\text{本年所有者权益增长额}}{\text{年初所有者权益总额}} \times 100\%$$

本年所有者权益增长额=所有者权益年末数-所有者权益年初数。

(2)指标评价。

该指标若大于0,指标值越高则表明企业的资本积累越多,应对风险、持续发展的能力就越大;该指标若为负值,表明企业资本受到侵蚀,所有者权益受到损害,应予以充分重视。

5. 股利增长率

(1)指标概念和计算。

股利增长率是本年发放股利增长额与上年发放股利的比率。该指标反映企业发放股利的增长情况,是衡量企业发展性的一个重要指标。

$$\text{股利增长率} = \frac{\text{本年每股股利增长额}}{\text{上年每股股利}} \times 100\%$$

(2)指标评价。

该指标的评价可以根据企业的历史数据进行参考评价。

8.6 本章小结

营运能力反映了资产运用的效果,是企业管理资产的效率与效益的体现,是企业在生产经营过程中实现资本增值的能力,营运能力关系到企业生产经营的成败。企业营运能力主要指企业资产运用、循环的效率高低。营运资产的效率通常是指资产的周转速度,反映企业资金利用的效率,表明企业管理人员经营管理、运用资金的能力。

影响企业营运能力的因素主要包括企业的宏观经济因素、行业特征与经营背景、企业的经营周期、企业资产的结构及其质量和企业资产的管理策略等。在分析资金周转情况的过程中,不仅要对企业拥有的整体资产的周转情况进行分析,还需要对单项资产的周转情况进行分析,具体计算指标有总资产周转率、营业周期、流动资产周转率、非流动资产周转率、固定资产周转率、应收账款周转率和存货周转率等。

企业发展能力是指企业未来生产经营活动的整体发展趋势和发展潜能,也可以称为企业增长能力。企业的发展能力的形成主要是通过自身的生产经营活动,不断扩大积累而形成的,主要依托于不断增长的销售收入、不断增加的资金投入和不断积累的利润等。一个发展能力强的企业,能够不断为股东创造财富,不断增加企业价值。

企业的发展过程必然通过不同时期的财务状况体现出来,因此可以通过财务状况来分析企业的发展能力。企业营业发展能力分析是通过对销售增长的分析和对资产规模增长的分析来进行的,主要分析指标有营业增长率、三年营业平均增长率、固定资产成新率、资本积累率和股利增长率等财务指标。

8.7 课后练习题

一、单选题

1.橙子公司总资产周转率为2.2时,会导致该指标下降的经济业务是(　　)。
　A.出售原材料收回现金　　　B.借入一笔短期借款
　C.用现金购入办公用品　　　D.转账给房东两年的租金

2.橙子公司2019年的存货周转期为35天,应收账款周转期是40天,应付账款周转期是20天,则营业周期是(　　)天。
　A.35　　　　B.75　　　　C.55　　　　D.95

3.在计算存货周转期时,其分子应为(　　)。
　A.营业成本　　B.应收票据　　C.营业收入　　D.应收账款

4.在计算应收账款周转次数时,其分母除包括"应收账款"外,还应包括(　　)。
　A.其他应收款　　B.预收账款　　C.营业收入　　D.应收票据

5.(　　)指标越高说明企业资产的运用效率越高,也意味着企业的资产盈利能力和偿债能力越强。
　A.总资产报酬率　B.固定资产周转率　C.总资产周转率　D.应收账款周转率

二、多选题

1.反映企业营运能力的指标有(　　)。

A. 权益乘数　　　　　B. 固定资产周转率
C. 总资产周转率　　　D. 存货周转率　　　　　　E. 资产负债率

2. 影响企业资产周转率的因素包括(　　)。
A. 资产的管理力度　　　　　B. 经营周期的长短
C. 所处行业及其经营背景　　D. 企业所采用的财务政策
E. 企业货币资金的多少

3. 影响应收账款周转率下降的原因主要是(　　)。
A. 赊销的比率　　　B. 企业的信用政策　　　C. 企业的收账政策
D. 客户财务困难　　E. 企业内部控制松懈

4. 橙子公司的存货周转率偏低,其可能存在的原因有(　　)。
A. 调整销售政策　　B. 产品滞销　　　　　C. 大量赊销
D. 应收账款增加　　E. 企业财务困难

5. 营业周期考虑哪些周转天数(　　)
A. 存货周转天数　　　　B. 流动资产周转天数
C. 应收账款周转天数　　D. 应付账款周转天数　　　E. 以上都对

三、判断题

1. 资产营运的效率是用资产所创造的收入来衡量的,资产营运的效益是指资产被充分使用的程度。(　　)
2. 应收账款周转率中的应收账款应为扣除坏账准备后的金额。(　　)
3. 企业资产增长率越高,则说明企业的资产规模增长势头一定越好。(　　)
4. 存货周转率的计算与其他资产周转率的计算相同,都是以"营业收入"为周转额。(　　)
5. 营业周期是存货周转天数加上应收账款周转天数,减去应付账款周转天数。(　　)

四、简答题

1. 简述什么是营运能力分析。
2. 简述营运能力分析的目的。
3. 简述流动资产营运能力分析。
4. 简述非流动资产营运能力分析。
5. 简述总资产营运能力分析。

五、案例分析题

案例资料:沿用第 2 章、第 3 章、第 4 章练习题中企业的资产负债表、利润表和现金流量表。

该公司 2018 年初有关财务资料:

假设 2018 年初应收账款为 54 942 391.08 元,应收票据为 7 485 936.44 元;

假设 2018 年初存货额为 43 012 740.21 元;

假设 2018 年初流动资产余额为 16 453 859.65 元;

假设 2018 年初资产总额为 790 045 059.47 元;

假设 2018 年初固定资产为 149 246 816.60 元。

要求:

(1)计算并填列表 8-2 中的营运能力指标;

(2)结合行业平均值,对公司的营运能力进行分析。

表8-2

指标	2018年		2019年	
	JH公司	行业平均值	JH公司	行业平均值
应收账款周转率/%		8.3		7.8
存货周转率/%		1.4		1.4
流动资产周转率/%		0.4		0.3
固定资产周转率/%		—		—
总资产周转率/%		0.3		0.3

第9章 获利能力分析

知识目标

(1)理解获利能力分析的概念、内容及其意义;
(2)掌握企业资产获利能力分析;
(3)掌握企业销售获利能力分析;
(4)掌握企业经营获利能力分析。

能力目标

(1)资产与企业盈利的指标计算及其运用;
(2)销售与企业盈利的指标计算及其运用;
(3)企业现金流量与企业盈利的指标计算。

任务导入

JY公司2018年和2019年营业利润的数额如表9-1所示。

表9-1 JY公司营业利润表 单位:元

项 目	2018年	2019年
一、主营业务收入	565 324.00	609 348.00
减:主营业务成本	482 022.00	508 168.00
主营业务税金及附加	1 256.00	2 004.00
二、主营业务利润	82 046.00	99 176.00
加:其他业务利润	2 648.00	3 512.00
减:资产减值准备	0.00	988.00
营业费用	134.00	204.00
管理费用	6 684.00	5 621.00
财务费用	3 056.00	2 849.00
三、营业利润	74 820.00	93 026.00

看了这张报表后,你对该企业的获利能力有什么评价?该公司营业利润率的变动状况是否合理?本章将对企业获取利润的能力进行分析。

9.1 获利能力分析的概念、目的及内容

9.1.1 获利能力分析的概念

获利能力是企业持续经营和发展的保证,是企业在一定时期内获取利润的能力,体现的是企业运用所能支配的经济资源开展的某种经营活动,从中赚取利润的能力。企业的盈利能力越强,企业获取的利润就越多。企业的利益相关者最关注的就是企业的获利能力,具体来说,就是企业投资者关注取得投资的收益;债权人关注收取债务本息;国家关注获利后取得财政税收;企业职工关注取得的劳动收入和福利保障。

获利能力分析是通过一定的分析方法,判断企业能获得多少利润的能力,是企业利益相关者了解企业、认识企业、改进企业经营管理的重要手段之一。不同报表的使用者对获利能力分析的侧重点是不同的,无论是投资人、债权人还是企业经营管理人员都日益重视对企业获利能力的分析。

1. 企业的投资者

企业投资者重视获利能力的分析是因为利润是股东利益的源泉,只有利润的增加,才能带来股东利益的增长。股东进行投资的目的是获取更多的利润,投资者总是将资金投向获利能力强的企业。因此,投资者对获利能力进行分析是为了判断企业获利能力的大小、获利能力的稳定性和持久性,以及未来获利能力的变化趋势。在市场经济条件下,投资者尤其关心企业获取利润的多少,并重视对利润率的分析,因为企业获利能力越强,投资者直接利益就会越高,并且还会使股票价格上升,从而使投资者获得资本收益。

2. 债权人

债权人重视获利能力的分析是因为利润是企业偿还负债的来源,企业只有获得利润,才能偿还资金来源中的负债,尤其是对于长期负债,利润是长期债务偿还的基本保障。债权人通过分析企业的获利能力来衡量其收回本息的安全程度,从而使借贷资金流向更安全、利润率更高的社会生产部门。短期债权人在企业中的直接利益是在短期内要求债务的还本付息,因此主要分析企业当期的获利水平;而长期债权人的直接利益是企业在较长时期的债务到期时,能及时足额收回本息,故而就当期而言,主要是评价其利息的保障程度。

3. 企业经理人

企业经理人重视获利能力分析的原因是利润是企业管理业绩的主要衡量指标,也是其管理业绩的综合体现,经营者分析企业的获利能力具有十分重要的意义。首先,用已经达到的获利能力指标与标准、基期、同行业平均水平、其他企业相比较,可以衡量经理人员工作业绩的优劣;其次,通过对获利能力的深入分析或因素分析,可以发现其经营管理中存在的重大问题,进而采取措施解决问题,提高企业经营管理水平。

总之,获利能力分析能够用以了解、认识和评价一个企业过去的经营业绩、管理水平,以及通过对过去的评价,预测其未来的发展前景。因此,获利能力分析成为企业及其利益相关者群体极为关注的一个重要内容。

9.1.2 获利能力分析的目的和内容

1. 获利能力分析的目的

获利能力分析是为了了解企业营销能力、获取现金能力、降低成本能力和回避风险能力等综合企业实力的体现，也是企业各环节经营活动具体的表现，企业经营的好坏都会通过获利能力表现出来，企业获利能力的强弱，决定着企业能否在激烈的市场竞争中站稳脚跟，能否保持旺盛的发展势头，较强的获利能力是企业继续存在和发展的基础，也是债权人债权收回的最后保障。

2. 获利能力分析的内容

1）获利能力分析的内容

获利能力分析在整个财务报表分析中占有十分重要的位置，获利能力分析主要的方法包括比率分析、趋势分析和结构分析等。

获利能力的比率分析能够很直观地评价企业运行情况。与企业获利能力有关的比率很多，它们可以分为以下三个方面：一是与销售有关的获利能力；二是与投资有关的获利能力；三是与股本有关的获利能力。

获利能力的趋势分析就是将企业连续几个期间的相关财务数据进行对比，得出企业获利能力的变化趋势。这是企业历史数据之间进行的纵向比较，从中我们可以更好地看出随着时间的推移，企业获利水平发生的变化，进而总结经验、发现问题。具体的比较方法有绝对数分析、环比分析、定基分析等。

获利能力的结构分析就是将企业的相关收入、费用、利润项目金额与相应的合计金额或特定项目金额进行对比，通过查看这些项目的结构，从而洞悉企业获利能力的一种分析方法。为了使得出的分析结果更具普遍意义和预测能力，在进行结构分析时应尽量摒除那些非经营性项目及非正常的经营活动，因为它们不是经常和持久的，不能将其作为企业的获利能力加以评价。因此，一般通过计算各项收入、费用和利润占营业收入的比重，来考察企业获利能力的稳定性和持续性。

分析企业的获利能力水平主要是通过计算相对性财务指标，以评价企业的获利能力水平。这些指标一般根据资源投入及经营特点分为四大类：资本经营获利能力分析、资产经营获利能力分析、商品经营获利能力分析和上市公司获利能力分析。其包含的基本指标有净资产收益率、总资产报酬率、收入利润率、成本利润率、每股收益、普通股权益报酬率和股利发放率等。

2）影响企业获利能力分析的因素

获利能力是企业经营管理水平的综合体现，获利能力指标受企业营销能力、获得现金的能力、成本控制能力、资产管理水平、规避风险能力等多种因素的影响。另外，人们往往重视企业获得利润的多少，而忽视企业获利的稳定性、持久性。实际上，企业获利能力的强弱不能仅以企业利润总额的高低水平来衡量。虽然利润总额可以揭示企业当期的获利总规模或总水平，但是它不能表明这一利润总额是怎样形成的，也不能反映企业的获利能否按照现在的水平维持，或者按照一定的速度增长下去，即无法揭示这一获利能力的内在品质。所以对获利能力的影响不仅要分析获利总量的影响因素，还要在此基础上分析获利结构的影响因素，以把握企业获利能力的稳定性和持久性,尤其是后者,在报表分析中更为重要。

(1)获利能力的稳定性。

获利能力的稳定性主要应从各种业务的利润结构角度进行分析,即通过分析各种业务利润在利润总额中的比重,以判别其获利能力的稳定性。我国损益表中的利润按照业务的性质划分为商品(产品)销售利润、投资收益、营业利润、利润总额和净利润等。各利润项目又是按获利的稳定性程度顺序排列的,凡是越靠前的项目在利润总额中所占比重越高,说明获利的稳定性越强;反之,则越弱。由于营业收入是企业的主要经营业务收入来源,因此,一个持续经营的企业总是力求保证营业收入的稳定,从而使其总体获利水平保持稳定,所以在获利能力的稳定性分析中应侧重主营业务利润(或毛利)比重的分析,重点分析主营业务利润对企业总获利水平的影响方向和影响程度。

(2)获利能力的持久性。

获利能力的持久性,即企业获利长期变动的趋势。分析获利能力的持久性通常采用将两期或数期的损益进行比较的方式。各期的对比可以是绝对额的比较,也可以是相对数的比较。绝对额的比较方式是将企业经常发生的收支、经营业务或商品利润的绝对额进行对比,看其获利是否能维持或增长。相对数的比较方式是选定某一会计年度为基年,用各年损益表中各收支项目余额去除以基年相同项目的余额,然后乘以100%,求得各有关项目变动的百分率,从中判断企业获利水平是否具有持续保持和增长的可能性,如企业经常性的商品销售或经营业务利润稳步增长,则说明企业获利能力的持久性较强。

9.2 企业资产获利能力分析

9.2.1 企业资产获利能力分析的主要指标

企业的获利能力可以通过收入与利润的比例关系来评价,还可以通过投入资金与获得利润的关系来评价。一个企业的投入资金通常包括流动负债、长期负债和权益资金。投入资金的第一个层次是全部资产,它是指企业资产负债表上以各种形式存在的资产总额,包括了股东和债权人投资的全部金额。当我们需要考察企业整体业绩(或总括的投资报酬)时,应该以全部资产作为计量的基数。投入资金的第二个层次是长期资金,即长期负债与权益资本之和,它代表企业长期、稳定的资金投入。当我们要了解企业长期性投入资金的投资报酬时,就应该摒除流动负债因数量剧烈变动对指标结果的影响,而以长期资金作为投资报酬的分母。投入资金的第三个层次是股东权益资金,即净资产,它代表企业所有者的投入总额。当评价投资报酬时,就应该以净资产作为投资报酬的分母。

1. 总资产报酬率指标分析

(1)指标概念和计算。

总资产报酬率是企业一定时期内获得的报酬总额与平均资产总额的比率,它是反映企业资产综合利用效果的指标,也是衡量企业利用债权人和所有者权益总额所取得盈利的重要指标,指标的计算公式如下:

$$总资产报酬率 = \frac{息税前利润总额}{平均资产总额} \times 100\%$$

息税前利润总额＝利润总额＋利息支出＝净利润＋所得税＋利息支出

$$总资产报酬率 = \frac{营业收入}{平均资产总额} \times \frac{利润总额＋利息费用}{营业收入} = 总资产周转率 \times 销售息税前利润率$$

$$平均资产总额 = \frac{期初资产总额＋期末资产总额}{2}$$

(2)指标评价。

一般情况下,该指标越高,表明企业的资产利用效果越好,整个企业盈利能力越强,经营管理水平越高。反之,说明企业资产利用效率越低,利用资产创造的利润越少,资产获利能力越差,财务管理水平越低。企业还可以将该指标与市场资本利率进行比较,如果总资产报酬率大于市场资本利率,则说明企业可以充分利用财务杠杆适当举债经营,以获得更多收益。

(3)注意事项。

首先,总资产报酬率的高低主要取决于总资产周转速度的快慢和营业利润率的大小,企业营业利润率越大,总资产周转速度越快,则总资产报酬率越高。因此,影响总资产报酬率指标值大小的因素包括两个方面:营业收入总额和总资产平均占用额。其中营业收入总额是总资产报酬率的正相关影响因素,营业收入越高,企业盈利能力越强;总资产平均占用额是总资产报酬率的负相关影响因素,在分析资产占用额对总资产报酬率的影响时,不仅应注意尽可能降低资产占用额,提高资产运用效率,还应该重视资产结构的影响,合理安排资产构成,优化资产结构。

其次,息税前利润可以避免因为资本结构不同而导致不同的利润,能够较好地体现资产的总增值情况,而且便于企业之间的横向比较,因而这是最常用的方式。但其不足之处是它未能反映终极所得,所以不太符合所有者的分析需求。

最后,仅仅分析企业某一个会计年度的总资产利润率,不足以对企业的资产管理状况作出全面的评价,因为利润总额中可能包含着非经常性的或非正常发生的因素。因此,应进行连续几年的总资产利润率的横向比较分析,并对其变动趋势进行判断,以便能取得相对准确的信息。在此基础上再进行同行业比较分析,就更有利于提高分析结论的准确性。

2. 净资产收益率指标分析

(1)指标概念和计算。

净资产收益率又称权益净利率或净资产利润率,是指企业一定时期内净利润与净资产平均总额的比值,主要反映企业为全体股东资本赚取利润的能力和企业自有资金投资收益水平的指标。对于股权投资人来说,是衡量企业获利能力及经营管理水平的核心指标,概括了企业的全部经营业绩和财务业绩。

净资产收益率表示每1元净资产中获得的报酬,是评价企业自有资本获取报酬水平的最具综合性与代表性的指标。在2006年国资委颁布的《中央企业综合绩效评价实施细则》中,净资产收益率是权重最大的指标。西方的杜邦财务分析体系,实际上也是围绕净资产收益率指标来展开的。该指标的计算公式为:

$$净资产收益率 = \frac{净利润}{平均净资产} \times 100\%$$

$$平均净资产 = \frac{所有者权益期初余额＋所有者权益期末余额}{2}$$

(2) 指标评价。

一般认为,净资产收益率越高,企业自有资本获取收益的能力就越强,运营效益越好,对企业投资者和债权人的保证程度越高。但是不能低于银行利率,净资产收益率在分析时应与总资产报酬率联合进行分析,可以根据两者的差距来说明企业经营的风险程度。对于净资产比较小的企业,虽然它们的净资产收益率相对较高,但仍不能说明它们的风险程度较小。因此,在实际分析时,应把净资产收益率与总资产报酬率结合起来使用,把毛利率与净利润结合起来分析,这样评价企业的获利能力准确度会更高。

(3) 注意事项。

首先,以净资产收益率作为考核指标不利于企业的横向比较。由于企业负债率的差别,如某些企业负债很多,导致某些微利企业净资产收益率反而偏高,而有些企业尽管效益不错,但由于财务结构合理,负债较少,净资产收益率却较低。

其次,考核净资产收益率指标也不利于对企业进行纵向比较分析。企业可通过诸如以负债回购股权的方式来提高每股收益和净资产收益率,而实际上,该企业经济效益和资金利用效果并未提高。

最后,净资产收益率考核范围较大(净资产包括股本、资本公积、盈余公积、未分配利润),但也只是反映了企业权益性资金的使用情况,在考核企业效益指标体系的设计上,需要调整和完善。

3. 资本收益率指标分析

(1) 指标概念和计算。

资本收益率用以表明企业所有者投入资本赚取利润的能力。其计算公式为:

$$资本收益率 = \frac{净利润}{平均资本} \times 100\%$$

$$平均资本 = \frac{(年初实收资本 + 年初资本公积) + (年末实收资本 + 年末资本公积)}{2}$$

(2) 指标评价。

该指标越高,表明投入资本的收益回报水平越高,企业的盈利能力就越强。

9.2.2　企业资产获利能力分析的案例分析

根据以上对指标的介绍,现以 JXKJ 股份有限公司的财务数据为例,计算该企业资产获利能力并进行分析。具体数据见表 4-2、表 5-1、表 6-2。

假设 2018 年该企业年初的资产总额为 39 920 万元,2018 年所有者权益期初余额为 26 450 万元,2018 年年初资本公积余额为 1 600 万元。

$$2019年总资产报酬率 = \frac{营业收入}{平均资产总额} \times \frac{利润总额 + 利息费用}{营业收入} \times 100\%$$

$$= \frac{9800.00 + 2800.00}{49000.00} \times 100\% = 25.71\%$$

$$2019年平均资产总额 = \frac{期初资产总额 + 期末资产总额}{2} = \frac{52710.00 + 45290.00}{2} = 49000.00(万元)$$

$$2018\text{年总资产报酬率} = \frac{\text{营业收入}}{\text{平均资产总额}} \times \frac{\text{利润总额} + \text{利息费用}}{\text{营业收入}} \times 100\%$$

$$= \frac{11410.00 + 2380.00}{42605.00} \times 100\% = 32.37\%$$

$$2018\text{年平均资产总额} = \frac{\text{期初资产总额} + \text{期末资产总额}}{2}$$

$$= \frac{39920.00 + 45290.00}{2} = 42605.00(\text{万元})$$

该企业 2019 年总资产报酬率为 25.71%,从数额上看企业资产的获利能力比较强,但该企业获利能力的强弱还应结合企业历年总资产报酬率的情况来确定,2018 年企业总资产报酬率为 32.37%,相比之下 25.71% 的总资产报酬率不是一个值得肯定的数字,因为低于上一年的总资产报酬率,说明企业资产的获利能力在下降。

$$2019\text{年净资产收益率} = \frac{\text{净利润}}{\text{平均净资产}} \times 100\% = \frac{7350.00}{31094.00} \times 100\% = 23.64\%$$

$$2019\text{年平均净资产} = \frac{\text{所有者权益期初余额} + \text{所有者权益期末余额}}{2}$$

$$= \frac{31850.00 + 30338.00}{2} = 31094.00(\text{万元})$$

$$2018\text{年净资产收益率} = \frac{\text{净利润}}{\text{平均净资产}} \times 100\% = \frac{8557.50}{28394.00} \times 100\% = 30.14\%$$

$$2018\text{年平均净资产} = \frac{\text{所有者权益期初余额} + \text{所有者权益期末余额}}{2}$$

$$= \frac{26450.00 + 30338.00}{2} = 28394.00(\text{万元})$$

该企业 2019 年净资产收益率为 23.64%,从数额上看企业净资产的获利能力比较强,但该企业获利能力的强弱还应结合近几年企业净资产收益率的情况来确定,相较于 2018 年企业净资产收益率 30.14%,企业 2019 年的 23.64% 净资产收益率不是一个值得肯定的数字,因为低于前一年企业净资产收益率,说明企业净资产的获利能力在下降。

$$2019\text{年资本收益率} = \frac{\text{净利润}}{\text{平均资本}} \times 100\% = \frac{7350.00}{17500.00} \times 100\% = 42\%$$

$$2019\text{年平均资本} = \frac{(\text{年初实收资本} + \text{年初资本公积}) + (\text{年末实收资本} + \text{年末资本公积})}{2}$$

$$= \frac{(14000.00 + 2800.00) + (14000.00 + 4200.00)}{2} = 17500.00(\text{万元})$$

$$2018\text{年资本收益率} = \frac{\text{净利润}}{\text{平均资本}} \times 100\% = \frac{8557.50}{16200.00} \times 100\% = 52.8\%$$

$$2018\text{年平均资本} = \frac{(\text{年初实收资本} + \text{年初资本公积}) + (\text{年末实收资本} + \text{年末资本公积})}{2}$$

$$= \frac{(14000.00 + 1600.00) + (14000.00 + 2800.00)}{2} = 16200.00(\text{万元})$$

计算表明,该企业的资本收益率,2019 年比 2018 年有所下降,说明该公司的盈利能力在下降,企业需要关注这一组指标,也要跟同行业水平相比较,及时发现问题,针对企业资产获利能力存在的问题进行相应的内部财务控制管理。

9.3 企业销售获利能力分析

9.3.1 企业销售获利能力分析的概念

销售获利能力分析是同一行业中各个企业之间比较工作业绩和考察管理水平的重要指标,企业与销售有关的获利能力分析是指通过计算企业生产及销售过程中的产出、耗费和利润之间的比例关系,来研究和评价企业的获利能力。在该过程中,不考虑企业的筹资或投资问题,只研究利润与成本或收入之间的比率关系。它能够反映企业在销售过程中产生利润的能力。关心企业获利能力等各方面信息的使用者都非常重视销售获利能力指标的变动。反映销售获利能力的指标有销售毛利率、营业利润率和净利率等。

9.3.2 企业销售获利能力分析的指标分析

1. 销售毛利率指标

1)指标概念和计算

销售毛利率是销售毛利与营业收入的比率。销售毛利是由营业收入减去营业成本而得,它最大的特点在于没有扣除期间费用。因此,它能排除期间费用对主营业务利润的影响,直接反映营业收入与支出的关系。其计算公式为:

$$销售毛利率 = \frac{营业收入 - 营业成本}{营业收入} \times 100\%$$

2)指标评价

销售毛利率反映的是企业营业收入的获利水平,销售毛利率越高,说明企业营业成本控制得越好,盈利能力越强。用营业毛利率评价的获利能力能较好地反映企业在营业价格与营业成本之间的控制是否有成效。营业价格与营业成本的正差异越大,就越能为企业获取高利润提供保证,营业毛利率在一定程度上反映企业生产环节的效率高低、获利能力的强弱。企业如果没有足够多的毛利作保障,很可能会收不抵支。较高的营业毛利率则预示企业有更多的机会获得较多的利润,营业毛利率越大,说明营业收入中营业成本所占比重越小,企业通过经营获取利润的能力越强。

3)注意事项

销售毛利率指标具有明显的行业特点。一般来说,营业周期短、固定费用低,行业的销售毛利率水平比较低;营业周期长、固定费用高的行业,则要求有较高的销售毛利率,以弥补其巨大的固定成本。

销售毛利率下降的主要原因:

(1)销售商品的价格。由于营业收入是销售数量和单价的乘积,故而销售价格的高低直接影响收入的多少。

(2)购货成本或产品的生产成本。对于商用企业而言,购货成本就是其营业成本;而对于制造企业而言,营业成本则是指已销产品的生产成本。

(3)企业生产或经营商品的品种结构。由于企业销售产品的品种繁多,且每种产品的边际利润通常不同,故而企业生产或经营商品的品种结构必然影响成本的多少以及收入的形成,即毛利的高低。

2. 营业利润率指标分析

(1)指标的概念和计算。

营业利润率是指企业一定时期营业利润与营业收入的比值,反映了企业每单位营业收入能带来多少营业利润,是评价企业获利能力的主要指标。营业利润率的计算式如下:

$$营业利润率 = \frac{营业利润}{营业收入} \times 100\%$$

(2)指标评价。

营业利润是最能体现企业经营活动业绩的项目,是企业利润总额中最基本、最经常,同时也是最稳定的利润组成部分。营业利润占利润总额比重的多少,是说明企业获利能力质量高低的重要依据。另外,营业利润作为一种获利额,比销售毛利更好地说明了企业收入的获利情况,从而能更全面、完整地体现收入的获利能力。营业利润率越高,表明企业获利能力越强;反之,则企业获利能力越弱。

(3)注意事项。

各行业的竞争能力、经济状况、利用负债融资程度及行业经营的特征都会使不同行业各企业间的营业利润率很不相同。因此,在使用营业利润率进行分析时,要注意将企业个别营业利润率与同行业的其他企业进行对比分析,通过分析可以发现企业获利能力的相对地位。同时还要了解企业在不同时期之间营业利润率的变化,这样可以更好地促进企业在扩大销售的同时,注意改进经营管理,提高获利能力。

营业利润率还受到营业利润结构的影响,投资收益是营业利润的一部分,其收益取决于企业所处的经营和理财环境,如果投资收益所占比重比较大,收益不稳定,说明企业营业利润的质量比较差,风险比较大,在分析时应引起重视。

3. 销售净利率指标分析

(1)指标的概念和计算。

销售净利率是指企业一定时期净利润与营业收入的比值,反映了企业每1元营业收入可实现净利润的数额,是在分析企业盈利能力中使用最广的一项评价指标,能够从企业生产经营最终目的的角度来反映营业收入的贡献,表明企业每单位营业收入能带来多少净利润。销售净利率的计算式如下:

$$销售净利率 = \frac{净利润}{营业收入} \times 100\%$$

(2)指标评价。

销售净利率越大,表明企业获利能力越强。反之,销售净利率越低,表明企业获利能力越弱。销售净利率的分子是企业净利润,是企业为自身创造的最终收益,企业自行分配利润额、提取公积金、发放股利等都是建立在净利润的基础上,指标值与企业净利润成正比,与营业收入成反比。

提高销售净利率,企业可以在保持销售不变的情况下提高净利润,也可以调整净利润的增长幅度使其超过营业收入的增长幅度。另外,由于销售净利率中的净利润是企业各项收益与各项成本费用配比后的净利,所以各年营业净利润的数额会有较大的变动,应注意结合利润结构增减变动分析来考察营业净利率指标。

9.3.3 企业销售获利能力分析的案例分析

根据以上对指标的介绍,现以 JXKJ 股份有限公司的财务数据为例,计算该企业销售获利能力并进行分析。假设 2018 年期初固定资产余额为 26 300 万元,2018 年非流动资产余额 26 450 万元,具体数据见表 4-2、表 5-1、表 6-2。

$$2019 \text{ 年销售毛利率} = \frac{\text{营业收入} - \text{营业成本}}{\text{营业收入}} \times 100\% = \frac{84000.00 - 70000.00}{84000.00} \times 100\% = 16.67\%$$

$$2018 \text{ 年销售毛利率} = \frac{\text{营业收入} - \text{营业成本}}{\text{营业收入}} \times 100\% = \frac{77000.00 - 66500.00}{77000.00} \times 100\% = 13.64\%$$

从企业销售毛利率上看,由 2018 年的 13.64% 上升到 2019 年的 16.67%,上升了 3.03%,如果影响企业利润的其他因素不变,则表明单位营业收入的获利能力增强,且增长速度较快,企业总的获利能力上升。如果具体分析该营业毛利率上升的原因,主要是由于营业收入的增长速度超过营业的成本增长速度。要了解营业收入和营业成本上升的原因,还需要结合企业的有关情况进一步分析。

$$2019 \text{ 年营业利润率} = \frac{\text{营业利润}}{\text{营业收入}} \times 100\% = \frac{8645.00}{84000.00} \times 100\% = 10.29\%$$

$$2018 \text{ 年营业利润率} = \frac{\text{营业利润}}{\text{营业收入}} \times 100\% = \frac{5810.00}{77000.00} \times 100\% = 7.5\%$$

企业营业利润率由 2018 年的 7.5% 上升到 2019 年的 10.29%,表明企业的获利能力增强,如果具体分析该营业利润率上升的原因,主要是由于营业利润的增长速度远高于营业收入增长速度造成的。

$$2019 \text{ 年销售净利率} = \frac{\text{净利润}}{\text{营业收入}} \times 100\% = \frac{7350.00}{84000.00} \times 100\% = 8.75\%$$

$$2018 \text{ 年销售净利率} = \frac{\text{净利润}}{\text{营业收入}} \times 100\% = \frac{8557.50}{77000.00} \times 100\% = 11.11\%$$

企业净利润率由 2018 年的 11.11% 下降到 2019 年的 8.75%,表明企业的获利能力减弱,如果具体分析该销售净利率下降的原因,主要是由于净利润有所下降造成的,企业净利润下降从报表上看是由于企业营业外收入较上年减少了,说明企业持续获利能力有所回落。

9.4 企业经营获利能力分析

9.4.1 企业经营获利能力分析的概念

企业经营获利能力是指在经营过程中对成本费用、经营现金,以及股本管理的一系列指标的分析,旨在加强经营过程中的成本、现金和股本的管理,在降低企业经营风险的同时能够增加企业财务弹性和增强企业股本的盈利能力。

9.4.2 企业经营获利能力分析的指标分析

1. 成本费用利润率指标分析

(1)指标概念和计算。

成本费用利润率是指企业一定时期利润总额与成本费用总额的比值,反映了企业每耗费1元成本费用获取利润的数额,成本费用利润率是从耗费中分析企业获利能力的指标。

由于各行业具体情况不同,因此,在使用成本费用利润率指标进行分析时,应参考同行业的平均水平进行客观的分析,从而得出正确的结论。另外,成本费用利润率还应分为不同层次进行分析,过程中应当注意成本费用与利润之间在计算层次和口径上的对应关系。

成本费用利润率是从总耗费的角度来分析企业获利能力的主要指标,将企业利润总额与成本费用总额进行比较,得出的就是这里讲的成本费用利润率。其计算式如下:

$$成本费用利润率 = \frac{利润总额}{成本费用总额} \times 100\%$$

$$成本费用总额 = 营业成本 + 营业税金及附加 + 期间费用$$

(2)指标评价。

成本费用利润率指标越高,表明企业为取得利润而付出的代价越小,成本费用控制得越好,获利能力越强。在利润总额不变的情况下,成本费用总额越低,成本费用利润率就越高。成本费用总额不变的情况下,利润总额越高,成本费用利润率就越高。同时也表明每1元耗费获得的利润越多,企业效益越好,反之则企业获利能力下降,经济效益滑坡。

2. 每股收益指标分析

1)指标概念和计算

每股收益基本含义是指每股发行在外的普通股所能分摊到的净收益额。每股收益是评价上市公司投资报酬的基本指标,它具有引导投资、增加市场评价功能、简化财务指标体系的作用,是反映上市公司获利能力的一项重要指标,也是股东对上市公司最为关注的指标。另外,每股收益还是确定企业股票价格的主要参考指标。

根据《企业会计准则第34号——每股收益》的规定,每股收益由于对处在分母位置的发行在外流通股股数的计算口径不同,可以分为基本每股收益与稀释每股收益。

(1)基本每股收益。

基本每股收益是指企业将归属于普通股股东的当期净利润,除以发行在外普通股的加权平均数。发行在外的普通股加权平均数(流通股数)由于优先股股东对股利的受领权优于普通股股东,因此在计算普通股股东所能享有的收益额时,应将优先股股利扣除。其计算公式为:

$$基本每股收益 = \frac{净利润 - 优先股股利}{发行在外的普通股加权平均数} \times 100\%$$

公式中分母采用平均数,是因为本期内发行在外的普通股股数只能在增加以后的这一段时期内产生收益,减少的普通股股数在减少以前的期间仍产生收益,所以必须采用平均数,以正确反映本期内发行在外的股份数额。发行在外的普通股加权平均数按下列公式计算:

$$发行在外的普通股加权平均数 = 期初发行在外的普通股股数 + 当期发行普通股股数 \times \frac{已发行时间}{报告期时间} - 当期回购普通股股数 \times \frac{已回购时间}{报告期时间}$$

(2) 稀释每股收益。

稀释每股收益是指当企业存在稀释性潜在普通股时，应当分别调整归属于普通股股东的当期净利润和发行在外普通股的加权平均数，并据以计算稀释每股收益。计算稀释每股收益时，当期发行在外普通股的加权平均数应当为计算基本每股收益时普通股的加权平均数与假定稀释性潜在普通股转换为已发行普通股而增加的普通股股数的加权平均数之和。计算稀释性潜在普通股转换为已发行普通股而增加的普通股股数的加权平均数时，以前期间发行的稀释性潜在普通股，应当假设在当期期初转换；当期发行的稀释性潜在普通股，应当假设在发行日转换。

2) 指标评价

每股收益越高，说明企业盈利能力越强。这一指标的高低，往往会对股票价格产生较大的影响。同时，每股收益也可以进行横向和纵向的比较。通过与同行业平均水平或竞争对手的比较，可以考察企业每股收益在整个行业中的状况以及与竞争对手相比的优劣。通过与企业以往各期的每股收益进行比较，可以看出企业每股收益趋势。在进行每股收益的横向比较时，需要注意不同企业的每股股本金额是否相等，否则每股收益不便直接进行横向比较。

3. 普通股每股股利指标分析

(1) 指标概念和计算。

普通股每股股利反映每股普通股获得现金股利的情况。每股股利是上市公司普通股股东从公司实际分得的每股利润，反映了上市公司当期利润的积累和分配情况。计算每股股利时分母采用年末发行在外的普通股股数，而不是全年发行在外的平均股数。计算公式如下：

$$普通股每股股利 = \frac{普通股现金股利总额}{发行在外的普通股股数}$$

(2) 指标评价。

普通股每股股利越高，说明普通股获取的现金报酬越多。每股股利并不完全反映企业的盈利情况和现金流量状况，因为股利分配状况不仅取决于企业的盈利水平和现金流量状况，还与企业的股利分配政策相关。

4. 市盈率指标分析

(1) 指标概念和计算。

市盈率是上市公司普通股每股市价相对于每股收益的倍数，反映了投资者对上市公司每股净利润愿意支付的价格，具体计算是由股价除以年度每股盈余(EPS)得出(以公司市值除以年度股东应占溢利亦可得出相同结果)。计算时，股价通常取最新收盘价，而 EPS 方面，若按已公布的上年度 EPS 计算，称为历史市盈率，若是按市场对今年及明年 EPS 的预估值计算，则称为未来市盈率或预估市盈率。计算预估市盈率所用的 EPS 预估值，一般采用市场平均预估，即追踪公司业绩的机构收集多位分析师的预测所得到的预估平均值或中值。

市盈率反映了在每股盈利不变的情况下，当派息率为 100% 时，所得股息没有进行再投资的条件下，经过多少年我们的投资可以通过股息全部收回。市盈率是反映上市公司盈利能力

的一个重要财务比率。计算公式如下:

$$市盈率 = \frac{普通股每股市价}{普通股每股收益}$$

(2)指标评价。

一般来说,市盈率高,说明投资者对该公司的发展前景看好,愿意出较高的价格购买该公司股票。所以一些成长性较好的高科技公司股票的市盈率通常要高一些。但是,如果某一种股票的市盈率过高,则也意味着这种股票具有较高的投资风险。

一般来说,市盈率水平为:

0~13:价值被低估;

14~20:正常水平;

21~28:价值被高估;

28 以上:反映股市出现投机性泡沫。

9.5 本章小结

获利能力是指企业在一定时期内获取利润的能力,最大限度地赚取利润是企业持续、稳定发展的目标。企业的获利能力对企业的所有利益关系人来说都是非常重要的,不同报表使用者对获利能力的分析有着不同的意义。

关心企业获利能力的各方面信息使用者都非常重视销售获利能力指标的变动,因为这是衡量总资产报酬率、资本回报率的基础,也是同一行业中各个企业之间比较工作业绩和考察管理水平的重要一环。

与企业获利能力分析有关的财务比率主要有:企业资产获利能力分析指标,如总资产报酬率、净资产收益率、资本收益率等指标;企业销售获利能力分析指标,如销售毛利率、营业利润率、销售净利率等;企业经营获利能力的分析指标,如每股收益、每股股利、市盈率等。

9.6 课后练习题

一、单选题

1. 某企业 2018 年实收资本 3 660 000 元和资本公积 899 000 元,2019 年实收资本 3 880 000元和资本公积 996 000 元,净利润为 886 000 元,则该企业的资本收益率为( )。
   A. 14.56%　　　　　B. 18.78%　　　　　C. 16.78%　　　　　D. 21.65%
2. ( )指标越高,说明企业资产的运用效率越好,也意味着企业的资产盈利能力越强。
   A. 总资产报酬率　　B. 存货周转率　　　C. 应收账款周转率　D. 总资产周转率
3. 计算权益净利率指标的分子是( )。
   A. 平均净资产　　　B. 净利润　　　　　C. 税前利润　　　　D. 息税前利润
4. 计算基本每股收益分子中的净利润要扣除( )。
   A. 利息费用　　　　B. 所得税税费　　　C. 投资收益　　　　D. 优先股股利
5. 下列各项财务指标中,能够提示公司每股股利与每股收益之间关系的是( )。
   A. 股利支付率　　　B. 每股净资产　　　C. 每股市价　　　　D. 市净率

二、多选题

1. 下列指标,与企业资产获利能力分析相关的有( )。
   A. 总资产报酬率　　B. 资本收益率　　　C. 营业利润率
   D. 每股股利　　　　E. 货币资金存量

2. 下列指标,与企业销售获利能力分析相关的有( )。
   A. 净资产收益率　　B. 销售毛利率　　　C. 营业利润率
   D. 销售净利率　　　E. 短期资产负债率

3. 下列指标,与企业经营获利能力分析相关的有( )。
   A. 市盈率　　　　　B. 销售毛利率　　　C. 每股收益
   D. 每股股利　　　　E. 资产负债率

4. 影响成本费用利润率指标的因素有( )。
   A. 管理费用　　　　B. 营业成本　　　　C. 销售费用
   D. 营业税金及附加　E. 货币资金

5. 下列各项中,属于企业计算稀释每股收益时应考虑的潜在普通股有( )。
   A. 公司债券　　　　B. 股份期权　　　　C. 可转换公司债券　　　D. 认股权证

三、判断题

1. 总资产报酬率的高低主要取决于总资产周转速度的快慢和营业利润率的大小,企业营业利润率越大,总资产周转速度越快,则总资产报酬率越高。( )
2. 销售毛利率指标最大的特点在于没有扣除期间费用。因此,它能排除期间费用对主营业务利润的影响,直接反映营业收入与支出的关系。( )
3. 每股收益是评价上市公司投资报酬的基本指标,它具有引导投资、增加市场评价功能、简化财务指标体系的作用。( )
4. 每股股利并不完全反映企业的盈利情况和现金流量状况。( )
5. 对企业获利能力的分析主要指对利润额的分析。( )

四、思考题

1. 简述企业获利能力分析的目的。
2. 简述影响企业获利能力分析的因素。
3. 简述分析企业资产获利能力时主要用的指标。
4. 简述企业销售获利能力分析。
5. 简述与企业获利能力分析有关的财务比率主要有什么。

五、案例分析题

案例资料:沿用表第2、第3、第4章练习题中JH公司的资产负债表、利润表和现金流量表。

该公司 2018 年初有关财务资料:所有者权益为 597 998 254.93 元,资产总额 790 045 059.47元,实收资本194 921 545.60 元,资本公积226 244 025.74 元。

要求:(1)计算并填列表9-2中的获利能力指标;

表 9-2

指标	2018 年		2019 年	
	嘉禾公司	行业平均值	嘉禾公司	行业平均值
销售毛利率/%		39.18		37.26
营业利润率/%		19.00		12.30
成本费用利润率/%		9.80		2.20
销售净利率/%		15.49		14.33
净资产收益率/%		7.80		7.30
总资产报酬率/%		4.40		3.90
盈余现金保障倍数		-1.60		-2.60
资本收益率/%		8.20		1.10
每股收益		—		—

(2) 结合房地产行业平均值，对 ZSJ 地产控股股份有限公司的获利能力进行分析、评价。

第 10 章 财务报表综合分析

知识目标

(1) 掌握企业综合绩效评价指标的计算及分析；
(2) 掌握沃尔评分法；
(3) 掌握杜邦财务分析体系；
(4) 熟悉财务报表分析报告撰写的内容、步骤及要求，并能熟练撰写财务报表分析报告。

能力目标

(1) 杜邦分析法的含义、运用及局限性；
(2) 沃尔评分法的含义、运用及局限性；
(3) 雷达图分析法的含义、运用及局限性。

任务导入

WT 公司是中国房地产行业领先品牌之一，获得过"中国名企""中国房地产十大品牌企业"和"中国十大最具价值房地产公司"等荣誉称号，该公司于 1999 年在北京设立，注册资本为人民币 5 亿元，于 2001 年上市。直至目前，该公司的总股本为 5.09 亿股。下设多家控股子公司均为房地产公司。房地产开发是公司主要营业收入项目，开发面积有 238.10 万平方米，分别设立在北京、上海、长沙和青岛。这几年来，公司的业务由北京发展到其他二线市区。在竞争加剧的环境中，WT 公司作为专营房地产的一家公司发展逐步壮大，本着"诚信、创新、服务"等理念。公司的市场竞争力目前很强，公司的信用较好，在运营方面积攒了丰富的经验。

如表 10－1 所示，从 WT 公司近几年的财务指标可以看出，WT 公司的资产总额普遍增加，呈增长趋势，公司的总规模也在迅速增长，从 2013 年的 1 309 594.99 万元到 2017 年的 2 809 428.32 万元，增长了 114.53%。而负债总额也从 2013 年的 1 002 079.34 万元增长到 2017 年的 2 101 643.45 万元，增长了 109.73%，从而导致资产负债率过大，接近 80%。该公司的净利润在 2015 年有所下降，在 2016 年有所回升并逐渐保持稳定。自 2013 年以来，销售净利率和净资产收益率的数值有所下降，标志着公司的获利能力也在逐渐下降。

表 10－1　WT 公司 2013—2017 年主要财务数据

指标	2013 年	2014 年	2015 年	2016 年	2017 年
资产总额/万元	1 309 594.99	1 738 032.19	2 045 234.20	2 155 258.13	2 809 428.32
负债总额/万元	1 002 079.34	1 371 165.61	1 617 349.43	1 684 507.68	2 101 643.45
营业收入/万元	307 954.00	472 939.33	675 983.64	744 900.24	760 840.99
净利润/万元	59 570.21	84 341.80	67 390.30	81 785.06	87 332.20

续表

指标	2013年	2014年	2015年	2016年	2017年
所有者权益/万元	307 515.65	366 866.58	427 884.77	470 750.45	707 784.87
营业成本/万元	148 422.75	288 982.05	513 325.73	571 030.53	616 577.04
存货/万元	793 293.48	1 300 623.06	1 574 790.55	1 772 211.27	1 831 170.96
流动资产/万元	1 226 778.09	1 651 343.59	1 953 740.10	2 073 172.62	2 683 813.26
流动负债/万元	909 508.51	1 131 351.30	1 177 335.53	1 023 757.47	1 342 595.77
货币资金/万元	275 622.34	287 577.68	290 523.13	190 641.85	549 341.48
交易性金融资产/万元	905.62	163.73	—	—	—
应收账款/万元	4.53	322.99	37 240.50	11 084.78	41 723.79
其他应收款/万元	115 500.84	10 269.93	4 922.60	49 675.81	115 636.69
利润总额/万元	81 316.98	116 149.48	93 321.93	111 059.01	106 988.35
财务费用/万元	608.49	952.64	824.23	−563.48	−901.22
资产负债率/%	76.52%	78.89%	79.08%	78.16%	74.81%
销售净利率/%	19.34%	17.83%	9.97%	10.98%	11.48%
净资产收益率/%	19.37%	22.99%	15.75%	17.37%	12.34%
存货周转率/次	0.19	0.22	0.33	0.32	0.34

如表10-2所示，WT公司这五年的流动比率都比行业平均值低并呈现出波动，行业平均值呈现上升的变动趋势，WT公司的流动比率在2左右，速动比率远远小于1，这是不正常的情况。正常情况下，企业的流动比率为2，速动比率为1，表明短期偿债能力较强，通过这样的比较就可看出WT公司还存在短期偿债风险。速动比率波动不定，均低于行业平均值，这是由于公司近年来项目较多，存货库存占比较大，资金回收较慢，以及公司的短期借款通过质押、抵押的方式获得，并且借款期限短，借款利息高，还款期短。综合这两项指标可看出WT公司的短期偿债能力存在较大的财务风险。

表10-2 WT公司2013—2017年流动比率、速动比率与行业比较表　　　单位：%

项目	2013年	2014年	2015年	2016年	2017年
流动比率	1.35	1.46	1.66	2.03	2.00
流动比率行业平均值	1.42	1.51	1.75	2.18	2.25
速动比率	0.43	0.26	0.28	0.25	0.53
速动比率行业平均值	0.52	0.55	0.64	0.51	0.78

如表10-3所示，WT公司这五年的资产负债率都比行业平均值高，并且呈现出增长的趋势，2015年达到了79%，为几年里的最高值，明显高出正常比率。这表明企业的长期偿债能力偏弱，自身资金累积较少，资本结构不合理。企业过度依赖负债，资金链脆弱，很容易造成财务风险。如果企业靠其他筹资渠道进行资金筹集来缓解长期债务的压力，说明企业没有偿还长期债务的经营活动现金净流量，这样的话筹资失败，公司将会面临较大的财务风险。

表 10-3　WT 公司资产负债率与同行业平均值的对比表　　　　　　　　单位:%

指标	2013 年	2014 年	2015 年	2016 年	2017 年
资产负债率	76.52	78.89	79.08	78.16	74.81
行业平均值	51.76	55.91	57.89	57.25	58.34

如表 10-4 所示,该公司长期股权投资额在 2014 年突然开始波动,在 2017 年又下降到与 2013 年相差不大的数值,并且这几年的投资收益波动剧烈。通过查阅 WT 公司年度财务报告得知,2014 年 WT 公司对北京某房地产有限公司进行了股权收购。新设古北安亭置业有限公司、安亭新古北建设开发有限公司、青岛地产集团建筑产品研发有限公司等。2016 年对上海置业有限公司进行了增资,表明公司的长期股权投资不稳定,可能导致投资风险发生。

表 10-4　WT 公司长期股权投资收益情况表　　　　　　　　单位:万元

项目	2013 年	2014 年	2015 年	2016 年	2017 年
长期股权投资	59 570.21	84 341.80	67 390.30	81 785.06	57 332.20
投资收益	10 480.02	9 563.50	8 732.59	9 049.55	17 504.32

如表 10-5 所示,WT 公司的息税前利润率在 2013—2017 年间在不断下降,从 2013 年的 26.60% 下降到 2017 年的 13.94%,主要原因一方面是由于开发项目过多,但销售额不理想。另一方面是各项销售成本增加导致利润下降。近五年间公司的销售净利率从 2013 年至 2015 年由 19.34% 下降到 9.97%,标志着公司的盈利能力在下降,公司应该加强盈利能力。净资产收益率指企业的净利润与股东权益的比值。该指标反映了公司利用自有资本获取利润的能力。房地产行业的平均值在 6% 左右,从公司近几年净资产收益率数据来看,与同行业平均值相比较高,但绝对数值在不断下降,这就说明公司不断投入的资产不能为公司带回更大的利润收益。

表 10-5　WT 公司 2013—2017 年盈利能力和成长能力指标表　　　　　　　　单位:%

指标	2013 年	2014 年	2015 年	2016 年	2017 年
销售净利率	19.34	17.83	9.97	10.98	11.48
息税前利润率	26.60	24.76	13.93	14.83	13.94
息税前利润率同行业平均值	29.50	18.90	14.60	18.10	15.00
净资产收益率	19.37	22.99	15.75	17.37	12.34
净资产收益率同行业平均值	7.70	7.30	7.20	6.50	6.00

如表 10-6 所示,2013—2017 年间 WT 公司的总资产周转率有起伏,营业收入和资产总额稳步提升,2015—2016 年企业的总资产周转率提升较快,高于同行业平均值,但在 2017 年有所回落,企业总资产周转情况基本良好,整体水平较稳定。

表 10-6 WT 公司 2013—2017 年总资产周转率分析表

指标	2013 年	2014 年	2015 年	2016 年	2017 年
营业收入/万元	307 954.00	472,939.33	675 983.64	744 900.24	760 840.99
资产总额/万元	1 309 594.99	1 738 032.19	2 045 234.20	2 155 258.13	2 809 428.32
总资产周转率/次	0.24	0.27	0.33	0.35	0.27

如表 10-7 所示,近几年来企业存货占总资产的比率有所增加,2016 年达到最高值,为 82.23%。说明存货在不断堆积,变现速度慢。近年来存货周转率不断上升,这表明企业存在存货变现难的问题。企业的存货周转速度较慢,存货占用的资金多,导致资金流动迅速下降,从而降低了公司的营运能力。存货难以变现导致公司必须增加流动负债来维持经营所需的现金流量,所以增加了公司的财务风险。目前,我国房地产行业的库存普遍较高,商品房金额较大,资金成本高。如果商品房未能及时售出,则无法按预计收益收回投资资本。

表 10-7 WT 公司 2013—2017 年存货相关的指标表

指标	2013 年	2014 年	2015 年	2016 年	2017 年
存货占总资产比率/%	60.58	74.83	77.00	82.23	65.18
存货周转率/次	0.19	0.22	0.33	0.32	0.34
存货周转率同行业平均值/次	0.25	0.26	0.25	0.30	0.32

如表 10-8 所示,WT 公司的成本总额在逐年增加,到 2017 年已经增加到 616 577.04 万元,费用总额也是从 2013 年开始增长,到 2017 年达到 31 202.52 万元,足以证明各个方面的费用都在增加,没有很好地控制费用。同时,成本费用利润率从 2013 年的 48.36% 下降至 2017 年的 16.49%,下降幅度较大,原因是 WT 公司近年来的成本不断上升,借款利息高,财务费用就多,销售费用增长较快,这也是由于公司的经营模式是注重高周转率的,所以销售方面的支出很高。这些因素综合导致 WT 公司成本费用利润率的降低。这表明公司没有行之有效的控制成本的方法。

表 10-8 WT 公司 2013—2017 年成本、费用及成本费用率与同行业对比表

指标	2013 年	2014 年	2015 年	2016 年	2017 年
营业成本/万元	148 422.75	288 982.05	513 325.73	571 030.53	616 577.04
费用总额/万元	19 738.40	22 586.88	25 632.25	26 283.18	31 202.52
成本费用利润率/%	48.36	37.39	17.34	18.59	16.49
成本费用率行业平均值/%	29.39	36.52	29.13	38.89	38.91

如表 10-9 所示,WT 公司营业收入在这五年不断上升,同时应收账款的值也在不断增大,2017 年平均应收账款余额达 174 905.98 万元,经过分析,WT 公司 2017 年的投资收益较高,而结算毛利率一般。由于市场的竞争激烈,公司采取首付、银行贷款等手段促销,使企业业务增多,造成应收账款变多,可使用资金不足。应收账款周转率的逐渐下降,表明 WT 公司应收账款回收效率不断变弱,风险逐渐增强,需要保持警惕。

表 10-9 WT 公司 2013—2017 年销售和应收账款回收表

指标	2013 年	2014 年	2015 年	2016 年	2017 年
营业收入/万元	307 954.00	472 939.33	675 983.64	744 900.24	760 840.99
平均应收账款/万元	44 891.25	74 698.68	137 395.04	132 544.52	174 905.98
应收账款周转率/次	6.86	6.33	4.92	5.62	4.35
应收账款周转率同行业平均值/次	7.80	7.80	7.50	7.60	7.00

前面各章都是从不同的角度对财务报表的某一方面进行分析和评价,表 10-1 至表 10-9 就是按照前面学习的内容对企业的情况进行了模块分析,但是如何能够根据以上指标对企业的整体财务状况进行进一步的系统综合分析?本章就是把财务报表分析的各个方面统一起来,作为一个整体进行分析,故称综合分析。

10.1 财务报表综合分析的概念、目的及意义

10.1.1 财务报表综合分析的概念

企业的经济活动是一个有机的整体,企业的各个方面并不是孤立的,而是相互联系的。通过任务导入的模块分析可以看出,单独分析任何一项财务指标或几项指标,都无法形成对企业整体财务状况和经营成果的综合判断和认识,难以全面评价企业的财务状况和经营成果,要想对企业财务状况和经营成果有一个总的评价,就必须进行相互关联的分析,采用适当的标准进行综合性的评价。

财务报表综合分析是以企业的财务会计报告等核算资料为基础,将各项财务分析指标作为一个整体,把企业偿债能力、盈利能力、营运能力和发展能力等方面的分析纳入一个有机的整体,对企业的各个方面进行全面、系统、综合的分析,对企业财务状况、经营成果和现金流量等情况进行剖析,评价企业的整体财务状况和效益优劣的一种分析方法。

10.1.2 财务报表综合分析的目的

财务报表综合分析是将企业视作一个不可分割的整体,并通过各种分析方法对其进行全方位地考察和评判,财务报表分析的最终目的是全面、准确、客观地揭示企业财务状况和经营成果等情况,并借以对企业经济效益优劣做出合理的评价。企业的经济活动是一个有机的整体,要全面评价企业的经济效益,仅仅从企业偿债能力、盈利能力和营运能力,以及资产负债表、利润表、现金流量表、会计报表附注分析的不同侧面,分别对企业的财务状况和经营成果进行具体的分析,不可能得出合理的、正确的、综合性的结论,有时候甚至得出错误的结论。

10.1.3 财务报表综合分析的意义

本教材前面各章的计算分析是对企业单个报表或某单项财务能力的分析思路和方法进行介绍,但是在分析中我们发现,企业的各个方面并不是孤立的,而是相互联系的。因此,财务报表综合分析在企业的财务管理方面就显得十分必要,并具有重要意义。

(1)财务报表综合分析对企业财务状况具有高度的概括性。

财务报表综合分析具有高度概括性的特点,着重从整体上概括一个企业财务状况的本质特征,充分地展现各种指标之间的互动关系,以及相互之间影响的方向、程度和原因。当然,财务报表综合分析要以各单项分析指标及其各指标要素为基础,要求各单项指标要素及计算的各项指标一定要真实、全面和适当,所设置的评价指标必须能够涵盖企业获利能力、偿债能力和营运能力等多个方面总体分析的要求,所以只有把单项分析和综合分析结合起来,才能提高财务报表分析的质量。

(2)财务报表综合分析对企业整体发展趋势能够做出基本判断。

财务报表综合分析强调各种指标有主辅之分,财务报表综合分析的重点和意义是发现企业整体发展趋势。通过对比企业财务报表综合分析的结果和企业的历史数据,以及企业之间的数据,可以消除时间和空间上的差异,使分析结论更具有可比性,从而有利于从整体上、本质上、趋势上反映和把握企业的整体财务状况与经营成果。

(3)财务报表综合分析的方法。

财务报表综合分析的方法很多,其中包括杜邦分析法、沃尔评分法、雷达图分析法等,同时还有分析评价模型,如经济增加值、平衡计分卡、倍数预测模型等新兴的财务报表分析方法。本章将重点介绍杜邦分析法、沃尔评分法、雷达图分析法。

10.2 沃尔评分法

10.2.1 沃尔评分法原理

亚历山大·沃尔在20世纪初出版的《信用晴雨表研究》和《财务报表比率分析》中提出了信用能力指数的概念,他把若干个财务比率用线性关系结合起来,以此评价企业的信用水平。他选择了七个财务比率,将流动比率、产权比率、固定资产比率、存货周转率、应收账款周转率、固定资产周转率、自有资金周转率等七项指标用线性关系结合起来,并分别给定各自的比重,然后与标准比率进行比较,确定各项指标的得分及总体指标的累计分数,从而对企业的信用水平做出评价。

沃尔评分法为综合评价企业的财务状况提供了一个重要的思路,即将分散的财务指标通过一个加权体系综合起来,使得一个多维度的评价体系变成一个综合得分,这样就可以用综合得分对企业做出综合评价,这一方法的优点在于简单易用,便于操作,容易理解。但是它在理论上存在一定的缺陷,因为它未能说明为什么选择这七个比率,而不是更多或更少,或者选择其他财务比率,它未能证明各个财务比率所占权重的合理性,也未能说明比率的标准值是如何确定的。

10.2.2 沃尔评分法的分析步骤

尽管沃尔评分法存在上述缺陷,但它在实践中仍被广泛应用并不断得到改进和发展。在不同的经济发展环境,人们应用沃尔评分法时所选择的财务比率不断变化,各个比率的权重不断修正,各个比率的标准值不断调整,评分方法不断改进。但是沃尔评分法的基本思路始终没有改变,其应用的步骤也没有发生大的变化,沃尔评分法的基本步骤如下(见表10-10)。

第一步:选择评价指标并分配指标权重。

表 10-10 沃尔评分法的基本思想

财务比率	权重(1)	标准值(2)	实际值(3)	相对值 (4)=(3)/(2)	评分 (5)=(1)×(4)
流动比率	25				
净资产/负债	25				
资产/固定资产	15				
销售成本/存货	10				
销售额/应收账款	10				
销售额/固定资产	10				
销售额/净资产	5				
合计	100	—	—	—	—

第二步：确定各项指标的标准值。

财务指标的标准值一般可以用行业平均数、企业历史先进数、国家有关标准或者国际公认数为基准数来加以确定，其中最常见的是选择同行业的平均水平为财务比率的标准值。

第三步：计算各个财务比率的得分并计算综合得分。

通过各个比率的实际值与标准值的比较，得出对各个财务比率状况好坏的判断，再结合各个比率的权重，即所分配的分数，计算各个财务比率的得分。计算得分的方法有多种，其中最常见的是用比率总的实际值除以标准值得到一个相对值，再用这个相对值乘以比率的权重得到该比率的得分，然后根据各个单项指标的得分，将各个财务比率的实际得分加总，然后得到企业的综合得分。

第四步：评价综合得分结果。

将各个财务比率的实际得分加总，即得到企业的综合得分。企业的综合得分如果接近100分，说明企业的综合财务状况接近于行业的平均水平。企业的综合得分如果明显超过100分，说明企业的综合财务状况优于行业的平均水平。相反，企业的综合得分如果大大低于100分，则说明企业的综合财务状况较差，应当积极采取措施加以改善。

沃尔比重评分法的公式为：

实际分数＝(实际值÷标准值)×权重

当实际值＞标准值，为理想值时，用此公式计算的结果正确。

当实际值＜标准值，为理想值时，实际值越小，得分应越高，用此公式计算的结果却恰恰相反；另外，当某一单项指标的实际值畸高时，会导致最后总分大幅度增加，掩盖了不良情况的指标，从而给管理者造成一种假象。这是该方法的缺陷。

10.2.3 现行规定的沃尔评分法所用指标

财政部曾于1995年1月9日发布《企业经济效益评价指标体系(试行)》，公布了销售利润率、总资产周转率、资本收益率、资本保值增值率、资产负债率、流动或速动比率、应收账款周转率、存货周转率、社会贡献率和社会积累率等十项考核指标，要求选择一批企业采用沃尔综合评分法进行评价。按照新的指标进行经济效益综合评价，这套企业经济效益评价指标体系综合评分的一般方法及内容如下：

(1) 所有指标均以行业平均先进水平为标准值；
(2) 标准值的重要性权数总和为100分,其具体分配见表10-11。

表 10-11 权重分配表

行数	选择指标	分配权重/%
第1行	销售利润率	15
第2行	总资产周转率	15
第3行	资本收益率	15
第4行	资本保值增值率	10
第5行	资产负债率	5
第6行	流动或速动比率	5
第7行	应收账款周转率	5
第8行	存货周转率	5
第9行	社会贡献率	10
第10行	社会积累率	15
合计		100

10.2.4 沃尔评分法案例分析

根据前面章节的案例数据汇总计算得出JXKJ股份有限公司财务状况综合评价表,见表10-12。

表 10-12 JXKJ股份有限公司财务状况综合评价表

行数	选择指标	分配权重(1)	指标标准值(2)	指标实际值(3)	相对值(4)=(3)/(2)	实际得分(5)=(1)×(4)
第1行	流动比率	25	200	297.00	1.49	37.25
第2行	产权比率	25	40	65.00	1.63	40.75
第3行	固定资产比率	15	60	65.93	1.10	16.50
第4行	存货周转率	10	15	12.50	0.83	8.30
第5行	应收账款周转率	10	12	10.13	0.84	8.40
第6行	固定资产周转率	10	4	2.84	0.71	7.10
第7行	净资产周转率	5	2	1.71	0.86	4.30
第8行	合计	100				122.60

表10-12就是原始沃尔评分法的综合分析计算,从举例的结果来看,JXKJ股份有限公司2019年的综合得分大于100分,说明企业综合财务状况优于行业的平均水平。

10.3 杜邦分析法

10.3.1 杜邦分析法的原理

杜邦分析法是一种传统的财务分析体系,由美国杜邦公司在20世纪20年代首创,经过多次改进,逐渐把各种财务比率结合成一种体系。具体来说是以净资产收益率为核心,利用获利能力指标、营运能力指标和偿债能力指标三者之间的内在联系对企业的财务状况和经营成果进行综合、系统、全面分析和评价的一种方法。杜邦财务分析法的核心指标是权益净利率,也就是净资产收益率。净资产收益率反映了投资者投入资金的获利能力,该指标受营业净利率、总资产周转率和权益乘数三大因素相互作用的影响,并层层分解到企业最基本要素。

10.3.2 杜邦分析法的基本思路

1. 杜邦分析法的核心指标

(1)净资产收益率,也称权益报酬率,是一个综合性最强的财务分析指标,是杜邦分析系统的核心。

(2)总资产净利率是影响权益净利率的最重要的指标,具有很强的综合性,而资产净利率又取决于销售净利率和总资产周转率的高低。总资产周转率反映总资产的周转速度。分析资产周转率,需要对影响资金周转的各个因素进行分析,以判明影响公司资金周转的主要问题在哪里。销售净利率反映销售收入的收益水平。扩大销售收入,降低成本费用是提高企业销售利润率的根本途径,而扩大销售也是提高资产周转率的必要条件和途径。

(3)权益乘数表示企业的负债程度,反映了公司利用财务杠杆进行经营活动的程度。资产负债率越高,权益乘数就越大,这说明公司负债程度高,公司会有较多的杠杆利益,但风险也高;反之,资产负债率越低,权益乘数就越小,这说明公司负债程度低,公司会有较少的杠杆利益,但相应所承担的风险也低。

2. 杜邦分析法的财务指标关系

杜邦分析法中的几种主要的财务指标关系为:

净资产收益率＝资产净利率(净利润/总资产)×权益乘数(总资产/总权益资本)

总资产净利率(净利润/总资产)＝销售净利率(净利润/总收入)×资产周转率(总收入/总资产)

净资产收益率＝销售净利率×资产周转率×权益乘数

3. 杜邦分析法的基本思路

(1)净资产收益率是整个分析系统的起点和核心。该指标的高低反映了投资者的净资产获利能力的大小。净资产收益率是由销售报酬率、总资产周转率和权益乘数决定的。

(2)权益系数表明了企业的负债程度。该指标越大,企业的负债程度越高,它是资产权益率的倒数。

(3)总资产净利率是销售利润率和总资产周转率的乘积,是企业销售成果和资产运营的综合反映,要提高总资产净利率,必须增加销售收入,降低资金占用额。

（4）总资产周转率反映企业资产实现销售收入的综合能力。分析时必须综合销售收入分析企业资产结构是否合理，即流动资产和长期资产的结构比率关系。同时还要分析流动资产周转率、存货周转率、应收账款周转率等有关资产使用效率指标，找出总资产周转率高低变化的确切原因。

杜邦财务分析的基本思路可以用指标体系图来表示，杜邦指标体系图是以净资产收益率这一核心指标与各项分解指标之间的内在联系为纽带，按照一定的规律进行有序排列的指标体系图。这个体系图可以使杜邦分析法更直观、更清晰、更便于理解。杜邦财务分析指标体系如图 10-1 所示。

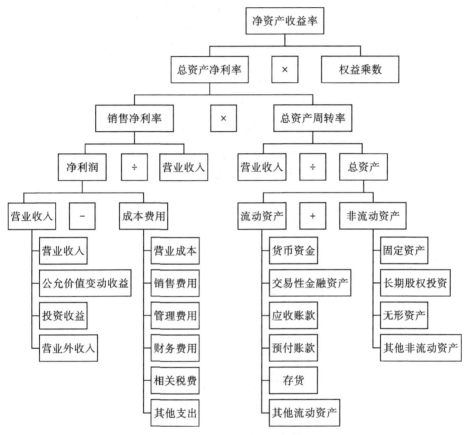

图 10-1 杜邦财务分析指标体系图

10.3.3 杜邦分析法的局限性

从企业绩效评价的角度来看，杜邦分析法只包括财务方面的信息，不能全面反映企业的实力，有很大的局限性，在实际运用中需要加以注意，必须结合企业的其他信息加以分析。主要表现在：

第一，对短期财务结果过分重视，有可能助长公司管理层的短期行为，忽略企业长期的价值创造。

第二，财务指标反映的是企业过去的经营业绩，衡量工业时代的企业能够满足要求。但在信息时代，顾客、供应商、雇员、技术创新等因素对企业经营业绩的影响越来越大，而杜邦分析法在这些方面是无能为力的。

第三，在市场环境中，企业的无形资产对提高企业长期竞争力至关重要，杜邦分析法却不能解决无形资产的估值问题。

10.3.4 杜邦分析法的案例分析

根据 JXKJ 股份有限公司的数据分析该公司 2019 年的杜邦综合指标,通过图 10-2 能对该公司 2019 年度总体的财务情况有所了解,同时能够清晰地看到具体的报表项目构成,具体可以看出企业资产、负债、成本及期间费用的实际情况,从而在总体上把握公司重要的财务比率的变化原因及变化结果。

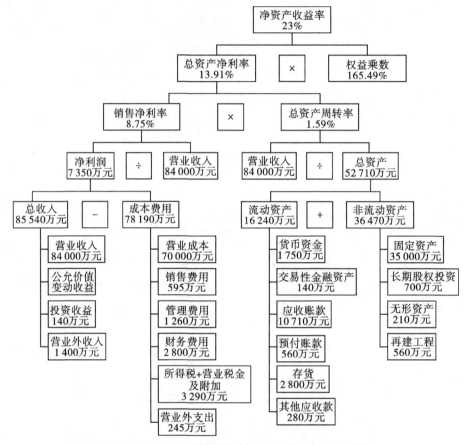

图 10-2　2019 年 JXKJ 股份有限公司杜邦指标分析图

10.4　雷达图分析法

10.4.1　雷达图的基本原理

雷达图分析法是日本企业界对综合实力进行评估而采用的一种财务状况综合评价方法。按这种方法所绘制的财务比率综合图状似雷达,故得此名。

雷达图分析法也称综合财务比率分析图法,又称为戴布拉图、蜘蛛网图、蜘蛛图分析法。它是将一个公司的各项财务分析所得的数字或比率,就其比较重要的项目集中画在一个圆形图表上,来表现一个公司各项财务比率的情况,使用者能一目了然地了解公司各项财务指标的变动情况及其好坏趋向。

雷达图是对客户财务能力分析的重要工具,从动态和静态两个方面分析客户的财务状况。静态分析将客户的各种财务比率与其他相似客户或整个行业的财务比率作横向比较;动态分析把客户现时的财务比率与先前的财务比率作纵向比较,就可以发现客户财务及经营情况的发展变化方向。雷达图把纵向和横向的分析比较方法结合起来,计算综合客户的收益性、成长性、安全性、流动性及生产性这五类指标。具体指标一般包括:

(1)收益性:①资产报酬率;②所有者权益报酬率;③销售利润率;④成本费用率。
(2)安全性:①流动比率;②速动比率;③资产负债率;④所有者权益比率;⑤利息保障倍数。
(3)流动性:①总资产周转率;②应收账款周转率;③存货周转率。
(4)成长性:①销售收入增长率;②产值增长率。
(5)生产性:①人均工资;②人均销售收入。

10.4.2 雷达图法的案例分析

根据表 10-12 的数据,绘制出 JXKJ 股份有限公司雷达图。从雷达图可以看出,在该企业所有 7 个比较指标中,有 3 个指标高于行业平均水平,低于行业平均水平的有 4 个,其中产权比率大大高于行业平均水平,说明该公司的总体经营情况较之行业平均水平好。并且,即使是低于行业平均水平的 4 个指标也并非表示非常差,因为企业指标与行业指标的相差额较小,几乎可以忽略不计。总体而言,该企业的多数指标都达到或超过了行业的平均水平线,这说明该公司在行业中整体还是处在一个相对稳定的状态。

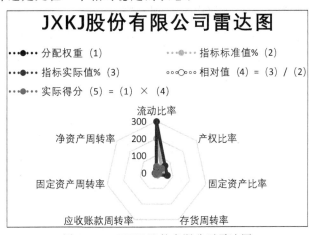

图 10-3 JXKJ 股份有限公司雷达图

10.5 财务报告撰写要求及模板

10.5.1 财务报告的概念

财务报告综合分析是以企业的财务会计报告等核算资料为基础,将各项财务分析指标作为一个整体,全面、系统、综合地对企业财务状况、经营成果和现金流量等情况进行剖析、解释和评价,说明企业的整体财务状况和效益优劣的一种分析方法。通过财务分析报告可以了解企业过去的业绩,并针对企业经营管理中存在的问题与不足提出建议,有助于经营者提高企业的管理水平,实现可持续发展。撰写财务分析报告质量的高低会直接影响经营者的决策。

财务报告分析的最终目的是全面、准确、客观地揭示企业财务状况和经营情况,并借以对企业经济效益优劣做出合理的评价。企业的经济活动是一个有机的整体,要全面评价企业的经济效益,应将相关联的各种报表、各项指标联系在一起,从整体出发,进行全面、系统、综合地分析,对企业过去的财务状况、经营成果及其变动进行分析总结的报告性书面文件,撰写财务分析报告是财务分析的最终成果。

10.5.2 财务报告综合分析的依据

财务报告综合分析的依据主要是企业提供的各种有关的财务报表,以及与财务报表相关的附注信息。由于会计信息的不对称性,企业的外部分析人员,以及与企业经营活动不相关的其他人员,一般很难获得一个企业完整的财务信息。因此,财务综合分析的主要依据是财务会计报表,以及与财务报表相关的附注信息,如上市公司披露的年度报告就是财务综合分析的基础资料。

财务报告综合分析的方法很多,其中包括杜邦分析法、沃尔评分法、雷达图分析法,以及其他的一些分析评价模型,如经济增加值、平衡计分卡、倍数预测模型等新兴的财务报告分析方法。

10.5.3 财务报告的种类

1.财务报表分析报告按其分析的内容范围分类

企业一般应根据《企业财务通则》和《企业会计准则》的规定,结合其业务的特点和需求,对企业的财务活动进行综合分析、专题分析,或者简要分析,相应的财务报表分析报告包括综合分析报告、专题分析报告和简要分析报告,并各有不同的特点。

(1) 综合分析报告。

综合分析报告是企业通过资产负债表、利润表、现金流量表、会计报表附注及财务情况说明书、财务和经济活动所提供的信息及内在联系,对企业的业务经营情况、利润实现情况和分配情况,做出客观、全面、系统的分析和评价,并进行必要的科学预测和决策而形成的书面报告。一般进行年度或半年度分析时采用这种类型。

(2) 专题分析报告。

专题分析报告是指针对某一时期企业经营管理中的某些关键问题、重大经济措施或薄弱环节等进行专门分析后形成的书面报告。专题分析的内容可以是企业清理积压库存、处理逾期应收账款的经验,对资金、成本、费用、利润等方面的预测分析,处理母子公司各方面的关系等问题,从而为企业管理者做出决策提供现实的依据。专题分析报告有助于宏观、微观财务管理问题的进一步研究,为做出更高层次的财务管理决策开辟有价值的思路。

(3) 简要分析报告。

简要分析报告是对主要经济指标在一定时期内进行概要的分析,进而对企业财务活动的发展趋势以及经营管理的改善情况进行判断而形成的书面报告。通过分析,能反映、说明企业在分析期内业务经营的基本情况,以及企业累计完成各项经济指标的情况并预测今后的发展趋势。简要分析报告主要适用于定期分析,可按月、季进行编制。

2. 财务报表分析报告按其分析的时间分类

(1)定期分析报告。

定期分析报告一般是由上级主管部门或企业内部规定的,每隔一段相等的时间应予编制和上报的财务报表分析报告,如每半年、年末编制的综合财务分析报告就属定期分析报告。

(2)不定期财务分析报告。

不定期分析报告,是从企业财务管理和业务经营的实际需要出发,不做时间规定而编制的财务报表分析报告,如上述的专题分析报告就属于不定期分析报告。

10.5.4　财务综合报告的内容和结构

财务报表分析报告没有固定的格式和体裁,但要能够反映要点、分析透彻、有实有据、观点鲜明,并且符合财务分析报告使用人的要求。财务报表分析报告在表达方式上可以采取一些创新的手法,如可采用文字处理与图表表达相结合的方法,使其易懂、生动、形象。财务报表分析报告一般包括以下几个方面的内容:

第一部分:概述公司基本情况、主要经济指标完成情况;

第二部分:分析公司财务状况,包括利润表概况、资产负债表概况、现金流量分析概况;

第三部分:企业获利能力分析、偿债能力分析、营运能力分析;

第四部分:杜邦财务综合分析;

第五部分:企业综合问题分析及建议。

10.6　企业综合绩效评价分析案例

10.6.1　企业概况

JXKJ股份有限公司成立于2010年,现有员工1347人,是苏州经济开发区的优秀高新科技企业,企业经营范围为航天技术流体机械系列液力变矩器、泵、阀、水轮机、汽轮机及成套装置、液压元件、液压系统、计量器具、智能仪器仪表、物联网通信、自动化控制设备、高低压配电设备等机电产品的研究、设计、生产、试验、销售;通信设备、计算机的研制开发、生产、销售;氢能利用装备的研究、设计、生产、试验、销售;燃料电池的研究、设计、生产、试验、销售;一体化节能业务(包含循环水整体节能、余热余压利用等)的方案设计、施工及咨询,合同能源管理;技术咨询、技术服务;环境工程、环保工程、市政工程总承包;消防设施工程施工、安装、维保;机电安装工程施工、电子与智能化工程施工;空调制冷成套设备安装;暖通设备安装;承接境外与出口自产设备相关的工程和境内国际招标工程,以及上述所需的设备、材料的出口,对外派遣实施上述所需的劳务人员;一般货物、技术的进出口;进料加工和"三来一补"业务;建筑材料、冶金原料、环保设备、车辆的代理销售,一般货物贸易。近两年,企业经营良好,经营业绩逐年上升。

10.6.2 企业财务报表概况

1. 企业资产负债表财务数据分析

根据表4-3、表4-5对JXKJ股份有限公司资产负债表变动情况做出以下分析评价。

JXKJ股份有限公司总资产2019年增加7 420万元,增长幅度为16.38%,说明该公司2019年资产规模有所增长。进一步分析可以发现:

1)企业资产变化分析

(1)流动资产增长280万,增长幅度为1.75%,使总资产规模增长了0.62%。如果仅就这一变化来看,该公司资产的流动性增强幅度不大。但是,企业的货币资金2019年增加了1 050万元,增长幅度为150%,这将对企业的偿债能力有巨大提升,同时可以更好地满足企业对资金流动性的需要。当然,对于货币资金的这种变化,还应结合该公司现金需要量,从资金利用效果方面进行分析,做出是否合适的评价。应收票据减少了70万元,下降幅度达25%,说明应收票据的质量基本可靠,企业对应收票据的管理是有效的。应收账款增加4 900万元,增长幅度达87.5%,对此应结合该公司销售规模变动、信用政策和收账政策进行评价。其他应收款减少了280万元,减小幅度高达50%,说明该公司内部控制制度执行基本有效,不必要的资金占用大幅减少。预付款项增加了420万元,增长幅度为300%,这说明企业除因商业信用预付部分款项外,还可能是企业向其他有关单位提供贷款、非法转移资金或抽逃资本。2019年存货减少5 600万元,减少幅度为66.67%,这可能会导致企业生产能力下降,存在一定的生产风险,但这部分分析还需要结合固定资产原值变动情况和销售的具体情况做进一步分析,可以认为这种变动会影响企业的生产能力和销售规模。

(2)长期股权投资增加了700万元,说明该公司对外扩张意图明显。

(3)固定资产增加7 000万元,增长幅度为25%,使总资产规模增长了15.46%,是非流动资产中对总资产变动影响最大的项目之一。固定资产规模体现了一个企业的生产能力,这说明该公司的未来生产能力会有显著提高。

(4)在建工程减少了490万元,减少幅度为46.67%,使总资产规模下降了1.08%。在建工程项目的变动虽然对本年度的经营成果没有太大的影响,但随着在建工程在今后的陆续完工,有助于扩张该公司的生产能力。

(5)无形资产减少70万元,降低幅度为25%,说明该公司无形资产减少迅速,对企业来说不是一件好事,会削弱企业的核心竞争力。

2)企业权益变化分析

根据表4-3,对JXKJ股份有限公司权益总额变动情况做出以下分析评价。

JXKJ股份有限公司权益总额较2018年同期增加1 512万元,增长幅度为4.98%,说明该公司本年权益总额有一定幅度的增长。进一步分析可以发现以下内容。

(1)2019年度股东权益增加了1 512万元,增长幅度为4.98%,对权益总额的影响为3.34%,主要是由盈余公积和资本公积较大幅度增长引起的,但是2019年未分配利润下降1 988万元,说明企业盈利状态有所下降。

(2)表4-3显示,该公司2019年盈余公积比2018年增加了2 100万元,增长幅度为37.5%,说明公司的净利润有所增长,且变动幅度正常。

(3)表4-3显示,该企业2019年未分配利润比2018年减少了1988万元,降低幅度为25.04%,这表明公司的利润分配出现异常,需要进一步分析企业的利润分配政策,从而达到增强企业实力、降低筹资风险和缓解财务压力的目标。

3)企业负债变动分析

(1)2019年度负债增加了5908万元,增长幅度为39.51%,使权益总额增加了13.04%。其中流动负债增长幅度为12.07%,主要表现为其他应付款和预收款项大幅度增长。应付账款的减少对于减轻企业的偿债压力是有利的。应付票据和应缴税费的增加则可能说明该公司的信用状况不一定值得信赖,当然这还需要结合企业的具体情况进行分析。从表4-16可以看出,该公司流动负债的比重较2018年有所下降,但其比重仍然小于非流动负债,表明该公司在使用负债资金时,以长期资金为主,这虽然会降低公司的偿债压力,但是会提升负债成本,这种结构基本属于较平衡结构,企业可以进一步调整流动负债和非流动负债的比例,以进一步达到稳健型结构。

(2)从表4-17可以看出,该公司2019年全部负债中,无成本负债比重为26.17%,较2018年降低10.62%,这种变化结果不会影响企业负债成本,低成本负债的比例下降了0.31%,这种变动会使企业短期偿债压力减轻。但是企业的高成本负债在2019年所占比例提升了10.93%,这势必会增加企业的利息负担,增加企业的财务成本,由此可见,合理地利用无成本负债,是降低企业负债资本成本的重要途径之一。

(3)从表4-18可以看出,该企业固定时间还款金额占总负债的75.5%,比2018年增加了10.62%,非固定时间的还款总额仅占总负债的24.5%,比2018年下降了10.62%,这说明企业将要面对更严苛的还款境况,还款压力增加,财务风险变大。这样就要求企业的财务预算更加准确,从而能够按时偿还负债。

(4)从表4-19可以看出,2019年银行信用的比重有所上升,银行信用仍然是该公司负债资金的最主要来源。由于银行信贷资金的风险要高于其他负债方式,因此,随着银行信贷资金比重的上升,其风险也会相应有所提升。目前商业信用的比重下降了,由2018年的35.81%下降到25.17%,说明银行信用逐渐成为该公司负债资金的最主要来源。值得注意的是,企业可以适当调整负债方式的结构比例,从而降低银行信贷的风险。

2. 企业利润表财务数据分析

JXKJ股份有限公司本年度各项财务成果的构成情况:2019年营业利润占营业收入的比重为10.29%,比上年的7.55%增加了2.75%;利润总额占营业收入的比重为11.67%,比上年的14.82%减少了3.15%;净利润占营业收入的比重为8.75%,比上年的11.11%减少了2.36%。由此可见,从企业利润的构成上看,营业利润有所增长,说明获利能力比上年有所增强。但由于营业外收入变动幅度较大,导致企业利润总额和净利润明显下降,说明企业利润的质量需要进一步关注,经过分析以后应当加强企业获利的质量和数量。

JXKJ股份有限公司2019年营业收入比上年增长7000万元,增长率为9.09%;投资收益的增加,增利70万元。但由于其他成本费用均有不同程度的增加,抵消了营业收入的增长。营业成本、销售费用、管理费用也增加了,增减相抵,营业利润增加了2835万元,增加率为48.8%。值得注意的是,财务费用、管理费用和营业税金及附加的上升,导致营业利润上升幅度受挫,企业后期经过精准控制这些费用,营业利润还是有希望进一步提升的。企业本期营业利润增加主要是由于营业收入增加,成本控制有效,投资收益增加所致。

JXKJ 股份有限公司 2019 年利润总额比 2018 年下降了 1 610 万元,关键原因是投资收益增长了 100%,同时营业收入比上年增长了 7 000 万元,增长率为 9.09%。同时营业外支出增加 175 万元,营业外收入下降 4 270 万元,增减因素相抵,利润总额下降了 1 610 万元,降低率为 14.11%。

JXKJ 股份有限公司 2019 年度实现净利润 7 350 万元,比上年减少了 1 207.5 万元,降低率为 14.11%,减少幅度较高。从水平分析表来看,公司净利润减少主要是由营业外收入比上年减少 4 270 万元引起的;由于营业收入和投资收益的增长使企业利润呈上升态势,但是加上三费项目的增长和营业外支出的增长,与前面的收入相抵,导致净利润减少了 1 027.5 万元。

从水平分析方面看,该企业利润总额由上期的 11 410 万元减少到本期的 9 800 万元,降低了 1 610 万元,下降率达 14.11%,变动主要原因包括两方面,一方面是营业利润的增加,营业利润本期 8 645 万元比上期 5 810 万元增加了 2 835 万元,增长率达 48.8%,远高于利润总额的变动速度 14.11%,这是一个非常好的信息,要了解营业利润增长的原因,还要进行各产品项目分析。另一方面营业外收入却减少 4 270 万元,降低率达 75.31%,同时营业外支出增长 175 万元,增长率达 250%,虽然这些收支只是偶然性发生的项目,没有持续性,但是两方面增减互抵后就形成了利润总额的负增长。因此还是应从会计报表附注中了解营业外收支的明细项目,保证资金安全完整。这种利润结构说明企业利润较稳定,获利能力在不断增强,营业外收入减少,表明企业偶然性的收益下降,企业经营风险降低,利润的质量在提高。

从垂直分析方面看,利润总额结构比率由上期的 14.82%,下降到本期的 11.67%,下降了 3.15%;营业利润结构比率由上期的 7.55%,上升到本期的 10.29%,上升了 2.75%,表明企业主营业务的获利能力增强,企业利润的结构在不断优化。

从成本费用结构变动表看,2019 年与 2018 年的成本基本持平,2019 年企业营业成本比 2018 年下降了 3.03%,说明企业在进行卓有成效的成本控制。从表中可看出企业营业外支出增加了 0.20%,应该查明原因,降低这部分的支出,从而提升企业的盈利。

3. 企业资产现金流量表财务数据简况

基于表 6-7 可以看出,企业现金流入总量由 2018 年的 70 420 万元增长到 2019 年的 84 700 万元,增长了 14 280 万元,增长率达 20.28%,总体来讲,现金流入总量增长比较快,表明企业取得现金流的能力明显增长。

从表 6-3 可以看出,该企业 2019 年净现金流量比 2018 年增加 490 万元。经营活动、投资活动和筹资活动产生的现金流量净额较 2018 年的变动额分别为 4 200 万元、-4 410 万元和 700 万元。其中:

经营活动产生的现金流量净额比 2018 年增长了 4 200 万元,增长率为 75%。经营活动现金流入和现金流出分别比 2018 年增长 22.22% 和 17.07%,增长额分别为 14 000 万元和 9 800 万元。经营活动现金流入量的增加主要是因为销售商品、提供劳务收到的现金增加了 10 500 万元,增长率为 16.67%,同时其他与经营活动有关的现金增加了 3 500 万元,增长率为 100%。经营活动现金流出量的增加主要是受购买商品、接受劳务支付的现金增加了 7 000 万元,增长率为 12.5%,支付其他与经营活动有关的现金增加 1 960 万元、增长率为 100%;另外,支付给职工以及为职工支付的现金和支付的各项税费亦有不同程度的增加。

投资活动产生的现金流量净额比 2018 年减少 4 410 万元,主要原因是由于处置固定资产、无形资产和其他长期资产收回的现金净额减少了 92.19%,计 1 652 万元,其他项目增加数额较小,可以忽略不计。另外购建固定资产、无形资产和其他长期资产支付的现金增加了 2 100 万元,增长率为 25%,投资支付的现金增长 100%,计 840 万元,投资活动流入与流出金额正负相抵,就导致投资活动产生的现金流量净额比 2018 年减少 4 410 万元。

筹资活动产生的现金流量净额比 2018 年增长了 700 万元,主要原因是 2019 年取得借款收到的现金较 2018 年增加了 1 750 万元。

从各项目来看,经营活动现金流出量 2019 年为 77 000 万元,比 2018 年的 63 000 万元增长了 14 000 万元,增长率为 22.22%,略高于现金流出总量增长率 17.07%,说明企业经营活动获取现金的能力较强。

筹资活动现金流入量 2019 年为 7 350 万元,比 2018 年的 5 600 万元增长了 1 750 万元,增长率为 31.25%,高于经营活动现金流入量,增长率为 22.22%,表明企业对外部资金的依赖在增强,可能企业此时处于扩张期或转型期。

投资活动现金流入量 2019 年为 350 万元,比 2018 年的 1 820 万元下降了 1 470 万元,下降幅度为 80.77%,可能为企业对外投资减少,经营趋于稳健。

根据表 6-9 的分析原则可以看出,JXKJ 股份有限公司正处于高速发展扩张时期。这时产品的市场占有率高,销售呈现快速上升趋势,造就经营活动中大量货币资金的回笼,当然为了扩大市场份额,企业仍需要大量追加投资,仅靠经营活动现金流量净额远不能满足所追加的投资,必须筹集必要的外部资金作为补充。

4. 企业财务指标现状分析

1) 企业偿债能力现状分析

综合分析企业两年的营运资金和营业收入可以看出(表 7-8),企业 2019 年的营运资金 10 780 万元小于 2018 年的营运资金 11 088 万元,从数额上看好像企业的短期偿债能力有所下降,但 2019 年的营业收入 84 000 万元高于 2018 年的营业收入,综合分析,说明企业整体销售状况好于上年,偿债能力增强。

(1) 短期偿债能力分析。

如表 10-13 所示,从计算结果的数值来看,2018 年的流动比率为 327.59%,说明该企业每 1 元流动负债有 327.59 元流动资产作为偿还保证,明显高于公认的流动比率标准,表面上看短期偿债能力比较强,但我们在分析时应结合该行业的平均值及该企业指标值的变动情况进行比较,才能加以说明。2018 年的速动比率为 1.52%,2019 年速动比率为 2.36%,2019 年数据远高于 2018 年,说明该企业每 1 元流动负债有 2.36 元速动资产作为偿还保障。明显高于公认的速动比率标准,短期偿债能力比较强。值得注意的是,在分析时还应考虑速动资产的质量,要结合该行业的平均值及该企业指标值的变动情况进行比较,才能够准确分析企业状况。2018 年现金比率为 0.2%,2019 年现金比率为 0.35%,高于 2018 年的比率,说明该企业每 1 元流动负债有 0.35 元现金资产作为偿还保证。基本符合支付能力标准,但要确定企业的现金比率是高还是低,在分析时应结合企业的历史水平和该行业的平均值来判断。

表 10-13　JXKJ 股份有限公司短期偿债能力指标分析简表

项目	2019 年	2018 年	差异
营运资金/万元	10 780.00	11 088.00	−308.00
流动比率/%	297.44	327.59	−30.15
速动比率/%	2.36	1.52	0.84
现金比率/%	0.35	0.20	0.15

(2)长期偿债能力分析。

如表 10-14 所示,从计算结果可以看出,该企业资产负债率由 2018 年的 33.01% 上升到 2019 年的 39.58%;权益乘数由 2018 年的 149.28% 上升到 2019 年的 165.49%;有形资产负债率由 2018 年的 49.74% 上升到 2019 年的 65.93%,综合这些数据指标的变化可以看出,该企业的长期偿债能力减弱了,从指标的绝对值来看上述三个指标都低于经验值,总体还在可控范围内,但要真正评价企业长期偿债能力的强弱,还应比对行业标准及其他因素才能加以说明。企业此时应该开始关注和跟踪企业长期负债情况,不能让企业的长期负债能力进一步减弱。

从计算结果的数值来看,利息保障倍数由 2018 年的 5.79 下降到 2019 年的 4.5,高于一般公认的利息保障倍数,说明企业支付利息的保障程度下降了,但是还在正常指标范围内。从经营现金净流量的角度看,该公司的长期偿债能力较强,但要真正了解企业长期偿债能力的强弱,还应考虑行业标准及其他因素才能加以说明。2018 年经营现金流量负债率为 455%,2019 年的经营现金流量负债率下降到 430%,从综合利息保障倍数指标可以看出企业的偿债能力在减弱,但是整体偿债能力还是比较强的,在今后的运营中还应该持续关注企业的偿债能力水平。

表 10-14　JXKJ 股份有限公司长期偿债能力分析简表

项目	2019 年	2018 年	差异
资产负债率/%	39.58	33.01	6.57
权益乘数/%	165.49	149.28	16.21
有形资产负债率/%	65.93	49.74	16.19
利息保障倍数/倍	4.50	5.79	−1.29
经营现金流量负债率/%	430.00	455.00	25.00

2)企业营运能力现状分析

如表 10-15 所示,该企业 2019 年应收账款周转率为 10.13 次,平均约 35.55 天周转一次,对该企业周转速度的评价总体是企业的应收账款周转率基本正常,完全能够保持企业的正常运行,具体的评价可以根据企业所在行业的平均值或者企业对标企业的应收账款周转率值进行评价。也可以根据企业的历年平均应收账款回收期进行评价,如果该企业的应收账款回收期大于历年的应收账款回收期,或者行业平均值,那企业的应收账款回收期就不是一个值得肯定的数字,说明应收账款的实际收回时间比应该收回的时间长,反之,则说明应收账款的营运能力很强。

相较于 2018 年企业应收账款周转率为 16.74 次,平均约 21.51 天周转一次,企业应收账款周转率有所下降,但 2019 年应收账款周转天数在 3 个月以内,该企业的应收账款的管理效率还是比较高的。

企业 2019 年存货周转率为 12.5 次,平均约 28.8 天周转一次。对该企业周转速度的评价应结合同行业平均存货周转率来确定,因为不同行业存货周转率不同。如一些工业企业存货周转天数就比较长,而商业企业存货周转天数就比较短。如果企业的平均存货周转期大于行业平均值,就不是一个值得肯定的数字,因为它超过了行业存货的平均周转期,说明存货占用时间过长,存货的利用效率不高。反之,则说明存货的营运能力很强。

相较于 2018 年,企业存货周转率为 9.57 次,平均约 37.62 天周转一次,相较于 2019 年企业存货周转率 12.5 次有所上升,整体来说,2019 年和 2018 年企业存货周转天数在三个月以内,该企业的存货的内部管理效率还是比较良好的,建议进一步与行业平均值进行比较判断。

企业 2019 年流动资产周转率为 5.22 次,平均约 69 天周转一次,企业周转速度的评价应结合企业的历史资料或同行业平均水平相比较才能加以说明。对比 2018 年企业流动资产周转率 5.23 次,平均约 69 天周转一次,企业 2019 年和 2018 年流动资产周转率基本持平,究其原因是企业在 2019 年存货数量大幅下降,存货周转率指标有所提升,所以尽管 2019 年应收账款周转率比 2018 年下降了,但是两项指标相抵,使得企业流动资产周转率两年基本持平。

企业 2019 年固定资产周转率为 2.67 次,平均约 135 天周转一次,对该企业固定资产周转速度的评价还应结合企业 2018 年或历史数据相比较才能加以说明,因此,比对 2018 年数据,企业固定资产周转率为 2.84 次,平均约 126.94 天周转一次,这样可以看出企业固定资产利用效果有所下降,需要进一步关注固定资产周转速度。

企业 2019 年非流动资产周转率为 2.55 次,平均约 141 天周转一次,对企业周转速度的评价应结合企业的历史资料或同行业平均水平相比较才能加以说明。对比 2018 年企业非流动资产周转率 2.76 次,平均约 130.39 天周转一次,企业 2019 年比 2018 年非流动资产周转率有所下降,企业首先应与行业数据相对比,再与该企业的对标企业进行比对,然后再对企业目前数据进行评价。

通过计算可以看出,企业 2019 年总资产周转率为 1.71 次,平均约 210 天周转一次,相较于 2018 年数据,该企业周转速度有所放缓,2018 年总资产周转率为 1.81 次,平均约 199.19 天周转一次,因此,企业资金利用效果还是有待改进的。

根据上述计算资料,可以计算出企业各年的营业周期。

2018 年营业周期 = 存货周转天数 + 应收账款周转天数
= 37.62 + 21.51 = 59.13(天)

2019 年营业周期 = 28.8 + 35.55 = 64.35(天)

计算结果表明,该公司的营业周期呈明显上升趋势,说明其应收账款和存货的管理效率正在逐步下降。但营业周期是否偏高,还应进行具体分析。

表 10-15 JXKJ 股份有限公司营运能力分析简表   单位:%

项目	2019 年	2018 年	差异
应收账款周转率	10.13	16.74	-6.61
存货周转率	12.5	9.57	2.93
流动资产周转率	5.22	5.23	-0.01

续表

项目	2019年	2018年	差异
固定资产周转率	2.67	2.84	-0.17
非流动资产周转率	2.55	2.76	-0.21
总资产周转率	1.71	1.81	-0.10

3）企业获利能力现状分析

如表10-16所示，该企业2019年总资产报酬率为25.71%，从数额上看企业资产的获利能力比较强，但该企业获利能力的强弱还应结合企业历年总资产报酬率的情况来确定，2018年企业总资产报酬率为32.37%，相比之下25.71%的总资产报酬率就不是一个值得肯定的数字，因为低于上一年的总资产报酬率，说明企业资产的获利能力在下降。

企业2019年净资产收益率为23.64%，从数额上看企业的净资产获利能力比较强，但该企业获利能力的强弱还应结合近几年企业净资产收益率的情况来确定，相较于2018年企业30.14%的净资产收益率，23.64%的净资产收益率就不是一个值得肯定的数字，因为低于前一年企业净资产收益率，说明企业净资产的获利能力在下降。

计算表明，该公司的资本收益率，2019年比2018年有所下降，说明该公司的获利能力在减弱，企业需要关注这一组指标，也要跟同行业水平相比较，及时发现问题，针对企业资产获利能力存在的问题进行相应的内部财务控制管理。

从企业销售毛利率上看，由2018年的13.64%上升到2019年的16.67%，上升了3.03%，如果影响企业利润的其他因素不变，则表明单位营业收入的获利能力增强，且增长速度较快，企业总的获利能力上升。具体分析该营业毛利率上升的原因，主要是由于营业收入的增长速度超过营业的成本增长速度造成的。要了解营业收入和营业成本上升的原因，还需要结合企业的有关情况进一步分析。

企业营业利润率由2018年的7.5%上升到2019年的10.29%，表明企业的获利能力增强，如果具体分析该营业利润率上升的原因，主要是营业利润的增长速度远高于营业收入增长速度造成的。

企业净利润率由2018年的11.11%下降到2019年的8.75%，表明企业的获利能力减弱，如果具体分析该销售净利率下降的原因，主要是由于净利润有所下降造成的，企业净利润下降从报表上看是由于企业营业外收入较上年减少了，说明企业持续获利能力有所回落。

表10-16 JXKJ股份有限公司获利能力分析简表　　　　单位：%

项目	2019年	2018年	差异
总资产报酬率	25.71	32.37	-6.66
净资产收益率	23.64	30.14	-6.50
资本收益率	42.00	52.80	-10.80
销售毛利率	16.67	13.64	3.03
营业利润率	10.29	7.50	2.79
销售净利率	8.75	11.11	-2.36

5. 企业财务综合评价分析——杜邦分析法

在上述分析中,主要运用财务评价指标对企业的偿债、营运、获利能力进行了分析评价,以上指标仅从特定维度分析企业的日常运营状况,无法全面评估企业的日常财务状况。本文阐述用了较为系统全面的杜邦分析法对财务状况进行分析评价。该企业2019年的数据净资产收益率如图10-2所示。

6. JXKJ 股份有限公司综合财务问题分析

该公司2019年的流动资产占总资产的比重只有30.8%,非流动资产所占比重却有69.2%,说明该公司资产的流动性不强,资产风险较大,资产结构需要进行调整。公司应尽量提高流动资产占总资产的比例,提升资产变现能力,使企业保持较强的资产流动性和变现能力,这样可以保持较强的市场竞争力和应变能力。

2019年企业的资产负债率为39.58%,说明该公司资产负债率较低,可以适当提升企业的负债比例,进而降低权益资本比例,降低加权平均资本成本率。

由于该公司市场占有率较高,公司不断扩大生产规模以满足需求,造成公司投资活动产生的现金流量净额为负数,这是扩展中的企业表现出来的常态。同时,值得肯定的是,该公司取得投资收益收到的现金较为稳定且金额巨大,说明对外投资成效显著。

该公司的获利能力虽较上年有所下降,主要财务指标的数值均高于行业平均值。值得注意的是,该公司的净资产收益率和资本收益率都有所下降,致使企业总资产报酬率下降了6.66%。对此,该公司应加强期间费用的管理,在保证正常生产经营的前提下,尽量减少财务费用、销售费用和管理费用的支出。

该公司无论短期偿债能力还是长期偿债能力都比较强,能确保公司避免陷于资不抵债的困境。

该公司主要的问题在于衡量企业营运能力和获利能力的各项指标逐步下降,说明公司资产营运效率不够理想。为此,该公司应尽可能加快营业收入的增长速度,做到各项资产的规模适当、结构合理,以提高各项资产的营运效率。

10.7 本章小结

企业的经济活动是一个有机的整体,其各项经营活动、各项财务指标是紧密相连的,并相互影响,不可分割。财务报表综合分析,就是以企业财务报告及其他相关资料为主要依据,将反映企业经营理财活动的各项财务分析指标作为一个整体,系统、全面、综合地对企业的财务状况、经营成果、现金流量,以及财务状况和经营业绩的变动进行剖析和评价,客观地提示企业取得的成绩或存在的问题,准确地预测企业未来的发展趋势,全面评估企业整体财务状况和经济效益的优劣。

撰写一份高质量的财务分析报告,不仅要明确分析的目的,搜集真实可靠的信息,掌握较高的财务分析基本技术和方法,还得掌握分析报告的一些写作技巧,遵循一定的写作要求,合理安排分析报告的框架结构,只有这样才能达到撰写的目的,写出高质量的财务分析报告,满足报告使用者的要求。

10.8 课后练习题

一、单选题

1. 在杜邦财务分析体系中,综合性最强的财务比率是( )。
   A. 总资产净利率　　B. 净资产收益率　　C. 权益乘数　　D. 销售净利率

2. 下列各项中,不属于财务业绩定量评价指标的是( )。
   A. 人力资源指标　　B. 资产质量指标　　C. 盈利能力指标　　D. 经营增长指标

3. 在下列财务绩效评价指标中,属于反映企业盈利能力状况的基本指标的是( )。
   A. 总资产周转率　　B. 总资产报酬率　　C. 营业利润增长率　　D. 资本保值增值率

4. 企业综合绩效评价指标由财务绩效定量指标和管理绩效定性指标两部分组成。以下指标中属于管理绩效定性指标的是( )。
   A. 社会贡献　　B. 债务风险　　C. 盈利能力　　D. 资产质量

5. 橙子公司2019年,销售净利率为9%,总资产周转率为1.6%,权益乘数为99%,净资产收益率为( )
   A. 16%　　B. 16.5%　　C. 14.26%　　D. 16.68%

二、多选题

1. 下列分析方法中,属于财务综合分析方法的有( )。
   A. 沃尔评分法　　B. 雷达图分析法　　C. 杜邦分析法
   D. 因素分析法　　E. 比率分析法

2. 根据杜邦财务分析体系,影响净资产收益率的因素有( )。
   A. 销售净利率　　B. 权益乘数　　C. 利润增长率
   D. 总资产周转率　　E. 资产负债率

3. 原始意义上的沃尔评分法的缺点有( )。
   A. 不能确定总体指标的比重　　B. 不能对企业的信用水平做出评价
   C. 当某项指标严重异常时,会对总评分产生不合逻辑的影响
   D. 所选定的指标缺乏证明力　　E. 不能分析货币资金情况

4. 杜邦分析法的局限性包括( )。
   A. 对短期财务结果过分重视
   B. 财务指标反映的是企业过去的经营业绩
   C. 杜邦分析法不能解决无形资产的估值问题
   D. 在信息时代,顾客、供应商、雇员、技术创新等因素对企业经营业绩的影响越来越大,而杜邦分析法在这些方面是无能为力的
   E. 不能反映企业的总资产情况

5. 下列不属于财务绩效定量中评价企业债务风险基本指标的是( )。
   A. 已获利息倍数　　B. 带息负债比率　　C. 现金流动负债比率
   D. 速动比率　　E. 资产负债率

三、判断题

1. 在市场环境中,企业的无形知识资产对提高企业长期竞争力至关重要,杜邦分析法却不

能解决无形资产的估值问题。（　　）

2.雷达图是对客户财务能力分析的重要工具,只从静态方面分析客户的财务状况。（　　）

3.资产净利率是影响权益净利率的最重要的指标,具有很强的综合性,而资产净利率又取决于销售净利率和总资产周转率的高低。（　　）

4.用沃尔比重评分法时,当实际值＞标准值为理想时,用此公式计算的结果正确。（　　）

5.负债比率越高,则权益乘数越低,财务风险越大。（　　）

四、简答题

1.简述财务报告综合分析的目的。

2.简述沃尔评分法的优缺点。

3.简述杜邦分析法的基本思路。

4.简述雷达图法的基本原理。

5.简述杜邦分析法的局限性。

五、案例分析题

案例资料：沿用第2章、第3章、第4章练习题中JH公司的资产负债表、利润表和现金流量表。

要求：对JH公司的整体状况进行综合分析和评价,包括指标计算、杜邦分析法、沃尔评分法和雷达图法的分析比较。

参考文献

[1] 肖刚.财务报分析[M].上海:上海交通大学出版社,2017.
[2] 刘章胜,赵红英.新编财务报表分析(第三版)[M].大连:大连理工大学出版社,2016.
[3] 曾平华.财务报告看什么[M].上海:立信会计出版社,2015.
[4] 李莉.财务报表阅读与分析[M].北京:清华大学出版社,2015.
[5] K. P. Subramanyam. 财务报表分析(英文版)[M]. 第 11 版,北京:中国人民大学出版社,2014.
[6] 袁克成.明明白白看年报[M].北京:机械工业出版社,2014.
[7] 李淑珍.不懂财务就做不好管理[M].北京:中国纺织出版社,2014.
[8] 郭春林.财务报表分析[M].长沙:湖南师范大学,2013.
[9] 朱继民.财务报表编制与分析[M].大连:东北财经大学出版社,2013.
[10] 王娜.财务报表分析[M].北京:中国人民大学出版社,2013.
[11] 上海国家会计学院.财务报表分析[M].北京:经济科学出版社,2012.
[12] 韦秀华.企业财务报表分析实训[M].成都:西南财经大学出版社,2012.
[13] 徐铤,赵艳秉.企业财务报表分析[M].大连:东北财经大学出版社,2012.
[14] 宋常.财务分析学[M].第二版,北京:中国人民大学出版社,2012.
[15] 国务院国资委财务监督与考核评价局.企业绩效评价标准[S].2012,北京:经济科学出版社,2012.
[16] 肖刚.报表岗位会计[M].广州:华南理工大学出版社,2011.
[17] 张先治.财务分析[M].大连:东北财经大学出版社,2011.
[18] 王远湘.财务报表分析[M].北京:清华大学出版社,2011.
[19] 王德发.财务报表分析[M].北京:中国人民大学出版社,2011.
[20] 魏素艳.企业财务分析[M].北京:清华大学出版社,2011.
[21] 杨春晖.财务报表分析[M].南京:南京大学出版社,2010.
[22] 何韧.财务报表分析[M].上海:上海财经大学出版社,2010.
[23] 袁淳,吕兆德.财务报表分析[M].北京:中国财政经济出版社,2008.
[24] 曲晓辉,李宗彦.国际财务报告准则解释及运用[M].北京:人民邮电出版社,2008.
[25] 科勒,戈德哈特,威赛尔斯.价值评估[M].高建,魏平,朱晓龙,译.北京:电子工业版社,2007.
[26] 财政部注册会计师考试委员会办公室.财务成本管理[M].北京:经济科学出版社,2007.
[27] 李志远.财务分析禁忌 70 例[M].北京:电子工业出版社,2007.
[28] 于久洪.财务报表编制与分析[M].北京:中国人民大学出版社,2007.
[29] 刘玉梅.财务分析习题与实训[M].大连:大连出版社 2007.
[30] 许拯声.财务报表阅读与分析指南[M].北京:机械工业出版社,2007.

参考文献

[31] 李桂荣,张志英,张旭雷.财务报告分析[M].北京:北京交通大学出版社,2007.

[32] 王化成,姚燕,黎来芳.财务报表分析[M].北京:北京大学出版社,2007.

[33] 中华人民共和国财政部.企业会计准则(2006)[S].北京:机械工业出版社,2006

[34] 财政部.企业会计准则:应用指南[S].北京:中国财政经济出版社,2006.

[35] 戴欣苗.财务报表分析:技巧·策略[M].北京:清华大学出版社,2006.

[36] Penmans H.财务报表分析与证券定价[M].刘力,陆正飞,译.北京:中国财政经济出版社,2005.

[37] 杜晓光.财务报表分析(第二版)[M].北京:高等教育出版社,2005.

[38] Leonard Soffer,Robin Soffe.财务报表分析估值方法[M].肖星,译.北京:清华大学出版社,2005.

[39] BERNSTEIN L A,WILD J J.财务报表分析[M].北京:北京大学出版社,2004.

[40] 张保法.经济预测与经济决策[M].北京:经济科学出版社,2004.

[41] 里亚希-贝克奥伊.会计理论[M].钱逢胜,译.上海:上海财经大学出版社,2004.

[42] 张新民.企业财务报表分析案例点评[M].杭州:浙江人民出版社,2003.

[43] 邓聚龙.灰预测与灰决策(修订版)[M].武汉:华中科技大学出版社,2002.

[44] 周晓苏,方红星.国际会计学[M].大连:东北财经大学出版社,2000.